망국의 역사,
조선을 읽다

망국의 역사, 조선을 읽다
— 김기협의 역사 에세이

김기협 지음

2010년 8월 23일 초판 1쇄 발행
2018년 10월 20일 초판 7쇄 발행

펴낸이 한철희 l 펴낸곳 주식회사 돌베개 l 등록 1979년 8월 25일 제406-2003-000018호
주소 (10881) 경기도 파주시 회동길 77-20 (문발동)
전화 (031) 955-5020 l 팩스 (031) 955-5050
홈페이지 www.dolbegae.co.kr l 전자우편 book@dolbegae.co.kr

책임편집 김태권
편집 소은주·이경아·조성웅·좌세훈·권영민·김진구·김혜영
표지디자인 박대성 l 본문디자인 김화수·이은정·박정영
마케팅 심찬식·고운성·조원형 l 제작·관리 윤국중·이수민 l 인쇄·제본 영신사

ISBN 978-89-7199-408-5 (03900)
책값은 뒤표지에 있습니다.

이 도서의 국립중앙도서관 출판시도서목록(CIP)은 e-CIP 홈페이지
(http://www.nl.go.kr/ecip)에서 이용하실 수 있습니다.(CIP제어번호: CIP2010002923)

김기협의 역사 에세이

망국의 역사,
조선을 읽다

돌베
개

망국의 의미

1910년 8월 22일 대한제국 총리대신 이완용과 일본의 한국 통감 데라우치 사이에 두 나라의 합병 조약이 체결되었고, 1주일 뒤인 29일에 대한제국 황제 순종이 양국讓國의 조칙을 내림으로써 대한제국의 종결이 확정되었다. 8개조로 된 합병 조약은 제1조 "한국 전부에 관한 일체의 통치권을 완전히 또 영구히" 일본에게 양여한다는 것을 중심으로 한 것이었다.

이 사건이 한반도 주민들에게 가진 의미를 세 개 층위에서 바라볼 수 있다. 첫째, 500여 년간 한반도를 통치해 온 조선 왕조의 종말이다. 마지막 10여 년간은 국호와 국체가 대한제국으로 바뀌어 있었지만 조선 왕조의 실질이 근본적으로 바뀐 것이 아니었으므로 대한제국 시기를 조선 왕조의 일부로 보는 데 별 문제가 없다.

둘째, 고유한 언어와 문화를 가진 일천 수백만 인구의 한민족이 이민족 지배를 받게 된 것이다. 신라 통일 이래 반도 국가가 이민족의 침략과 정복을 받은 일은 여러 번 있었지만, 전국이 이민족의 체계적이고 지속적인 지배를 받게 된 것은 처음이었다. 13세기에서 14세기에 걸쳐 100여 년간 원나라 지배를 받은 것이 가장 비근한 예지만, 그것은 직접 지배가 아니었기 때문에 '지배' 대신 '간섭'이란 표현을 굳이 쓰는 이들도 있다.

셋째, 고대 이래 한국이 속해 있던 동아시아 문명권으로부터 유럽에서 발원한 근대문명으로의 전환 과정이 촉진된 것이다. 조선은 19세기 중엽부터 서세동점西勢東漸의 파도에 휩쓸려들기 시작했다. 유럽의 산업화로 시작된 이 파도는 전 인류에게 '근대화'라는 이름의 문명 전환을 통해 전 세계적 산업사회에 편입하라는 압력을 가하고 있었다. 이 변화에 저항하던 왕조 체제가 제거되고 변화를 적극적으로 추구해 온 일본의 지배를 받게 됨으로써 변화가 빨라지게 되었다.

망국 당시의 사람들에게는 조선 왕조의 종말이라는 의미가 압도적으로 느껴졌을 것이다. 인간의 가치 인식은 경험에 근거를 두는 면이 크다. 좋은 일도 있고 나쁜 일도 있었지만 조선 왕조 체제는 한국인들이 십여 대에 걸쳐 생활을 꾸려나가고 자손을 퍼뜨리는 과정의 기반 조건으로 작용해 왔다. 이 조건이 사라진다는 사실은 하늘이 무너지고 땅이 꺼지는 것 같은 충격과 함께 많은 사람들에게 엄청난 불안감을 안겨주었을 것이다.

그러나 동아시아 문명권에서 왕조 교체가 비록 일상적인 사건은 아니지만 "있을 수 없는" 일은 아니었다. 유가 정치 사상에도 역성易姓혁명의 개념이 있고, 실제 역사에도 왕조 교체가 있어 왔다. 그에 비하면 한국인이 중세 이래 처음 겪어보는 이민족 지배가 더 중대한 사태였다.

중국의 경우 거란족, 여진족, 몽골족, 만주족의 소위 정복 왕조들을 이민족 지배로 본다면 이민족 지배 역시 왕조 교체와 큰 차이 없는 주기적 현상으로 볼 수 있다. 그러나 정복 왕조를 세운 이민족들이 정복 당시에 중국 문명을 이미 상당 수준 받아들인 존재였고 한족에 비해 아주 작은 크기의 집단이었다는 점을 생각한다면, 넓은 의미의 중국을 구성하는 소수민족의 위치로 볼 수도 있다. 정복 민족은 통치 체제의 최상층부만을 점유했을 뿐, 중국인은 중국인 그대로 살게 했다. 언어도 사상도 통째로 바꾸려 한 일이 없었다. 원나라의 고려 지배도 이 틀에 따른 것이었다.

일본의 한국 지배는 이와 다른 것이었다. 한국인을 한국인으로 살게 놔두고 그 상전 노릇을 하는 데 만족한 것이 아니었다. 한국인 집단을 일본인 집단에 종속된 존재로 개조해서 일본인의 이익을 위해 종사하도록 만들기 위해 체계적이고 지속적인 작용을 35년간 계속했다. 그 결과 1945년 이후의 한국인은 1910년 이전의 한국인과 상당히 다른 존재가 되어 있었다. 한민족이 중세 이후 가장 짧은 기간에 겪은 가장 큰 변화였다. 일본의 지배가 아니더라도 근대화의 과제 앞에서 변화를 겪지 않을 수 없는 상황이기는 했지만, 변화의 방향이 일본 지배에 의해 크게 굴절되었다.

한국인을 일본인에 종속된 존재가 아니라 일본인과 같은 존재로 만들려 한 것이라고 주장한 일본인들도 있었고 한국인들도 있었다. 거짓말쟁이가 아니면 바보다. '일부' 한국인이 일반 일본인과 비슷한 위치에 접근하는 것은 가능했다. 일본인이 되는 것도 가능했다. 그러나 한국인 집단 전체가 일본인 집단에 동화된다는 것은 가능하지도 않고 바람직하지도 않은 일이었으며, 칼자루를 일본이 쥐고 있는 한 변화의 목적은 일본의 이익을 위한 것일 수밖에 없었다.

기존의 한국인 그대로는 일본을 위한 이용 가치가 적기 때문에 이용 가치를 늘리기 위해 한국인의 정체성을 바꿔놓는 것이 일본에게 한국 지배의 기본 목적이었다. 이웃의 한국인을 좋은 길로 이끌어준다는 생각을 가진 양심적인 일본인이 더러 있었더라도, 흑인을 문명의 길로 이끌어준다며 백인 지배를 정당화한 '백인의 짐' 관념과 같은 수준의 부차적 요소일 뿐이다. 이민족 지배는 피지배 민족의 정체성에 위협을 가하는 것이 일반적 현상이거니와, 일본의 한국 지배는 이 문제가 현대 세계사에서 가장 심각했던 사례의 하나다.

조선 왕조가 끝나는 것은 외세의 충격 없이 동아시아 문명의 맥락 속에서도 충분히 있을 수 있는 일이었다. 있을 수 있는 일 정도가 아니라, 임진왜란 이후로는 왕조 교체를 위한 조건이 성숙되어 있는데도 300년이나 더 지속되었다는 사실이 오히려 설명을 필요로 하는 것이라고 생각하는 연구자들이 있다.

1910년 당시 사람들에게는 왕조의 종말이 충격이었지만, 그로부터 10년이 안 되어 독립운동의 목표가 '대한민국'으로 옮겨져 있었다. 조선 왕조는 그 역할을 포기하자 몇 해 안 돼 대다수 사람들에게 그 존재 당위성이 잊힐 만큼 기능이 퇴화되어 있었던 것이다.

큰 안목에서 더 충격적인 것은 이민족 지배였다. 한민족이 신라 통일 이래 1,000여 년간 이민족의 직접 지배를 겪지 않은 것은 우연한 일이 아니었다. 원나라와 청나라가 군사적으로 한반도를 정복하고도 직접 지배를 시도하지 않은 것은 한민족이 고유 문화를 가지고 있어서 지배가 힘들고, 그토록 힘든 일을 할 만한 충분한 동기가 없기 때문이었다. 그런데 20세기 초의 일본은 한국을 직접 지배하겠다고 나섰다.

일본에게도 한국 지배는 쉬운 일이 아니었다. 그러나 일본에게는 이 어려운 일을 하러 나설 충분히 강한 동기가 있었다. 제국주의 단계의 근대적 세계 체제에 편입한 일본은 식민지를 필요로 한 것이다.

메이지 시대 일본은 류큐, 홋카이도, 타이완, 한국으로 지배 영역을 넓혀갔다. 류큐와 홋카이도는 오랫동안 식민지 대접을 받았지만 결국은 그야말로 '합병'이 된 셈이다. 문화적 저항이 비교적 약해서 일본이 상당한 투자를 해서라도 고정 자산으로 확보할 엄두를 낼 수 있는 곳들이었다. 그러나 타이완과 한국은 일본에 동화될 수 없는 전통의 힘을 가진 곳이었고, 일본에게는 어디까지나 식민지였을 뿐이다.

제국주의 단계의 세계 체제는 먹지 않으면 먹히는 약육강식의 세상이었다. 전 세계가 산업화의 길을 향함에 따라 지역들이 착취자와 피착취자의 역할로 갈라지고 있었다. 앞선 자들은 착취자의 역할을 맡기 위해 피착취자를 필요로 했고, 피착취자 쟁탈 경쟁이 격화된 결과 특정한 피착취 지역을 식민지란 이름으로 분점하는 현상이 나타났다. 여러 대륙을 식민지로 만든 유럽 국가들이 마지막 남아 있던 동아시아로 향했을 때, 동아시아에서 가장 먼저 착취자의 길을 배운 일본이 식민지 쟁탈전의 한 주체로 끼어든 것이었다.

일본의 한국 통치는 한국에 많은 변화를 가져왔다. 변화의 큰 줄기는 물론 산업화였다. 농업 사회의 틀을 크게 벗어나지 않고 있던 한국에 많은 공장들이 세워졌고, 근대적 교통수단이 만들어졌고, 도시들이 자라났고, 교육, 행정, 의료 등 근대적 서비스들이 도입되었다.

대한제국 시기까지 원활하지 못했던 변화가 일본 통치를 계기로 가속되었다는 사실을 들어 일본 통치에 감사해야 한다는 사람들이 있다. 이른바 '식민지 근대화론'이다. 식민지 시대에 근대화가 많이 진척되었다는 사실을 부정할 수는 없다. 그러나 그것을 고맙게 생각해야 한다는 것은 '근대화'를 무조건 신성시하는 유사 종교다.

근대화가 인간에게 바람직한 것이었는가 하는 탈근대적 의문까지 아니더라도, 인간 세상의 모든 일이 그렇듯 근대화도 볕과 그늘의 양면을 가진 하나의 현상이었다. 어느 방향으로 어떤 방식에 따라 진행되느냐에 따라 개인과 집단, 지역과 국가의 득실이 엇갈리는 변화였다.

한반도에서 일어나는 변화의 방향과 방식을 결정할 칼자루를 근대화 초기 단계에서 일본인들에게 맡겨놓았다는 것은 한국인의 큰 불행이었다. 가장 가까운 상대일수록 이해관계가 가장 첨예하게 대립하는 사이이기 때문이다.

일본의 선택은 어떤 공장을 어디에 짓느냐, 어느 철도를 언제 놓느냐 하는 물적 자원 관리에 그치지 않았다. 미래 세대에게 어떤 교육을 제공하느냐, 토지와 자본의 소유를 어떤 부류 사람들에게 맡기느냐, 가진 자와 못 가진 자, 배운 자와 못 배운 자, 관리하는 자와 관리받는 자 사이의 관계를 어떻게 빚어내느냐 등 사회 조직 방법도 한국이 아니라 일본의 이익에 맞춰 결정되었다.

일본은 식민지 한국 근대 교육에서 고등 교육의 비율을 매우 적게 했다. 국내보다 일본에 가서 대학 교육을 받은 한국인의 수가 압도적으로 많았다(경성제대 설립에서 해방에 이르기까지 한국인 졸업생 수가 불과 300여 명이었다). 한국 내의 초·중등 교육도 일본에 종속시키는 방향이었지만, 엘리트 교육의 경우는 더욱 철저하게 일본 교육 체계를 거치지 않으면 안 되도록 만든 것이었다.

일본은 한국 토지 소유의 지주 집중을 더욱 강화했다. 통치자가 관리하기 쉬운 좁은 범위의 사람들에게 부를 집중시켜 일본의 이해관계와 밀착시킨 것이다. 정상적 사회에서 사회의 안정성을 위해 취약한 민중에게 베푸는 최소한의 배려를 일본은 한국 민중에게 베풀지 않고 물리적 힘으로 억누르기만 했다. 시기에 따라 다소의 굴곡이 있기는 하지만 전체적으로 보아 최대한의 이익을 쉽게 뽑아내기 위해 현지 사회의 안정성을 무시한 것이다.

일본은 한국의 장래를 스스로 찾아나갈 지도층을 육성하는 대신 일본의 이해관계를 대변할 협력자 집단을 키워냈다. 정상적 사회의 지도층이 갖춰야 할 도덕성이 경시되고 이기심에만 매달리는 사람들이 득세하는 풍토를 만들었다. 이 풍토 속에서 재산과 고등 교육은 도덕성이 약한 특권층에게 집중되었다.

산업화를 주축으로 하는 근대화는 세계 어디에서나 전통 시대에 비해 사회 조직 원리로서 도덕성보다 이기심이 득세하는 변화를 가져왔다. 그러나 이 변화가 특히 극심했던 것은 통치권을 쥔 종주국보다 통치를 당하는 식민지였다. 최소한의 사회적 건강도 고려하지 않는 능률 위주의 지배 정책 때문이다. 통치국에서는 전통의 힘과 변화의 필요 사이에 '도전과 응전'(challenge and response)의 유기적 과정이 펼쳐졌지만, 식민지에서는 도전만이 있고 응전은 거의 없었다.

그리고 가깝고 비슷한 나라의 식민지 노릇이 식민지 중에서도 제일 엄혹했다. 식민지 문화에 대한 이해가 깊지 않은 종주국은 두터운층의 협력자를 필요로 하고 식민지 상황에 어느 수준 이상 깊이 개입하기 힘들었다. 이에 비해 한국을 비교적 잘 아는 일본은 식민지에 깊숙이 파고들어 최대한의 능률을 추구할 수 있었다. 35년이라는 주어진 시간 내에 가장 철저하게 한국 사회를 망가뜨릴 능력을 가진 나라가 바로 일본이었다.

중세 체제에서 벗어난다는, 넓은 의미의 '근대화'는 중국에서도, 한국에서도, 그리고 일본에서도 오래전부터 그 필요성이 인식되고 있었다. 그러나 동아시아 국가들은 비교적 완만한 변화를 모색하고 있었다. 이와 달리 폭력적 성격이 강한 산업화 중심의 근대화가 18세기 유럽에서 궤도에 오르면서 전 세계로 퍼져나가는 해일과 같은 소용돌이를 일으켰다. 이 물결이 19세기 중엽 동아시아에 이르렀다.

일본은 이 물결을 받아들이고 오히려 증폭시켜 대륙을 향해 쏟아부었다. 일본의 힘이 강해짐에 따라 한국과 중국은 협공당하는 입장이 되어 선택의 폭과 적응의 시간적 여유가 줄어들었다. 서양 열강들의 앞선 위치를 따라잡기 바쁜 일본은 서양 열강들보다 훨씬 더 혹독하고 다급하게 한국과 중국을 몰아붙여 두 나라의 주체적 대응 기회를 빼앗았다.

1860년대에 외세의 압박을 뚜렷이 느끼기 시작하고서부터 1910년의 망국에 이르기까지 한국의 저항력은 세 개 차원에서 작동했다. 왕조 차원, 민족 차원, 문명 차원이었다. 문명 차원의 저항력 붕괴가 결정적 고비였다. 동아시아 문명 전체가 짓밟히는 상황 속에서 왕조의 저항력과 민족의 저항력은 큰 힘을 쓸 수 없었다. 그래서 나는 망국의 의미를 문명 전환을 중심으로 살펴보고자 한다.

서세동점 西勢東漸의 풍경

19세기 중엽 이후 동아시아 지역은 유럽 근대문명에 압도당했다. 천하를 호령하던 중국은 유럽 열강과의 몇 차례 전쟁에서 연전연패를 겪었고, 그동안 그 남쪽 조공국들은 침략의 대상이 되었고, 동쪽의 조공국 하나는 근대문명을 도입해 또 하나의 조공국을 침략하기 시작했다. 19세기가 끝날 무렵에는 중국 안에서도 서양 근대문명을 도입하자는 움직임이 주류를 이뤄가고 있었다.

이것을 '서세동점' 西勢東漸 현상이라고 한다. 서양 세력이 동쪽으로 밀고 들어왔다는 뜻이다. 서양의 생산력과 군사력이 우세했기 때문에 동아시아 사회가 어떻게 대응해도 막아낼 수 없는 불가항력의 상황이었음을 후세 사람들은 이해하고 있다. 아마 1860년경부터는 당시 사람들도 그런 상황의 성격을 많이 파악하게 된 것 같다.

이 현상이 언제 시작된 것인가? 15세기 말 유럽인의 대항해 시대가 시작되고 16세기 초 인도양과 남중국해까지 유럽인의 항해 활동이 확장된 이후 동아시아인의 서방 활동보다 유럽인의 동방 활동이 훨씬 더 활발한 상황이 이어졌다. 그래서 아시아 지역에 대한 서세동점 현상이 16세기 초에 시작되었다는 인상을 받을 수 있다.

많은 연구자들은 이 인상이 피상적인 것이라고 생각한다. 16세기 이후 유럽인의 활동이 동남아시아 지역까지 펼쳐지기는 했지만, 그들은 점(기지)과 선(항로)으로 구성된 교역망을 구축했을 뿐이지, 18세기까지는 체계적 통치를 위한 영토 확보에 이르지 못했다는 것이다. 아시아 여러 문명권의 주변부에서 교역 활동의 기반을 마련했을 뿐이지, 문명권 중심부와 직접 부딪치지는 않고 있었다는 것이다. 인도 경영을 놓고 프랑스와 영국이 격돌한 7년전쟁(1756~1763)에 이르러서야 유럽인의 아시아인 통치가 본격화하기 시작했다고 한다.

중국에서 진행된 상황을 놓고 본다면 서세동점의 불가항력적 특성은 아편전쟁(1840~1842)에서 드러나기 시작했다. 그 전까지 광동에서 허용해 온 유럽인들의 교역 활동은 조공국을 다루는 전통적 방법에서 벗어난 것이 아니었다. 16세기 이래 이슬람 상인보다 유럽 상인들의 활동이 늘어나 온 것은 조공국들 사이의 상황 변화로 으레 일어날 수 있는 일이었다.

아편전쟁 당시 중국인들이 유럽 세력의 정체와 실력을 꿰뚫어보지 못해서 중국과 동아시아 문명권에 불행한 결과를 가져왔다고 따질 이유는 없는 것 같다. 그러나 아편전쟁 이후 펼쳐진 서세동점의 흐름과 그 와중에 식민지로 전락한 조선의 역사를 이해하기 위해서는 아편전쟁에 이르기까지 유럽인들이 아시아 진출에 임해 온 자세를 살펴볼 필요가 있다. 대항해 시대 이후 아시아 지역에서 유럽인의 활동에는 19세기 서세동점 현상과 강한 인과관계를 가진 전사前史로서의 의미가 있는 것이기 때문이다.

　19세기 동아시아 상황에 대한 우리 사회의 통념에 상당한 착오가 있는 것 같다. 일본이 조선을 침략하지 않았다면 어느 서양세력이라도 조선을 침략했으리라는 짐작은 일본이 조선 침략을 정당화하기 위해 내놓은 것인데, 아직도 불식되지 않고 있다. 서세동점 현상의 실체를 파악하면 열강의 침략은 구체적 동기에 따라 이뤄진 것이라는 사실, 한반도에 대해 어느 유럽국가도 일본과 비교할 만한 침략 동기를 가지지 않고 있었다는 사실을 이해할 수 있을 것이다.

향료 무역

향료spice라는 물건이 근세 이전의 교역에서 대단히 비중이 큰 상품이었다는 사실을 현대인, 특히 한국인의 감각으로는 얼른 이해하기 힘들다. 향료는 씨앗, 열매, 껍질, 뿌리 등 특정 식물의 여러 부위를 말려 요리의 맛을 돋우거나 식품의 보존을 위해 쓴 것이다. 향초herb는 원재료를 거의 그대로 쓰는 것인데, 향료는 재료를 말려 오래 보관할 수 있게 하는 것이고, 가루로 빻아 쓰는 것이 보통이다.

　고온 다습한 지역에서 생산되는 여러 가지 향료를 유럽인들이 왜 그렇게 필요로 하게 되었는지 명확하게 밝혀져 있지 않다. 신대륙 발견 전까지 향료의 주산지는 동남아시아였다. 그런데 중세 말기 유럽에서 수입하는 향료의 양이 연간 2,000톤에 이르고 그 가치가 150만 명의 식량에 해당되는 금액이었다니 놀라운 일이다.

고대 이집트에 향료의 교역 시장이 형성되고 1세기부터 인도양을 가로지르는 '향료의 길'이 개발되어 있었다고 한다. 이집트, 페르시아 등 고대 제국 전성기에 향료를 쓰는 음식 문화가 서남아시아 지역에 널리 자리 잡고 있다가 지중해 연안으로 퍼져나왔고, 그것이 로마제국을 출발점으로 유럽 각지의 지배층에게 퍼져나간 것 같다.

베네치아를 비롯한 이탈리아 상업 도시들의 번영을 가져온 제일 중요한 상품이 향료였다. 이탈리아 도시들은 여러 세기 동안 동로마제국을 통해 향료를 들여왔다. 그런데 15세기에 터키제국이 일어나고 동로마제국이 멸망하면서 향료 수입이 힘들게 되자 유럽인들이 새로운 교역로를 찾아 나서게 되었다.

대항해 시대의 길을 연 나라는 포르투갈이었다. 13세기 말에 이슬람 세력을 몰아내고 유럽의 서남쪽 모퉁이에 자리 잡은 포르투갈은 모로코 일대의 이슬람 세력과 다투는 과정을 통해 아프리카 서북해안으로 활동 영역을 넓히고 있었다. 15세기 중엽 '항해왕 헨리'의 시대에 카라벨형과 카라카형 선박을 개발하는 등 항해술의 발전으로 원양 항해에 나설 준비를 갖추게 되었다.

1470년대에 겨우 적도를 넘어선 유럽인의 항해 활동이 1488년 희망봉을 돌아서고 1498년에 인도에 도착했으며, 그 후 10여 년 사이에 인도양의 제해권을 장악했다. 막대한 비용이 들고 목숨의 위험도 큰 이 사업이 일사천리로 진행된 것은 향료 교역의 막대한 이익 때문이었다.

항로가 일단 확보되자 생각 못 했던 현지 교역의 사업 기회도 나타났다. 유럽에서 동남아시아까지 왕복 항해에 아무리 빨라야 2년, 보

1686년 강희제는 네 개 도시에서 서양인의 교역을 허락했으나 1757년 건륭제가 광저우 한 곳으로 교역을 제한했다. 광저우 성외 주강가의 13행(行) 구역 안에서 중국 측 상인조합인 공행(公行)만을 상대로 행해진 교역 제도를 서양인들은 '광동 체제'(Canton System)라 불렀다. 1842년 남경조약 때까지 시행된 이 제도는 교역의 필요성을 인정하되 국가의 통제를 확고히 하려 한 청나라 정책을 반영한 것이었다.

통 3년의 시간이 걸렸다. 포르투갈인들이 인도양의 교역로 장악에 이어 교역로를 남중국해까지 확장한 것은 현지 교역의 수익성 덕분이었다. 스페인은 아메리카 대륙과 필리핀을 연결하는 태평양 항로를 개척했다.

16세기 중엽까지 세계를 휘감는 교역로의 그물이 만들어지고 나서는 유럽의 수입품 가운데 비단, 도자기, 차 등 중국 상품의 비중이 향료 대신 늘어갔다. 이 교역망에서 중국은 오랫동안 수출초과국의 위치에 있었다. 이 차이를 메우기 위해 다량의 멕시코와 페루 산 은이 중국으로 쏟아져 들어갔다. 17세기 중엽에서 19세기 초까지 2만 8,000톤의 은이 중국에 유입된 것으로 추정된다.

일본의 은도 여기에 끼어들어 교역망에 포함되었다. 포르투갈인들은 1543년부터 일본에 해마다 배를 보내기 시작했다. 이 카라카선을 일본인들은 '구로후네'黑船라 불렀다. 이 배로 화기를 비롯한 서양상품도 일본에 흘러들어갔지만 화물의 대부분은 중국과 일본 사이의교역품이었다. 수입이 많은 일본 측에서는 은으로 대금을 지불하기 위해 은광 개발이 성행하고 교역 증대가 사회와 경제에 큰 충격을 일으켰다. 임진왜란과 도쿠가와 막부 성립으로 이어지는 16세기 후반 일본의 정치적 격동도 이 충격에 기인한 바 크다.

17세기 들어 아시아 해역에 진출한 잉글랜드와 네덜란드 세력이18세기 들어서는 포르투갈을 제치고 지배적인 위치를 차지했다. 네덜란드 동인도회사는 향료의 주산지 인도네시아 지역을 장악했고, 영국동인도회사는 인도 통치를 시작하고 중국 교역에서 주도권을 쥐었다.

아편 무역

유럽의 생활수준이 향상되면서 중국 상품의 수입은 계속해서 커졌다.중국에 쏟아 넣을 은을 계속 조달하기 어려운 상황에서 인도 통치를시작한 동인도회사는 인도에서 중국으로 수출이 늘어나고 있던 아편에 주목하고 1770년대부터 아편 대량 재배를 시작했다. 동인도회사의감독하에 독점 생산된 아편은 콜카타(캘커타)에서 경매로 팔렸고, 금령을 뚫고 중국에 재주껏 반입하는 것은 상인들의 몫이었다.

이시진의 『본초강목』(1578)에 쾌락을 위한 아편의 용도가 기록되어 있어서 그 무렵 중국에 유행이 시작된 사실을 알 수 있다. 14세기부터 사용되고 있던 이슬람권에서 배워온 것으로 보인다. 그 유행이 차츰 확산된 결과, 1729년 처음으로 옹정제가 아편 금령을 내리기에 이르렀다. 당시에는 중국 내의 아편 생산이 없어서 값이 매우 비쌌고 특수층에서만 사용되었는데, 인도산 아편의 유입이 늘어나면서 금령에도 불구하고 계속 확산되었다.

인도산 아편은 60킬로그램 남짓의 상자로 반입되었는데, 연간 수입량이 옹정제 때(1723~1735) 약 200상자, 건륭제 때(1736~1795) 약 1,000상자, 가경제 때(1796~1821) 약 4,000상자에서 도광제 때(1821~1851) 약 3만 상자까지 늘어났다. 건륭제 말년 아편 유입이 급증하자 금령을 확대했지만 어마어마한 이권이 걸린 이 사업은 계속 번창했다.

1839년 시점에는 중국의 아편 수입액이 가장 큰 수출 품목인 차의 수출액과 대등한 수준이 되었다. 아편 교역의 부도덕성은 영국 본국에도 잘 알려져 있어서 아편전쟁 개전은 영국 의회에서도 강한 반대에 부딪쳤으나 동인도회사의 온갖 획책으로 전쟁이 진행되었다.

중국은 패전 후에도 아편 금령을 풀지 않았지만 불평등조약으로 인해 실효성이 무너지고 아편 수입은 연간 10만 상자(1879년에 6,700톤)에까지 이르게 된다. 또 한 차례 전쟁에서 패전한 후 금령이 해제되고 (1860) 중국 내 생산이 시작되면서 수입은 1880년대부터 줄어들기 시작했지만 전체 소비량은 계속해서 늘어났다. 1906년에 중국은 전 세계 아편 생산량의 85퍼센트인 6만 5,000톤을 생산하면서 그것도 모자라 4,000톤을 수입하고 있었다. 당시 중독자는 1,300여 만 명, 성인 남성의 27퍼센트로 추정되었다.

유럽인을 대항해 시대에 뛰어들게 한 향료는 산업화와 직접 관계

없는 소비재였다. 항해 활동의 확대에 따라 유럽인들이 아프리카와 아메리카 지역에서 노예 노동력을 비롯한 자원을 착취한 것은 산업화를 위한 준비였다. 그러나 18세기 말까지 유럽인들이 유라시아 대륙 반대편에서 가져간 것은 주로 사치품 소비재였고 산업화를 위한 자원이 아니었다.

여기에는 두 가지 원인이 있었다. 증기선이 보급되기 전의 운송 수단으로는 자원의 대량 수송이 힘들었다는 것이 그 하나고, 또 하나는 중국의 제조업 수준에 유럽이 미치지 못하고 있었다는 것이다. 19세기로 접어들어 대량 생산과 대량 수송을 갖출 단계까지 산업화가 진척된 뒤에야 중국 시장에 대한 전면적 침략이 가능하게 되었다. 인도와 동남아시아에서 산업 자원의 대규모 플랜테이션이 시작된 것도 이 무렵이었다.

아편 교역은 근대적 시장 확대보다 전근대적 약탈의 성격을 가진 침략 양상이었다. 영국의 면직물을 비롯한 유럽 공산품의 중국 시장 점령은 1856~1860년의 제2차 중영전쟁 이후에 본격적으로 시작되었다. 동아시아의 인구 조밀 지역을 산업화의 시장으로 편입시킬 전망이 비로소 세워진 것이다. 조선에 대한 개항 요구도 이 무렵에 시작되었다.

유럽 열강들이 세계 각지를 식민지로 만들던 추세에 비추어 동아시아 지역도 곧 식민지가 될 참이었다는 주장을 일본 군국주의자들이 곧잘 해왔다. 그러나 오랜 기간에 걸친 열강들의 대對 중국 정책을 보면 그 전까지 통상적 의미의 식민지를 구상하고 있지 않았던 것이 분명하다. 청나라를 유지시킨 채 경제적으로 이용하려는 방침이 열강 정책의 주류였다. 영국이 겪어본 인도 경영의 어려움이 참고가 되었을 것이다.

그리고 조선과 일본에 대한 유럽 열강의 정책에는 중국에서의 경험이 참고가 되었을 것이다. 시대 변화에 효과적으로 대응했다고 하는 일본도 1880년대까지는 갈피를 잡지 못하고 혼란을 겪고 있었다. 일본이 조선의 약점을 파고든 것처럼 일본의 약점을 냉혹하게 파고든 열강이 없었기 때문에 일본은 자력 근대화의 기회를 가질 수 있었다. 일본의 성장을 가로막으려는 의지를 가진 유럽 세력은 러시아 하나뿐이었고, 일본보다 근대화가 크게 앞서지 못한 러시아는 압도적인 힘을 가진 열강이 아니었다.

중국에 대한 유럽 열강의 침략성을 강조하는 말로 '찢어먹기'瓜分, 〔'쪼개먹기'(瓜分)라고도 함〕란 말이 있는데, 이것은 청일전쟁(1894~1895) 이후에 나타난 현상이고, 일본과 러시아가 앞장서서 일으킨 사태였다. 제국주의 경쟁이 막바지에 이른 현상으로, 주류 열강들이 추진해 온 방향이 아니었다. 동아시아 지역의 상황이 1890년대 이후 격화되는 데는 일본의 역할이 결정적이었고, 이것을 거든 것이 러시아였다.

동서 교섭의 길을 연 가톨릭 선교사들

베네치아 사람 마르코 폴로는 13세기 말 원나라 치하의 중국에 20여 년간 머무르면서 관찰한 내용을 『동방견문록』에 적었다. 당나라 때나 원나라 때처럼 중국이 개방적인 시기는 말할 것 없고, 다른 시기에도 중국을 다녀간 유럽사람이 꽤 있었겠지만 그 흔적을 찾기 힘들다. 폴로처럼 오랫동안 체류하고 조정에 가까이 있던 사람에 관한 자료도 중국 측에는 나타난 바 없지 않은가.

　동서 간 접촉의 기록이 제대로 남아 있지 않은 가장 중요한 이유는 16세기까지의 접촉이 산발적인 것이었다는 데 있다. 폴로의 책은 유럽의 여러 나라 말로 번역되어 널리 읽혔는데도 그가 말한 '카테이'Cathay가 중국을 가리킨 것이라는 사실조차 300년 뒤에야 확인될 정도로 중국과 유럽 사이의 접촉은 엉성한 상태에 있었다.

　16세기 초 포르투갈이 인도양 항로를 장악한 뒤 남중국해까지 진출하면서 중국과 지속적 접촉을 가지게 되었다. 1517년에 광저우에서 교역을 시작하고 1557년에는 마카오를 임대해 항구적 기지를 만들었다.

　마카오를 거점으로 한 포르투갈인의 교역 활동은 중국에 별다른 충격을 주지 않았다. 비단과 도자기 등 중국 상품이 수출된 반면 중국에는 유럽 상품의 수요가 없어서 종래 이슬람 상인들이 중국으로 가져오던 인근 지역의 상품을 대신 가져오는 정도였다. 중국 측에서 포르투갈인을 조공 대상인 오랑캐의 하나로 여긴 것은 자연스러운 일이었다.

　16세기 말까지 경제적 관계가 아직 크게 자라나지 않고 있던 상황에서 대단히 큰 의미를 가진 문화 교류 현상이 일어난 것은 가톨릭 선교사 활동을 통해서였다. 중국에서는 유럽에서 유래한 지식과 사상을 바탕으로 '서학'西學이 일어나고 유럽에서는 미지의 문명을 흠모하는 '중국 바람'Chinoiserie이 일어났다. 학식과 조직력을 아울러 갖춘 선교사들이 효과적인 매체 역할을 맡은 덕분이었다.

　16세기 초의 종교개혁은 가톨릭교회에 큰 타격을 주었다. 정신적으로는 영적 권위가 손상되고 물질적으로는 교회의 영향에서 많은 지역이 벗어났다. 이 위기를 극복하기 위해 가톨릭교회 안에서도 광범위한 변화의 움직임이 일어났다.

16세기 중엽의 이 움직임에는 '반동 종교개혁'Counter-Reformation과 '가톨릭 종교개혁'Catholic Reformation이라는 두 가지 이름이 붙었는데, 두 측면을 모두 가진 움직임이었다. 종교재판 강화 등 반동적 측면도 한편에 있었지만, 다른 한편에는 마르틴 루터의 문제 제기를 실질적으로 받아들이는 듯한 개혁적 측면도 있었던 것이다.

개혁적 측면을 대표하는 주체의 하나가 예수회였다. 1534년 7인의 창시자가 파리에서 결성한 예수회는 1540년 교황으로부터 헌장 인가를 받은 후 새로운 사업을 활발하게 펼쳐나갔다. 가장 중요한 사업 분야가 교육과 해외 선교였다. 변화가 빨라지는 시대 상황 속에서 교회의 권위를 유럽인의 마음속에 지키는 것이 교육 사업의 목적이었고, 유럽에서 상실한 가톨릭교회의 세력을 항해 활동을 통해 넓어진 새로운 세계에서 만회한다는 것이 선교 사업의 목적이었다.

예수회의 선교 노선에는 기존의 기독교 선교와 다른 점이 있었다. 전통적 선교 노선은 개인의 구원에 목적이 집중된 것이었다. 한 사람씩 붙잡고 "예수 천국 불신 지옥"을 설득하는 식이었다. 그런데 예수회는 개인이 아니라 사회를 선교 대상으로 삼았다. 개인이 자기 사회를 이탈해서 기독교로 건너오게 하는 것보다 사회 전체가 기독교에 접근해 오도록 하는 길을 찾기 시작한 것이었다. 이런 입장에서 '적응주의'accommodationism라는 체계적이고 조직적인 새로운 선교 노선이 개발되었다.

적응주의 노선 형성에 가장 큰 역할을 맡은 것이 프란시스코 사비에르(1506~1552)였다. 예수회 창시자의 한 사람인 사비에르는 1542년 인도의 고아에 도착한 이후 중국 광둥성 해안 밖의 섬에서 숨을 거둘 때까지 아시아 선교 사업의 길을 열었다. 1619년 시성諡聖되어 "모든 선교 사업의 수호성인"이 되었다.

사비에르는 인도와 인도네시아 지역에서 활동하다가 1549년 8월부터 2년 남짓 일본에 체류하기도 했고, 죽기 직전에는 중국에 들어갈 길을 찾고 있었다. 수준 높은 문명과 거대한 정치 조직의 존재를 알게 되면서 개인의 개종으로는 선교의 효과에 한계가 있다는 사실을 깨달아 적응주의 노선을 구상한 것이다. 선교 대상 사회의 관습을 최대한 존중해서, 기독교 신앙에 근본적으로 배치되는 것만 아니라면 개종자에게 관습을 버리도록 요구하지 않음은 물론, 선교사 자신이 그 관습을 받아들일 수도 있다는 것이었다.

이 노선이 일으킨 신학적 문제가 '은총 논쟁'에 나타난다. 미카엘 바이우스(1513~1589)와 코르넬리우스 얀센(1585~1638) 등은 엄격한 기준의 '충족 은총'gratia sufficiens을 주장했는데, 루이스 데 몰리나(1535~1600)와 프란시스코 수아레스(1548~1617) 등 예수회 신학자들은 '효능 은총'gratia efficax으로 이에 맞섰다. 쉽게 말해서 공자와 맹자가 지옥에 있으리라는 것이 충족 은총의 관점이고 천당에 있으리라는 것이 효능 은총의 관점이었다.

사비에르는 아시아 선교 사업의 궁극적 무대를 중국으로 보았고, 그 후계자들은 이를 이어받아 중국 선교를 지상 과제로 삼았다. 사비에르가 죽은 몇 년 후 포르투갈이 마카오에 항구적 거점을 가지게 되자 그곳은 중국 진출을 위한 선교사들의 전진기지가 되었다. 그러나 중국의 문은 쉽게 열리지 않았다. 1582년에야 두 명 선교사의 내지 일시 체류가 허용되었고, 그 이듬해부터 항구적인 선교소가 중국 안에 설치되었다.

마테오 리치가 일으킨 서학

1583년 말 동료 선교사 한 사람과 함께 중국 땅을 밟은 마테오 리치(1552~1610)가 교회 입장에서 보면 중국 선교의 개척자였고, 역사학의 관점에서 보면 유럽과 동아시아 문명 간 접촉의 수준을 일거에 끌어올린 거인이었다. 27년의 활동 기간 중 유럽 문명을 중국인 독자들에게 소개하는 책, 이른바 서학서西學書 여러 편이 그의 손에서 나왔고, 그 사업을 자기 후계자들이 계속할 수 있는 여건을 만들어주었다.

　　리치는 오랜 시간과 많은 노력을 들여서라도 지배 계층을 포섭하는 것이 궁극적 성공을 바라볼 길이라는 전략을 세웠다. 종래의 선교에서는 사회의 소외 계층이 손쉬운 선교 대상이었는데, 리치는 사회 주류를 선교 대상으로 삼은 것이다. 그래서 종교적 진리를 일방적으로 주장하기보다 기독교와 맺어진 유럽 문명의 훌륭한 점이 중국 지식층의 인정을 받게 하는 작업에 매진했다. 중국인이 중시하는 역법曆法 운영에 유럽의 기하학과 관측 기술이 유리한 점을 간파하고 그 방면 기술 도입에 역점을 둔 것이 대표적인 예다. 그 결과 몇십 년 후 청나라 역법인 시헌력時憲曆에 유럽 기술이 대거 채택되고 예수회 선교사들이 그 운영에 참여하기에 이른다.

17세기 초 상황에서 유럽 학술 수준이 중국보다 전체적으로 높았던 것은 아니다. 그러나 분야에 따라 앞선 영역이 있었다. 이런 영역을 리치 등 선교사들이 집중적으로 소개했는데, 그 내용에 대개의 중국 지식인들은 지엽적인 가치만을 인정했다. 18세기 말『사고전서』를 편찬할 때 서학서를 총괄한 해설이 이런 관점을 보여준다.

살펴건대 구라파인들의 천문추산(天文推算)이 치밀한 것과 공장제작(工匠製作)이 정교한 것은 실로 옛 제도를 넘어선다. 그 의론이 과사(誇詐)하고 우괴(迂怪)함 또한 이단 가운데 두드러진다. 국조(國朝)에서는 그 기능은 취하되 그 학술은 전하는 것을 금하였으니, 구존(具存)의 깊은 뜻이다. 그 책들은 원래 책부(冊府)의 편(編)에 올릴 만한 것이 못 되지만,「환유전」(寰有詮) 같은 것들은『명사』'예문지' 속에 이미 그 이름이 올라 있어, 빼어버리고 논하지 않는다면 오히려 미혹을 일으킬 수 있기 때문에 드러나게 올려놓고 비판하는 것이다. 또『명사』에는 이 책들이 도가(道家)의 것으로 실려 있는데, 이제 그 내용을 보면 3교(敎)의 이(理)를 아울러 표절하였고 또 3교를 싸잡아 배척하였다. 변환(變幻)하고 지리(支離)하여 따질 수도 없게 만든 것이 참으로 잡학(雜學)이로다. 따라서 잡가(雜家) 속에 그 존목(存目)을 둔다.

그런데 당시 중국의 최고 지식인들 중 서학에 깊은 관심을 가지고 열렬히 호응한 사람들이 있었다.『기하원본』번역까지 맡을 만큼 깊이 개입한 서광계徐光啓는 재상급인 내각대학사의 지위에 오른 거물이었다. 교회사가들은 이것이 기독교 또는 유럽 문명의 우월성을 보여준 증거라고 환호해 왔지만, 근래의 치밀한 연구는 다른 방향을 가리키고 있다. 명나라 말기의 위기의식 속에서 새로운 돌파구를 찾는 노력의 한 갈래였으며, 유교의 발전에 도움이 되는 요소를 서학에서 찾으려는 보유론補儒論의 입장으로 해석하는 것이다.

유교가 원래는 대단히 훌륭한 사상이었는데, 불교와 도교의 영향을 받아 타락한 상태에 빠져 있으며, 이것을 원래의 훌륭한 상태로 되돌려놓는 데 기독교가 도움이 되리라는 것이 마테오 리치 선교 노선의 핵심인 보유론이었다. 중국에서는 사상의 혁신을 꾀할 때 "공자의 원래 가르침"으로 돌아가자는 복고적 간판을 내놓는 경향이 있는데, 리치는 여기에 편승하려 한 것이었다.

적응주의가 원래 선교 대상 사회의 관습과 전통을 존중하는 입장이거니와, 보유론은 그중에서도 극단이었다. 리치가 죽은 후 이 노선이 기독교의 본질을 저버린 것이라는 항의가 가톨릭교회 내에서 일어나 '전례 논쟁'Rites Controversy이라는 교리 투쟁을 불러일으켰다. 1630년대에 시작되어 18세기 초에야 마무리된 이 논쟁에서 예수회의 적응주의 노선이 패퇴한 결과, 서학서의 사상 관계 내용 중 중요한 것들이 교황청에 의해 부정되었고 중국 선교가 크게 위축되었다.

그럼에도 불구하고 유럽 문명의 소개 자료로서 서학서의 가치는 19세기 초까지도 동아시아 사회에서 유지되었다. 이익과 정약용 등 18세기 조선의 실학자들도 서학서를 통해 서양의 존재를 인식했다.

리치 등 예수회 선교사들이 만든 서학서는 17세기 초반의 시점에서 동서 문명의 대단히 수준 높은 접점이었다. 그러나 두 문명의 융화를 간절히 바라는 제작자들의 의도가 당시 유럽인의 일반적 태도를 대표하는 것이 아니었기 때문에 동양인이 서양을 바라보는 통로로서 한계를 지닐 수밖에 없었다. 이 한계를 단적으로 보여준 것이 정조 때의 서학 운동이었다.

정약용을 비롯한 일군의 지식인들은 서학서의 많은 내용에 감명을 받고, 사상적인 면에서도 보유론을 받아들일 가능성을 진지하게 검토했다. 그러나 이승훈이 1783~1784년 북경에서 선교사를 찾아가 보니 보유론은 이미 폐기된 지 오래였다. 이 사실이 알려지자 서학을 기능적 차원이나 학술 사상의 차원에서 고려하던 사람들은 손을 떼지 않을 수 없었고, 일부만이 신앙 운동으로서 서학을 지켜나가게 되었다.

19세기 중엽 유럽인의 힘이 코앞에 닥칠 때까지 서양에 대한 중국인의 관심은 크게 일어나지 않았다. 예수회의 서학서 다음 단계를 맡을 통로는 19세기에 들어와서야 개신교 선교사들의 손으로 만들어지기 시작했다. 18세기에서 19세기에 걸쳐 '란가쿠'蘭學를 전개한 일본의 경우와 대비가 된다. 란가쿠의 실제 내용에 별것 없었다는 평가절하도 있지만, 일본인의 자발적 관심을 보여준 현상이라는 데 큰 의미가 있다.

일본의 등장

1480년대에 시작된 대항해 시대를 통해 유럽인의 지리 지식이 폭발적으로 늘어나는 과정에서 '지리지'地理誌 범주의 서적이 수없이 나타났다. 1510년대부터 유럽인의 왕래가 시작된 동아시아 지역에 관한 정보를 담은 서적들도 있었지만, 16세기 중에는 아직 접촉의 분량이 많지 않아서 14세기 초에 나온 마르코 폴로의 『동방견문록』을 넘어서는 대작이 없었다. 17세기에 들어와 유럽인의 주목을 널리 끈 두 권의 책이 나왔다.

두 책의 성격은 서로 판이한 것이었다. 하나는 앞서 이야기한 마테오 리치의 『중국지』(원제: 중국에서의 예수회와 기독교 이야기)로, 1610년 리치가 죽은 후 유고를 후배 예수회사耶蘇會士들이 정리해 1615년 출판한 것이다. 초판은 라틴어로 나왔고, 프랑스어판, 독일어판, 스페인어판, 이탈리아어판, 영어축역판이 그로부터 10년 내에 번역되어 나왔다.

리치의 책이 27년간의 중국 체류 동안 체계적인 관찰을 축적한 결과임에 반해 1614년에 나온 페르낭 멘데스 핀토(1509~1583)의 『순례기』Peregrinação는 1537년에서 1558년까지의 모험담을 엮은 것으로 대중의 인기를 끌었다. 핀토의 책에는 신빙성이 약하다는 문제가 있다. 본인이 그 기간 중 열세 번이나 포로로 잡히고 열아홉 번이나 노예로 팔린 사연이 담겨 있으니까. 그 이름 'Fernão Mendes Pinto'에 빗대어 "Fernão, Mentes? Minto!"(페르낭, 뻥이지? 그래, 뻥이야!) 하는 우스개까지 유행했다고 한다.

핀토의 이야기 대부분은 여러 사람에게 전해 들은 것을 자기 경험처럼 극화한 것으로 보이지만, 그중 일본 여행 이야기는 정황과 증거가 상당히 부합하기 때문에 사실에 가까운 것 같다. 1543년 유럽인으로서 일본을 처음 방문해 교역을 시작했다는 이야기, 1549년 예수회사 프란시스 사비에르의 일본 입국을 도와주었다는 이야기, 규슈 남부의 영주 오토모 소린을 개종으로 이끌었다는 이야기 등이 들어 있다.

16세기에 명나라는 일본과의 교역을 엄격히 제한하고 있었는데, 은의 교환 가치가 일본보다 중국에서 두 배 높았다. 그래서 밀무역이 성행했고, 이 밀무역을 맡은 것이 왜구였다. 왜구의 본업은 해적이라기보다 무장 밀수단이었다. 핀토의 일본 방문 후 포르투갈인들은 마카오와 일본 사이에 카라카선을 운항, 이 무역의 상당 부분을 넘겨받았다. 1630년대까지 계속된 이 무역은 포르투갈인의 현지 교역 사업 중 가장 수익성 높은 노선의 하나였다.

포르투갈인의 무역에는 가톨릭 선교사들이 긴밀하게 얽혀 있었다. 교황이 해외 사업의 정당성과 권리를 뒷받침해주는 대가로 포르투갈 왕은 선교 사업을 지원할 의무를 가지고 있었다. 상인과 모험가들은 정부와 관리들에 대한 영향력을 얻기 위해 선교사들을 우대했고, 선교사들은 무역에 투자해 선교 비용을 확보했다.

정치적 혼란이 극도에 달해 있던 16세기 중엽의 일본에 상인과 선교사가 힘을 합친 포르투갈인의 진출은 큰 성과를 거두었다. 1583년 중국 선교가 시작되어 수십 명의 개종자를 얻기 시작하고 있을 때 일본에서는 교역에 이해관계를 가진 서부 지역 영주들이 수천 명에서 수만 명까지 영내 주민을 몽땅 이끌고 개종하는 사례가 꼬리를 물고 있었다. 전란에 시달리고 있던 백성들도 새 종교에 상당한 호응을 보였다.

1590년대에 도요토미 히데요시가 일본 통일에 접근해가면서 포르투갈인들에게(선교사와 상인 양쪽에) 불리한 정책을 취하기 시작하고 1610년대에 도쿠가와 막부 체제가 안정돼가면서 기독교 탄압이 강해진 데 비춰보면 1580년대까지의 정치적 혼란이 포르투갈인의 활동을 위한 틈새를 만들어주었다는 사실이 분명하다. 중국의 명나라가 임진왜란을 일으킨 일본을 불신해서 교역을 거부했기 때문에 일본은 유럽인의 중개무역을 계속 필요로 했다. 그러나 주민의 사상에 영향을 끼치는 기독교 선교는 더 이상 용납할 수 없었다.

1600년대 들어 일본에 모습을 나타낸 네덜란드인과 영국인들이 포르투갈인의 역할을 넘겨받게 된다. 두 나라 상인들은 동인도회사를 배경으로 활동했기 때문에 교황권과 결탁된 왕권의 배경 위에 활동하던 포르투갈 상인들처럼 선교 사업의 부담을 가지고 있지 않았다. 막부는 통제의 편의를 위해 무역 주체를 일원화하고 싶어 했고, 영국이 양보함으로써 네덜란드인들이 이후 200여 년 동안 일본의 서양인 접촉을 독점하게 된다.

일본의 창문, 란가쿠蘭學

중국에서는 1644년의 명청 교체 뒤에도 예수회 선교사들의 활동이 꾸준히 늘어나다가 18세기에 접어들면서 전례 논쟁의 결과로 대폭 위축되기에 이르는데, 일본에서는 1640년경부터 해금海禁 정책이 강화되어 막부 말기까지 계속되었다. 해금 정책을 '사코쿠'鎖國라 흔히 부르는데, 그 원래 의미는 무역에 대한 막부의 통제력 강화에 있는 것이지 국제적 고립을 추구한 것이 아니었다.

포르투갈인에서 네덜란드인으로 이어지는 일본 무역은 해금 정책으로 제약받는 중국과의 무역을 중개하는 것이었다. 1640년경 명나라의 통제력이 약해지자 중개무역의 필요도 줄어들어 막부가 유럽인의 활동을 나가사키의 매립지 데지마出島라는 좁은 구역 안에 제한하게 되었다. 나가사키에는 중국인의 상선도 기항했고, 다른 무역 상대인 조선, 유구, 아이누와의 교역은 각 방면 영주들에게 맡겨졌다.

일본 의학자와 유럽인 의사의 토론 장면. 나가사키에는 네덜란드어 통역을 맡는 몇 개의 세습 가문이 있어서 유럽인과 일본인 사이의 모든 접촉에 참여했다. 통역들이 1720년 이후 란가쿠 서적을 제작한 것도 많이 있지만 학술적 깊이 없는 흥밋거리가 대부분이었다. 일본인 학자들이 대거 네덜란드어를 습득해서 통역의 도움 없이 유럽 학술에 접근하게 되는 것은 1824년 나루타키숙 설립 이후의 일이다.

1609년 히라도平戶 섬을 거점으로 무역 활동을 시작한 네덜란드 동인도회사가 1641년 데지마로 옮긴 후로는 나가사키 부교奉行를 통해 막부의 엄밀한 감시 아래 놓였다. 일본인과 네덜란드인의 데지마 출입에 모두 허가가 필요했고 거주 인원도 제한되었다. 동인도회사는 의사 한 명을 데지마에 배치했는데, 이 의사가 일본 란가쿠蘭學의 촉매가 되었다.

란가쿠의 주춧돌을 놓은 것은 1649~1651년, 2년간 체류한 카스파르 샴베르거였다. 그는 이례적으로 체류 기간의 태반을 에도에서 지냈고, 그동안 유럽 의술의 장점을 일본 지배층에 널리 인식시켰다.

샴베르거 이래 유럽 의술에 대한 존중은 란가쿠의 발판이 되었다. 그러나 1720년까지 서양 책의 출판 금지령은 데지마의 고립성과 함께 서양 지식 보급의 장벽이었다. 1년에 한 차례 쇼군에게 인사 올리러 에도에 가서 해외 정세와 유럽 사정을 보고하는 일 외에는 데지마의 네덜란드인들이 일본 지배층과 접촉을 가지는 일이 거의 없었다.

1720년 출판 금령이 해제된 후 서양에 관한 수많은 책이 출간되었다. 대부분은 얄팍한 호기심에 영합하는 것이었지만 더러 중요한 작업도 있었다. 스기타 겐파쿠가 일군의 역관과 의사들을 이끌고 네덜란드 해부학서를 번역해 1774년 내놓은 『가이타이신쇼』解體新書 작업은 대단히 치밀한 것이었다. 네덜란드어의 "neus"가 "코"를 뜻한다는 사실 하나를 확인하는 데도 며칠 간의 토론을 거쳤다고 한다. 1798년에 나온 『레키쇼신쇼』曆象新書도 유럽의 고전물리학을 제대로 옮겨온 치밀한 작업으로 평가된다.

17세기 중국의 서학서는 선교사들이 만든 것이었는데, 18세기 중엽 이후 일본에서 나온 란가쿠쇼蘭學書는 일본인들이 고르고 번역한 것이었다. 자발성이라는 측면은 높이 평가할 일이지만, 중국 서학서의 치밀한 기획과 비교하면 체계성이 떨어지고, 유럽 사상의 핵심 요소보다 흥밋거리나 실용적인 주제에 치우쳐 있었다.

청일전쟁에서 일본이 승리해 근대화의 성공에 자부심이 넘칠 때, 란가쿠의 전통을 성공의 중요한 이유로 내세웠다. 서양 문명에 대해 개방적인 전통 덕분에 오만한 중국이나 폐쇄적인 조선과 달리 일본이 근대적 문물의 도입에 쉽게 나설 수 있었다는 것이다.

일리 있는 관점이다. 그러나 개항을 앞둔 19세기 초반 란가쿠가 펼쳐진 실제 상황을 살펴보면 란가쿠의 전통과 메이지유신 사이에 직접적 인과관계를 인정하기가 쉽지 않다.

샴베르거가 씨앗을 뿌렸다면 가장 큰 열매를 거둔 것이 필리프 폰 지볼트(1796~1866)였다. 1823년에서 1829년까지 6년간 일본에 체류한 폰 지볼트는 1824년에 나루타키숙鳴瀧塾을 열어 막부에서 보낸 50명의 학생을 가르치기 시작했다. 막부에서 이 학교를 열어준 목적은 의술의 전수에 있었지만, 폰 지볼트가 깊은 관심을 가지고 있던 박물학 분야를 중심으로 유럽 학술을 폭넓게 접수한 '란가쿠샤'蘭學者 집단이 이곳에서 자라났다.

그러나 이 란가쿠샤 집단은 개항에서 유신으로 이어지는 일본의 개방과 근대화 과정에 큰 역할을 맡지 않았다. 1839년 해금 정책의 강화에 반대하는 일군의 란가쿠샤들이 투옥된 이른바 '반샤노고쿠'蠻者獄 외에는 정치에 관계된 일이 없고, 1854년 개항 이후 서양과의 접촉면이 넓어지자 란가쿠샤의 존재는 눈에 띄지 않게 되었다. 반면 폰 지볼트는 란가쿠샤들의 도움으로 수집한 일본 동식물의 방대한 표본을 유럽으로 가져가 유럽의 일본 연구에 크나큰 계기를 만들었다.

메이지유신을 통해 일본이 서양식 근대화의 길에 중국이나 조선보다 쉽게 뛰어든 데는 물론 일본의 특이한 조건들이 작용했다. 그러나 란가쿠의 존재를 중요한 조건으로 보기는 힘들다. 오히려 란가쿠의 존재를 가능하게 한 배경 조건이 메이지유신에도 나란히 작용한 것으로 보아야 할 것 같다.

개항 전 일본이 데지마에 서양인과의 교섭을 제한한 것은 중국이 광저우와 마카오에 서양인의 활동을 제한한 것과 비슷한 양상이다. 두 나라를 비교한다면 중국보다 일본이 해외의 상품과 지식을 더 많이 필요로 하고 있었다. 중국에게는 경제적으로나 사상적으로나 대외 교섭의 필요가 그다지 절실하지 않았다. 일본의 란가쿠가 중국의 서학보다 활발하게 일어난 것은 자연스러운 일이었다.

유럽인들이 16세기 초반부터 중국과 일본에 왕래하기 시작하고서도 19세기 중엽까지 조선을 찾아오지 않은 것은 조선의 존재를 몰라서가 아니었다. 중국의 사치품이나 일본의 은 같은 교역의 목표물이 없기 때문이었다. 18세기 조선의 실학자들이 17세기 초반에 중국에서 만들어진 서학서를 보고 서학 운동을 일으킨 것은 변화의 필요성에 대한 깊이 있는 자각이라고 볼 수 있다.

데지마 한 모퉁이에라도 서양인이 계속 상주한 일본에서 일어난 란가쿠가 실용적인 주제나 얕은 호기심을 넘어서지 못한 것에 비하면 외부 자극이 없는 상태에서 자연적으로 발생한 조선의 서학은 사상적 대안에 대한 더 진지한 검토였다.

선교사들이 이어간 동서 관계

역법曆法은 중국 천하 체제의 상징적 요소의 하나였다. 시간을 관리한다는 일이 천명을 받들어 천하를 다스리는 천자의 중요한 업무로 인식되었기 때문이다.

따라서 왕조를 새로 열 때 그 왕조의 역법을 반포하는 것이 천명을 확인하는 중요한 과업이었다. 그래서 왕조마다 자기 역법을 가지게 되었지만, 역법의 원리 자체가 바뀌는 일은 별로 없고, 기존 역법에서 역원曆元 등 상수象數만을 바꾸는 것이 보통이었다.

오랜 기간을 거치는 동안 역법의 원리가 크게 바뀐 일이 몇 차례 있었다. 남북조 시대에 도입된 인도 천문학을 가미한 일이 있었고, 원나라 때 도입된 이슬람 천문학을 가미한 일이 있었다. 그리고 명나라에서 청나라로 넘어가는 단계에서 유럽 천문학을 가미하는 역법 변화가 일어났다.

1583년 이래 중국에서 지내며 현지 사정을 넓고 깊게 이해하게 된 마테오 리치는 유럽 천문학을 중국 역법에 도입할 경우 역법을 중요시하는 중국 풍속에 따라 유럽 문명이 중국인의 큰 존경을 받을 수 있으리라고 생각했다. 수학과 천문학에 상당히 조예가 깊었던 리치는 그 방면 고급 전문가의 파견을 예수회 상급자들에게 꾸준히 요청하는 한편 역법 접근을 위한 기초 작업으로 유클리드의 『기하원본』을 중국어로 번역했다.

『기하원본』 번역을 도운 서광계가 역법 편찬 사업을 이끌었다. 레이 황(황런위)의 『1587 만력 15년: 아무 일도 없었던 해』에 보이는 것처럼 말기의 명나라 왕조는 마비 증상을 보이고 있었다. 서광계 같은 관료들은 왕조의 중흥을 위해 대대적 개혁의 필요를 느끼고 있었고, 새 역법 편찬에는 개혁의 상징적 의미가 걸려 있었다. 리치가 죽은 후 요하네스 슈렉, 아담 샬 등 고급 과학자들이 선교사로 오자 서광계는 그들의 힘을 빌려 『숭정역서』崇禎曆書를 편찬했다(1634).

숭정역법이 제대로 시행되지도 못하고 왕조가 바뀌자 청 왕조는 그 내용을 이어받아 시헌력時憲曆으로 반포했다. 아담 샬 등 과학자 선교사들은 그 운용을 위해 조정의 우대를 받았다. 이민족 출신인 청 왕조는 다른 이민족들에게도 관용적이고 개방적인 태도를 취했고, 유럽인 선교사들도 그 혜택을 받았다.

즉위 초인 1660년대에 일시적 반동이 있었지만 강희제는 긴 재위 기간(1661~1722) 동안 선교사들에게 관용적인 태도를 지켰다. 강희제 말년에 전례 논쟁의 여파로 선교 활동이 금지된 뒤에도 조정에서 선교사들의 역할은 계속되었다. 역법 외에도 지도 제작, 건축, 회화 등 수준이 높거나 특색 있는 유럽의 기술이 선교사들의 손을 통해 청나라 조정에서 계속 활용되었다.

17세기 초까지 항해 활동을 이끌던 포르투갈과 스페인의 세력이 쇠퇴하면서 17세기 후반에 프랑스인 선교사들이 중국 선교에서 비중을 키우게 되었다. 루이 14세의 프랑스가 새로운 가톨릭 강국으로 떠오르는 배경 위에서였다. 프랑스는 아직 동아시아 지역에 교역상의 큰 이해관계를 가지고 있지 않았기 때문에 프랑스인 선교사들은 학술과 기술로 중국 조정에 봉사하면서 중국에 관한 지식과 정보를 유럽에 전파하는 역할을 맡았다.

18세기 중엽까지 중국 고전의 라틴어 번역을 비롯한 중국 소개가 프랑스인 선교사들의 손으로 이뤄져 유럽 지식층에 '중국 바람'을 일으켰다. 수학자 라이프니츠(1646~1716)가 음양과 8괘에 비상한 관심을 가졌다는 것은 유명한 이야기다.

18세기 중엽까지는 16세기에 포르투갈인들이 세워놓은 동남아시아―동아시아 교역 판도가 네덜란드인과 영국인들의 손으로 넘어가면서도 그 틀에는 큰 변화가 없었다. 그런데 7년전쟁(1756~1763)의 결과 영국이 프랑스를 물리치고 인도 지역을 장악하면서 큰 변화가 일어나기 시작했다. "해가 지지 않는 제국"을 일으키기 시작한 영국인들이 광동의 중국 교역을 크게 늘리면서 다른 유럽국들을 압도하는 비중을 차지하게 되었다.

18세기 말, 마지막 점잖은 접촉

1790년대가 되어 영국은 급속도로 성장해 왔을 뿐 아니라 엄청난 성장 가능성을 가진 중국 교역을 외교적으로 뒷받침할 필요를 느끼고 사절단을 보냈다. 마드라스 총독을 지낸 조지 매카트니가 이끄는 사절단이 1793년 북경에 도착했지만 국교 개설에 실패했다.

　항간에는 매카트니가 고두(叩頭·kowtow)의 예를 거부했기 때문이라는 이야기도 떠돌았지만 사실이 아니다. 1년 후 티싱의 인솔하에 북경을 방문한 네덜란드 사절단은 고두의 예를 행했지만 매카트니 사절단보다 더 큰 성과를 거둔 것이 없었다. 문제는 청나라 조정이 국교를 개설할 필요를 느끼지 않고 있었던 것이다.

　건륭제가 거부의 뜻을 분명히 하기 위해 매카트니를 통해 영국왕에게 보낸 국서에는 이런 귀절들이 있다.

　그대 나라 사람 하나를 천조(天朝)에 보내 그대 나라를 대표하게 하고 그대 나라와의 교역을 감독하게 해달라는 그대의 요청은 모든 관습에 어긋나는 것이고 들어줄 수 없는 것이오. 천조에 봉사하는 유럽인들이 북경에 살도록 허락받아 온 것은 사실이오. 그러나 그들은 중국 복장을 입어야 하고 지정된 장소에서만 활동할 수 있으며 제 나라로 돌아갈 허락을 받는 일이 없소. 그대도 관습을 잘 알 것이오. 그대가 보내려 하는 사신에게 북경의 유럽인 관리들과 같은 위치를 부여할 수도 없으며, 자유로운 활동이나 본국과의 연락을 허용할 수 없소. 그러니 그가 이곳에 있더라도 그대에게 해줄 수 있는 일이 없을 것이오.

내가 뜻을 두는 것은 오직 훌륭한 통치를 행하고 천자의 직무를 잘 수행하는 것뿐이오. 진기한 물건이나 값비싼 물건에는 관심이 없소. 그대가 보내온 공물을 내가 가납하는 것은 머나먼 곳에서 그것을 보내온 그대의 마음을 생각해서일 뿐이오. 이 왕조의 크나큰 덕은 하늘 아래 어디에도 미치지 않는 곳이 없어서 모든 왕과 부족들이 육로와 수로를 통해 귀한 공물을 보내오고 있소. 그대의 사신이 직접 보는 것처럼, 우리에게는 없는 물건이 없소. 나는 기이하고 별난 물건에 관심이 없으며 그대 나라 출산품을 필요로 하는 것이 없소.

건륭제는 유럽인 관리, 즉 선교사들을 통해 유럽 사정을 웬만큼 파악하고 있었다. 그러나 유럽인을 상대하기 위해 천하 체제의 틀을 조금이라도 바꿀 생각은 들지 않았던 것이다. 같은 시점에서 매카트니는 어떤 생각을 하고 있었는가? 그의 비망록에는 이런 귀절이 들어 있다.

중화제국은 낡고 다루기 어려운 초대형 전함과 같은 존재다. 운이 좋아서 뛰어난 선장과 유능한 선원들을 계속해서 만나 왔기 때문에 지난 150년간 물 위에 떠 있을 수 있었고, 그 덩치와 생김새만 가지고도 그 이웃들을 떨게 할 수 있었다. 그러나 무능한 선장에게 한 번 걸리기만 하면 기강이고 안전이고 흔적도 없이 사라질 것이다. 아마 바로 가라앉지는 않을 것이다. 얼마 동안 난파선으로 떠다니다가 어느 날 해안에 좌초해 산산조각이 나고 말 것이다. 그 배의 바닥 위에 고쳐 짓는 것도 불가능한 일이다.

중화제국의 침몰은(상당히 유력한 전망이다) 아시아에서 교역의 판도를 완전히 뒤집어놓는 데 그치지 않고 세계 곳곳에 적지 않은 파장을 일으킬 것이다. 중국인들의 근면성과 재능은 위축되고 약화되겠지만 아주 없어질 수는 없다. 중국의 항구를 가로막는 장벽이 사라질 것이고 모든 나라의 모든 모험가들이 시장을 찾아 중국의 구석구석을 파고들 것이다. 상당 기간 갈등과 혼란이 이어질 것이다. 그러나 뛰어난 인적, 물적 자원을 가지고 정치적으로나 해상 활동으로나 상업상으로나 세계 제일의 강국을 이룩한 영국이 이런 변화 앞에서 가장 큰 이득을 얻고 다른 모든 경쟁자를 앞서리라는 것이 합리적인 생각일 것이다.

북경의 선교사들이 청나라 조정에 일부러 잘못된 정보를 제공하고 있지는 않았을 것이다. 그러나 수십 년간 중국에 살고 있으면서 당시의 유럽이 얼마나 빠르게 변하고 있는지 그들 자신도 정확하게 인식하지 못하고 있었을 것이다. 그리고 그 시점까지 건륭제는 60년간 중화제국을 만족스럽게 이끌어오고 있었다. 그의 만족감을 나타내는 '십전'十全이란 말이 있다. 변경 이민족의 소요를 진압하기 위한 열 차례 출정에서 모두 성공을 거두었다는 뜻으로, 중국 전래의 천하 체제를 완성 단계로 끌어올린 것이라 할 수 있다.

한편, 매카트니는 세계적 변화의 중심에 서 있던 사람이었다. 벵

골산 아편의 중국 밀반입이 급속도로 늘어나고 있던 사정도 그는 알고 있었을 것이다. 몇십 년 후 어떤 상황이 전개될지, 청나라 조정이나 그곳에 있던 선교사들보다 매카트니가 더 정확한 예측을 하고 있었다.

1

조선은 어떻게 시들어갔는가

(17~18세기)

'망국', 나라를 잃는다 함은 왕조국가 조선의 멸망을 가리키는 말이다. 그러나 100년 후의 우리에게 그 왕조국가 자체를 아까워하는 마음은 별로 없다. 망국 10년도 안 되어 독립운동의 주류는 대한제국의 복벽(復辟)에서 대한민국의 건설로 옮겨왔었다.

조선 왕조의 멸망이 문제가 되는 것은 그 왕조국가가 당시 한민족의 가장 큰 상징이었고, 한민족 사회의 전통 질서를 집약한 제도였기 때문이다. 상징으로서 왕조의 멸망은 이민족 지배의 계기였고, 제도로서 왕조의 멸망은 전통 질서의 단절이었다.

망국 단계 이전 왕조의 퇴화 현상을 먼저 살펴보자. 왕조 전기의 정치사회 제도는 중국에서 도입된 유교 정치 이념을 한국 사회에 적용한 것이었다. 농업사회의 안정과 번영에 극히 유용한 유교 정치 이념은 11세기에서 18세기까지 중국 중심의 동아시아 문명권이 세계 최고 최대의 문명으로 발전하는 데 공헌했다. 한국 사회는 14세기 말 조선 건국을 즈음해 이 문명권에 적극 참여함으로써 수백 년간 높은 수준의 안정과 번영을 누릴 수 있었다.

15~16세기 한국 사회의 상황에는 유교 정치 질서가 적합한 것이었다고 볼 수 있다. 그런데 19세기에는 상황이 크게 달라져 있었다. 조선의 망국은 그 사이의 변화에 제대로 적응하지 못한 결과라 할 수 있다.

이런 적응 실패의 문제를 살핌에는 새로운 상황의 요구 내용을 파악하고 기존 체제가 이 요구에 제대로 부응했는지 따지는 쪽으로 시선이 돌아가게 되어 있다. 시대적 요구인 '근대화'의 과제에 어떻게 임했는지부터 살펴보는 것이다.

물론 매우 유효한 관점이다. 그러나 근대화 과제의 내용을 후세 사람의 기준으로 규정하고 그에 따라 당시의 상황을 음미하는 데는 시야의 한계가 있다. 변화 주체의 주체성을 근본적으로 제약하는 관점이다. 망국 과정에 대한 연구와 고찰이 이 관점에 지나치게 쏠려 온 데 아쉬움을 느낀다.

조선 왕조 아래 한국 사회가 누린 안정과 번영은 인류 역사상 유례가 많지 않은 높은 수준의 것이었다. 상당히 성공을 거둔 체제였다. 성공적인 체제라면 일반적으로 변화에 대한 적응력도 뛰어날 것을 기대할 수 있다. 변화를 위한 동력도 쉽게 찾을 수 있고 변화에 대한 합의도 쉽게 이룰 수 있기 때문이다.

경제발전론에서 후진국이 선진국을 추월하는 현상을 근래 많이 살피게 되었다. 아브라모비츠의 캐치업catch-up 이론에서 말하는 사회역량social capabilities 같은 무형적 자산이 갈수록 각광받고 있는 것도 그런 추세의 일부다. '근대적' 질서와 다른 종류의 질서라도 나름대로 수준 높은 질서는 사회 발전을 뒷받침하는 힘이 될 수 있다는 관점이다.

무형적 자산이 각광받게 되는 상황 자체가 지금의 탈근대post-modern 추세를 보여주는 것일 수도 있다. 근대적 발전의 의미가 좁게 규정되어 있을 때는 활용될 길이 없던 문명 역량이 새로운 발전의 의미를 추구하는 단계에서는 요긴한 역할을 맡을 수 있는 것이다. 전통의 가치를 다시 되돌아보는 노력이 세계적으로 일어나고 있다.

우리 사회에서 전통의 가치를 되돌아보는 시각은 극단적 부정에서 극단적 긍정까지 넓은 스펙트럼에 걸쳐 있다. 그런데 전체적으로는 부정적인 쪽으로 많이 편향되어 있다. 일본의 식민주의 관점과 함께 근대유럽의 독선적 문명관으로부터 20세기의 대부분 기간을 통해 압력과 충격을 받은 결과다. 그리고 이 관점이 대한민국의 특권구조 유지에도 적합한 것이기 때문에 편향성의 보정이 지체되고 있다. 뉴라이트가 전통의 가치를 극단적으로 부정하는 것이 그 단적인 예다.

지금 단계에서는 극단으로 치우칠 위험을 무릅쓰고라도 긍정의 관점을 시도하는 것이 편향성 보정을 위해 필요한 일 같다. 이 시대의 구체적 상황에 대한 실증적 연구의 기반이 없는 내가 이 시대의 윤곽에 대한 어렴풋한 파악을 근거로 해서라도 새로운 시각의 제시에 나설 필요를 느끼는 것은 그 때문이다.

내가 파악하는 윤곽이란 이런 것이다. 조선 왕조의 성립 과정에서 상당히 수준 높은 문명 질서가 한국 사회에 자리 잡았다. 수준 높은 질서인 만큼 변화에 대한 적응력도 뛰어난 것이었다. 그런데 이 질서가 왕조 중기 이후 꾸준히 퇴화의 길을 걸었고, 그 결과 19세기 중엽까지 적응력이 매우 약한 상태에 이르렀다. 19세기 후반 제국주의 침략에 직면해서는 진로를 주체적으로 결정할 역량을 거의 발휘하지 못한 채 식민지로 전락하고 말았다.

개항기의 상황만을 놓고 볼 때 한국 사회의 대응은 매우 무기력한 것이었다. 지금까지 한국 학계에서 그나마 평가받아 온 대응이란 전통의 가치를 부정하고 시대의 요구에 순응하는 '개화'였다. 전통의 가치를 지키는 노력은 '수구'로 폄하되었다. 어느 사회의 어느 변화에서도 전통을 등지는 개화는 '자기 부정'이라는 정체성의 질곡을 벗어날 수 없다. 그런 개화의 성공은 바로 식민지화를 향하는 길이다. 어떤 형태의 식민지화든.

개항기의 무기력에 대한 변명을 하고 싶다. 20세기를 통해 한국 사회는 상당한 발전을 이루었고, 그 발전은 국가 체제가 이끌어준 것이 아니라 '사회 역량'의 자발적 발현에 의한 것으로 나는 본다. 그 역량이 개항기에 제대로 발현되지 못한 데 당시의 역사적 상황이 작용했음을 확인한다면 그 역량의 존재를 확인하기 쉬울 것이다.

이 사회 역량의 실체를 표현하는 데 여러 가지 방법이 있을 수 있겠지만, 나는 조화와 균형을 추구하는 정신으로 일단 생각한다. 이 정신이 정치 체제에 나타난 모습이 근대 정치사상의 관점에서는 사회주의라 할 것이다. 자유주의-개인주의와 대비되는 의미에서.

어느 사회에나 재력과 무력과 정보력을 집중적으로 보유한 유력 계층('엘리트 계층'이라 할 수도 있겠지만 그 경우에는 도덕성이 전제가 되는 것이 통념이므로 보다 중립적인 표현을 쓴다)과 그렇지 못한 무력 계층이 존재한다. 개인의 자유를 표방하는 사회에서는 자유의 범위를 명시적으로 제한하지 않더라도 유력 계층이 자유를 집중적으로 누린다. 무력 계층을 억압할 자유를 포함해서.

중국에서 발원한 유교적 신분 질서는 유력 계층이 실력을 키우고 휘두르는 길을 제한하는 특성을 가진 것이었다. 생산에 직접 공헌하지 않는 유력 계층의 역할을 억제함으로써 무력 계층에 대한 억압을 최소화하는 이 특성이 중국과 한국 농업사회의 특출한 안정과 번영을 가져온 것이다.

이 질서의 제도적 핵심은 권력의 공공성에 있었다. 19세기 말 유럽 사회과학자들이 '전제주의'despotism란 말을 동아시아 전통사회의 전매특허품처럼 쓴 이래 근대인의 통념이 되었지만, 유교 정치 질서의 원리가 결코 '전제적'인 것이 아니었다는 사실이 근래의 연구로 충분히 밝혀져 왔다.

조선 후기 유교 질서 퇴화의 가장 중요한 문제가 '권력의 사유화'에 있었다고 나는 본다. 권력의 공공성은 사회 내의 균형과 조화를 이루고 지키기 위한 필수적 기반 요소다. 권력의 사유화는 광해군 시대 이후 지속적으로 진행된 현상이었다. 18세기 말에 이르러 정조는 이 문제를 근본적으로 극복하기 위해 이열치열以熱治熱의 성격을 가진 권도權道 정치를 시도했다. 이 시도가 좌절된 후 19세기의 조선은 권력의 공공성이 완전히 증발되어가는 상황을 보여주었다.

균형과 조화의 매체인 권력의 공공성과 유력 계층의 역할을 제한하는 도덕 정치의 원리가 조선 시대 대다수 한국인에게 사람다운 삶을 보장해준 가장 중요한 요소들이었다고 나는 생각한다. 그리고 그 두 가지 요소의 퇴화가 19세기의 변화에 대한 한국 사회의 대응을 무기력하게 만든 것이라고 생각한다.

조선과 중국의 관계 (1)
— 천하 체제 속의 전통 질서

유가 사상은 현대인에게 현실주의적이라는 평을 많이 듣는다. 공자가 죽음 이후에 관해서나 초월적 현상(怪力亂神)에 대해 이야기하기 꺼린 점도 많이 거론되지만, 사회 질서의 원리를 제시하는 방향에서 유가 사상의 현실주의적 특성이 가장 분명히 나타난다.

묵가에서 말한 박애정신(兼愛)을 유가에서는 배격한다. 사랑하고 아끼는 마음이 가까운 대상일수록 더 강하게 나타나는 자연스러운 성정을 제대로 존중해야 사회의 질서가 잘 지켜질 수 있다는 것이다. 질서의 안정성을 중시한다는 점에서 타당성이 있는 관점이다.

평등에 대해서도 유가는 현실적 한계를 둔다. 군자와 소인이 후세에는 도덕적 포폄의 표현이 되었지만, 공자 당시에는 정치사회적 신분의 표시였다. 유가는 신분을 타파할 것이 아니라 신분에 맞는 도덕적 기준에 따를 것을 제창했다. 우리가 요즘 말하는 서양식 '노블레스 오블리주'는 사회 질서의 보완적 요소 정도로 생각되는 것인데, 유가 사상에서는 신분과 도덕성의 함수관계가 사회 질서의 기본 틀이었던 것이다.

자유-평등-박애를 숭상하는 근대인은 유가 사상을 미개하고 봉건적인 것으로 본다. 그러나 유가 사상을 '현실주의'로 보는 근대인의 시각이 '이상주의'에 치우친 점을 반성할 필요가 있다고 나는 생각한다. 사회정치 질서는 많은 사람의 행복과 불행, 삶과 죽음이 걸려 있는 것이다. 조심스러운 현실주의적 접근이 타당한 것이다. 자유-평등-박애를 마치 제 호주머니에 넣어 놓기라도 한 듯이 과거의 '현실주의' 사상 체계를 깔보는 근대인의 오만은 착각과 도취에서 나온 것이기 쉽다고 나는 생각한다.

유교적 봉건 체제로 되돌아가자는 것이 아니다. 그 체제가 통용되던 농업 사회 시절과는 많은 조건이 달라졌다. 다만 그 체제를 맹목적으로 배척해 온 자세를 반성할 필요가 있다는 것이다. 유기론적 봉건 체제를 대치한 원자론적-기계론적 근대 체제에 한계를 느끼는 데따라 이 반성의 필요가 절실해진다(이 글에서는 '봉건'을 근대 사조보다 유기론적 성향을 보인 전근대 질서 원리 전반을 가리키는 넓은 뜻으로 쓰겠다).

근세 이전의 봉건 체제는 유럽보다 동아시아에서 더 높은 수준까지 발전해 있었다. 근대 체제의 가능성이 떠올랐을 때 유럽에서 쉽게 전환이 이뤄진 한 가지 중요한 조건은 기존 봉건 체제에 허점이 많았다는 것이다. 동아시아의 주변부에 있던 일본도 봉건 체제의 수준이 낮은 편이었다. 이에 비해 한국과 중국은 고도로 발달한 봉건 체제가 깊이 체화되어 있어서 급격한 전환이 어려운 상태였다.

봉건 체제만이 아니라 어떤 체제라도 질서의 근본 가치는 비용 절감과 폭력 억제의 효과에 있다. 한국과 중국의 봉건 체제가 유럽이나 일본보다 높은 수준에 도달했다는 것도 그 기준으로 말하는 것이다.

동아시아 봉건 체제를 '관료 봉건제'라고도 하는데, 무력이든 경제력이든 정보력이든 우월한 실력을 가진 유력 계층을 관료층으로 편성해서 제한된 범위의 특권을 부여하는 대신 왕권의 통제 아래 두어 낭비적 무한경쟁과 무절제한 폭력 행사를 가로막는 것이다. 인구가 조밀한 동아시아 농업 사회는 이 질서 위에 세워질 수 있었던 것이다. 유럽과 일본의 봉건 체제는 유력 계층의 중간 권력이 일으키는 낭비와 폭력에 대한 억제가 약했다.

16세기 말에서 17세기 초에 걸쳐 20여 년간 중국에 체류한 마테오 리치에게는 중국 사회를 비판적으로 보려는 경향이 있었지만(그래야 선교 사업의 필요성을 부각시킬 수 있으니까) 중국의 문민 질서만은 대단히 부러워했다. 아래와 같은 리치의 기록은 셰익스피어 작품에 보이는 당시 유럽의 사회상과 너무나 대조적이다.

그들은 워낙 무기를 싫어하기 때문에 아무도 집에 무기를 두지 못한다. 여행 시 강도에 대항하기 위한 칼 정도밖에는 허용되지 않는다. 사람들 사이의 싸움이나 폭력이라면 고작 머리카락을 잡아당기거나 손톱으로 할퀴는 정도를 넘어서는 일이 없기 때문에 사람이 죽거나 다친다는 일을 들어볼 수 없다. 오히려 싸움을 피하고 물러서는 사람이 점잖고 용기 있는 사람으로 칭송을 받는다. (tr. by L. Gallagher, M. Ricci, 『*China in the Sixteenth Century*』, 59쪽)

모든 영역을 질서 있게 관리하는 책임은 전적으로, 그리고 완전히 학인들에게 맡겨져 있다. 병사든 군관이든 군인들은 학인들을 높이 존경하고 아무 여지 없이 그들에게 복종하고 따른다. (……) 이러한 정서의 근원은 아마 사람의 마음이 학문의 연마를 통해 고상하게 된다는 사실에 있는 것인지 모른다. 그렇지 않으면 제국의 확장에 거의 아무런 야욕도 보이지 않는 이 나라의 사람들에게는 먼 옛날부터 군사기술보다 학문 연구를 선호하는 경향이 늘 있어 온 것이라고 할 수 있을지. (M. Ricci, 같은 책, 55~56쪽)

천하 체제 역시 봉건의 원리를 국제 관계에 연장시킨 것으로, '봉건적 국제 관계'라 할 수 있는 것이다. 사회 안에 강자와 약자의 존재를 인정하고 그 사이의 경제적이고 평화적인 관계를 추구하는 봉건의 원리에 따라 강대국과 약소국의 존재를 인정하고 그 사이의 최대한 안정적이고 호혜적인 관계를 확보하려는 것이다. 강대국은 약소국과의 관계에서 제한된 범위의 특권을 누리는 대신 약소국의 존립을 보장해주는 책임을 맡는다.

천하 체제를 가리켜 '사대주의'라는 말이 많이 쓰여 왔는데, 이것은 천하 체제의 전복을 꾀하던 일본 제국주의자들이 천하 체제의 한 측면만을 악의적으로 폄훼한 것이다. '사대'事大는 약소국이 강대국을 대하는 원리로서 강대국이 약소국을 대하는 '자소'字小의 원리와 짝을 이루는 것이었다. 『맹자』(양혜왕 편)에 이 원리가 이렇게 설명되어 있다.

인(仁)이 아니고는 큰 것이 작은 것을 섬길 수 없나니, 그런 까닭으로 탕임금이 갈(葛)을 섬기고 문왕이 곤이(昆夷)를 섬긴 것이요, 지(智)가 아니고는 작은 것이 큰 것을 섬길 수 없나니, 그런 까닭으로 대왕이 훈육(獯鬻)을 섬기고 구천이 오나라를 섬긴 것입니다. 큰 것이 작은 것을 섬김은 하늘을 기쁘게 함이요, 작은 것이 큰 것을 섬김은 하늘을 두려워함이니, 하늘을 기쁘게 하면 천하를 지킬 것이요, 하늘을 두려워하면 나라를 지킬 것입니다.

약육강식의 논리는 질서를 거부하는 것이므로 강자에게도 한순간에는 이익이 크더라도 장기적으로는 바람직하지 않은 것이다. 중국의 한 왕조가 어느 시점에서 이웃 나라를 침략해 큰 이익을 거둘 힘을 가졌다 하더라도 그 힘을 남김없이 휘둘러버린다면 상대방의 원한을 비롯한 많은 부담을 떠안게 된다. 힘이 조금 떨어지기만 해도 곧장 쓰러져버리게 된다. 힘의 사용을 아껴 꼭 필요한 범위의 이득만을 취해야 위험 부담 없이 유리한 관계를 오래 끌고 갈 수 있다. 그것이 "천하를 지키는" 길이다.

강자가 힘의 사용을 절제한다는 신뢰를 줄 경우 약자 입장에서도 강자와의 관계를 거부하거나 강자의 자리를 빼앗으려고 모험하기보다 강자의 입장을 적정선에서 존중해주는 것이 "나라를 지키는" 길이 된다. 그 적정선이 어느 선이냐를 놓고 수시로 갈등이 있겠지만, 벌거벗은 폭력의 세계에 비하면 훨씬 좁은 폭 안에서의 갈등이다.

임진왜란 무렵의 명나라를 관찰한 리치의 기록을 보면 제3자의 눈에도 중화제국이 팽창의 야욕을 가진 침략국가가 아니었음을 알아볼 수 있다. 중화제국의 성격을 완벽하게 이해한 것인지에 의문의 여지가 있기는 하지만, 적어도 당시의 유럽 국가들에 비하면 놀라울 만

아프리카 중부에서 남부에 걸쳐 서식하는 기린의 사실적인 모습이 정화(鄭和)의 항해 범위를 증언한다. 1405~1433년 기간 중의 일곱 차례 항해는 수만 명을 동원한 선단 규모도 놀라운 것이거니와, 유럽인의 대항해 시대 수십 년 전에 있었던 중국인의 원정 사업이 갑자기 중단된 이유가 큰 수수께끼로 남아 있다. 원나라 때 알려진 서양(인도양 지역)을 '천하'의 판도에 넣으려다가 현실적으로 관리 가능한 범위를 정하게 된 것이 아닌가 하는 추측도 있다. 정화의 항해를 따라 수십 개 나라가 중국에 사절과 조공을 보낸 중에 이 기린도 있었다.

큰 평화 지향적인 국가로 보였음이 분명하다.

거의 무한한 영토와 헤아릴 수 없이 많은 인구, 그리고 온갖 종류의 물자를 풍성하게 가진 이 나라, 주변의 어느 나라라도 쉽게 정복할 수 있는 육군과 해군을 갖추고 있는 나라임에도, 황제도 국민들도 침략 전쟁을 일으킬 생각을 하지 않는 것이다. 가지고 있는 것으로 만족할 뿐, 정복의 야욕은 일으키지 않는다. 이 점에서 이들은 유럽 사람과 아주 다르다. (M. Ricci, 앞의 책, 58쪽)

임진왜란 때 명나라의 출병도 자국 이익을 위한 것이었으므로 미국의 한국전쟁 참전과 본질적으로 같은 것이었다고 생각하는 사람들이 있는 것 같다. "자국 이익"이라 하더라도 그 이익의 실질적 의미에는 편차가 있다. 없는 파탄을 만들어서라도, 인류 전체에게 손해를 끼치면서라도, 다음 단계에서 일어날 부담은 생각지도 않으면서 챙기려는 "자국 이익"과, 천하의 평화를 지킴으로써 그 안에서 지키려는 "자국 이익"이 같은 것일 수 없다. 이 차이를 생각지 않는 사람이라면 자기 인권을 지키려는 사람들의 노력도 이기주의로 몰아붙이며 "인간은 모두 이기적 존재"라는 뉴라이트 명제에 동의할 것이다.

나는 명나라의 출병을 한국전쟁에서 미국의 역할보다 더 고맙게 생각하지 않는다. 자국 이익을 위한 것은 마찬가지니까. 그러나 명나라의 자국 이익 추구가 천하 체제 수호라는 공익公益을 통해 이뤄졌다는 점과 대비해 한국전쟁 이래 세계 평화에 대한 미국의 태도에 아쉬움을 느낄 뿐이다.

1368년 명나라가 세워져 중국을 석권하고 있을 때 고려는 난처한 상황에 빠졌다. 고려 왕실은 충렬왕 이래 몽골 공주를 왕비로 맞아들였으므로 그 4대손인 우왕 때까지 왕실 핵심부가 모두 원나라 황실의 외손이 되어 있었다. 여러 대 동안의 원나라와의 밀접한 관계가 명나라와 신뢰 관계를 맺는 데 걸림돌이 되었던 것이다.

1388년 위화도 회군까지 고려 조정에서 친원파와 친명파가 대립했다고 하는데, 이것은 평면적 대립이 아니었다. 친원파는 몽골 지배기에 형성된 권력 구조를 지키기 위해 명나라와의 대결을 감수하겠다는 입장이었고, 친명파는 명나라와 우호적 관계를 맺어 대외적 부담을 줄이기 위해 권력 구조를 바꾸려는 입장이었다. 물론 실제 대립 속에는 여러 가지 동기가 뒤얽혀 작용했겠지만, 기본 쟁점은 '체제 수호'와 '국익 신장'의 충돌이었다. 충돌의 주체는 기득권층과 신흥세력이었다.

결국 천하의 주인으로서 명나라의 위치가 확인된 시점에서 친명파가 정권을 잡았고, 그 이듬해에 공양왕을 추대한 데도 명나라를 안심시키려는 뜻이 있었던 것으로 보인다. 공양왕은 충렬왕의 4대 위인

신종의 자손이므로 원나라의 외손이 아니었으니까.

그 3년 후 조선으로 왕조 교체를 행한 데도 명나라와의 관계가 얼마간 작용했을 것으로 짐작된다. 왕조 교체가 명나라의 신뢰를 늘리는 데 유리하다는 점이 반발을 줄이는 데 한몫했을 것은 틀림없는 일이다.

조선의 천하 체제 편입은 이전 왕조들에 비해 철저한 것이었다. 신라와 고려에 있어서 천하 체제는 외교 관계의 의미를 크게 넘어서지 않는 것이었는데, 조선은 중국의 관료봉건제를 전면 도입하고 그를 위한 사회 조직, 문화, 학술 등 인프라까지 건설했다. 이 작업은 건국 직전의 과전법 시행에서 시작되어 세종 때의 학술·문화 정책까지 이어졌다. 이로써 조선은 중국과 가장 비슷한 방식으로 국가 조직과 대외 관계에 봉건의 원리를 관철시킨 모범적인 조공국이 되었다.

조선과 중국의 관계 (2)
— 껍데기만 남은 조공 관계

고려에서 조선으로의 왕조 교체는 임금의 성을 바꾸는 데 그친 일이 아니었다. 한 세기 가까이 몽골 지배기를 거치는 동안 고려라는 국가는 크게 망가져 있었다. 고쳐서 쓰기 어려울 정도로 망가졌기 때문에 나라를 새로 만들 정도로 큰 변화가 필요했다.

고려가 망가진 첫번째 이유는 안보를 오랫동안 도외시한 데 있었다. 이는 내부적 체제 안보를 말하는 것이다. 어느 사회든 시간이 지나면 변화가 쌓이게 되고 변화에 적절한 대응을 하지 못하면 질서가 해이해진다. 제대로 된 국가라면 국가 권력이 대응의 주체가 되어야 하는데, 고려는 안보를 원나라에 맡겨놓고 있었기 때문에 대응의 필요를 외면했던 것이다. 지금의 대한민국이 직면한 문제와 비슷한 것이었다.

몽골 지배기 동안 여러 왕이 즉위 초마다 시도한 개혁의 핵심이 농지와 농민의 부당한 점유를 혁파하는 전민변정田民辨正이었다. 부의 과도한 집중이 심각한 문제라는 사실은 내내 알고 있었던 것이다. 그러나 부의 집중이 새 왕 쪽으로 옮겨지기만 하면 개혁은 구조 변화에 이르지 못한 채 잊어지곤 했다. 궁극적인 안보 책임이 원나라에 있기 때문이었다. 원나라에 더 이상 의존하지 못하게 된 공민왕 때에야 본격적인 개혁이 추진되다가 기득권 세력의 반발로 좌절되고 말았다.

우왕(1374~1388) 때 '친원파'는 "체제 수호" 명분으로 기득권을 지키려는 수구파였다. 몽골 지배기의 모순 구조에 집착해 영향력이 사라져가는 원나라에 매달려 천하대세를 외면한 이기집단이었다. 오늘날 대한민국의 '친미 혈맹파'와 비슷한 성향이었을 것 같다.

'친명파'는 개혁파였다. 누적된 모순으로 인해 국가 재정은 파탄 상태였고 다수 백성의 생활은 도탄에 빠져 있었다. 기득권을 해체하고 안정된 정치사회 체제를 새로 만들어내지 않으면 외세에 의존하지 않는 국가 유지가 불가능한 상황이었다.

수구파가 중국의 힘에 전적으로 의지하며 국내 모순을 외면하려 한 반면 개혁파는 중국에 의지하지 않고도 자생력 있는 체제를 만들고자 한 것이므로 친명파라기보다 독립파라 할 수도 있겠다. 명나라와 사대관계를 맺기는 했지만 원나라와의 관계에 비하면 대단히 독립적인 관계였다. 조선을 건국한 개혁파는 국내 문제를 명나라에 의지하지도 않고 간섭받지도 않으면서 스스로 해결하려 했다는 점에서 원나라에 의지하려 한 수구파와 달랐다.

위화도 회군(1388)으로 정권을 잡은 개혁파의 첫번째 역점 사업이 과전제 실시였다. 과전제는 두 가지 목적을 가진 사업이었다. 그 하나는 공민왕 때까지 거듭되어 온 전민변정과 같은 방향으로, 불법 기득권을 해소하는 것이었다. 또 하나는 송나라 관료 체제의 기반이던 중소 지주 중심의 사회경제 체제를 만드는 것이었다. 이 체제에 적합한 중국 농업 기술이 이미 국내에 널리 보급되어 있었기 때문에 현실적으로도 타당한 과제였다.

다음으로 새 왕조가 추진한 사업은 과거제 확충이었다. 이 역시 공민왕이 몽골 지배에서 벗어나는 과정에서 1360년대에 역점을 두고 추진한 사업이었으니, 제대로 된 국가를 세우기 위해 안정성 있는 관료 체제가 필요하다는 사실은 이미 확인되어 있었던 것이다. 우왕 때 개혁파에는 공민왕 때의 과거 출신자들이 많았고, 그들은 문벌 출신 수구파의 행태를 보며 과거제 확충의 필요성을 더욱 절감했을 것이다.

명나라는 1368년 황제를 칭한 직후부터 고려와 조공 관계를 맺었으나 1374년 공민왕이 죽은 후 수구파가 장악한 고려 조정이 계속 수상한 태도를 보였기 때문에 고려에 대해 강한 불신을 키우게 되었다. 1380년대 들어 중원을 완전히 평정한 뒤로는 주변국과의 조공 관계 기준도 엄격해졌다. 홍무제는 1398년 죽을 때까지 고려에 대해서만이 아니라 조선에 대해서도 계속 까다로운 태도를 보였다.

조선 건국 세력은 강대국 명나라에 의지하기 위해서가 아니라 간섭 또는 침략을 피하기 위해 명나라의 신임을 얻을 필요가 있었다. 절대권력을 표방하는 홍무제에게는 줄서기 충성경쟁의 길도 없었다. 우리나라 우리가 잘 관리해서 그쪽에 폐 끼칠 일 없으리라는, 그리고 우리가 분수를 잘 알아서 그쪽에 대들 일 없으리라는 믿음을 주는 길밖에 없었다.

몽골 지배기에 원나라와의 교류가 활발한 상황에서 고려에는 중국의 학술, 사상, 기술이 폭넓게 도입되어 있었다. 개혁파는 원나라 이전의 중화제국인 송나라의 관료 체제와 사회경제 체제를 새 국가의 모

명나라 법전 『대명회전』에는 유구가 2년에 한 번, 안남이 3년에 한 번, 일본이 10년에 한 번씩 조공 사행을 보내게 되어 있는데, 조선은 자청해서 1년에 세 번씩 사행을 보냈다. 특히 국초, 태조에서 세종까지 58년간은 이런저런 명목으로 총 399회나 사행을 보내 연 평균 6회 이상을 기록했다. 중국의 문물과 제도를 벤치마킹하는 데 주력한 기간이었다.

델로 삼고 주자학 정통론에 입각한 사대—자소 관계를 청함으로써 명나라의 신뢰를 얻고자 했다.

홍무제 재위 중 조선과 명나라 사이의 가장 큰 이견은 조공 빈도에 있었다. 자주 오기 힘들지 않냐, 3년에 한 번씩만 오라고 명나라에서는 거듭거듭 일렀지만 조선에서는 1년에 세 번씩 가겠다고 뻗댔다. 결국 1410년부터 1년 세 차례 조공이 상례가 되었다.

중국 중심부에서 거리가 가까운 조선으로서는 명나라와의 관계가 다른 조공국보다 중요했을 뿐 아니라 중국을 모델로 국가 체제를 만들고 있었기 때문에 접촉을 최대한 늘릴 필요가 있었다. 초기의 조선 사신들이 중국에서 제일 열심히 가져온 물건이 서적이었고, 그것을 국내에 보급하기 위해 인쇄 사업에도 큰 노력을 쏟았다.

조선을 중국식 국가로 세우는 작업은 세종 때 틀이 잡혔다. 이 작업이 맹목적 모방이 아니었다는 사실을 세종의 여러 사업에서 알아볼 수 있다. 역법, 음악, 의약, 문자 등 많은 분야에서 중국 제도와 문물을 도입해 1차 표준으로 삼되 한국의 고유한 문화와 제도를 그와 나란히 세운 것이다. 상대방과 어울리면서도 나의 다른 점을 살린다는 화이부동和而不同의 원리였다.

조선은 명나라에게 가장 중요한 조공국이면서 또한 가장 모범적인 조공국이 되었다. 임진왜란 때 명나라가 왕조 말기의 무기력에 빠져 있음에도 출병한 까닭을 놓고 명나라의 이기적 측면을 부각시키는 이야기 중에는 조-중 관계를 폄훼하려는 일본 제국주의자들이 만든 억지스러운 것들이 많다. 예를 들어 중국 본토를 다치지 않게 하려고 조선까지 나왔다는 이야기가 있는데, 방어전은 자기 자리를 지키는 것이 안전하고 비용도 적게 든다는 것이 병법의 기본 상식이다. 출병 결정의 궁극적 이유는 조공 관계의 의리였다.

임진왜란의 위기를 명나라의 도움으로 넘기면서 조-명 관계는 예절의 관계에서 힘의 관계로 변질됐다. 이에서 파생된 대표적 문제가 광해군 세자 책봉의 거부였다. 조공국의 안정을 도와주는 것이 종주국 입장에도 이로운 것인데, 이 문제를 하나의 이권처럼 다룬 것은 황제권의 퇴화로 사신과 관료들이 사사로운 이익을 제멋대로 추구하던 상황을 보여준다. 종래 조선은 형식적 예절을 지키는 선에서 명나라의 간섭을 최소화하고 지내다가 이제 명나라의 '힘'에 의지하다 보니 그

'힘'에 휘둘리게 된 것이었다.

광해군(1608~1623)이 명나라에 충성하지 않았다는 것은 그를 축출한 반정 세력이 공표한 주요 죄목의 하나였다. 그는 만주족 세력에 대한 명나라의 강경 노선이 잘못되었음을 힘껏 지적했으나 명나라가 받아들이지 않자 명나라에 직접 맞서지는 않더라도 '올인'을 피하는 독자 노선을 걸었다. 세자 책봉 거부 사태를 통해 명나라의 정책 결정 과정에 문제가 있다는 사실을 그는 절감했을 것이다. 명나라 장군 웅정필이 "조선이 중국을 걱정해주는 것이 중국 스스로 걱정하는 것보다 낫다" 한 것은 광해군의 대對여진 정책 제안을 평한 말이다.

1592년 임진왜란 발발에서 1644년 명－청 교체에 이르는 기간은 동아시아 세 나라에 큰 정치적 변동을 가져왔다. 일본에는 도쿠가와 막부 체제가 들어섰고, 중국에는 청나라가 명나라를 교체했다.

한국에는 이처럼 겉으로 보이는 변화가 없었지만 국가의 실제 성격에 큰 변화가 일어났다. '왕권 쇠퇴'로 집약되는 변화였다. 임진왜란 때 왕이 쩔쩔매던 상황, 전쟁 후 세자의 위상이 명나라의 오만 앞에 흔들리던 상황 등이 겹쳐져 광해군을 왕으로 인정하지 않는 세력이 나타나는 상황으로 이어지고, 결국 신하들이 왕을 힘으로 내쫓는 상황에 이르렀다.

인조 이후 여러 임금들은 정권을 장악한 신하들의 눈치를 봐야 하는 입장에 빠졌다. 8년간 청나라에서 지내고 1645년 귀국한 소현세자의 의문사가 이 상황을 단적으로 보여준다.

16세기는 유럽인의 해외 활동 확장 등 전 세계적 정치경제 변화가 일어난 시대였다. 동아시아 지역에도 교역의 증대와 기술 교류 등 급격한 변화가 있었다. 급격한 변화에 익숙하지 않은 기존 체제로 적응하기 어려운 문제들이 많이 있었고, 중국의 왕조 교체와 일본의 막부 체제 강화에는 적응력을 대폭 키우는 효과가 있었다. 그러나 조선의 왕권 쇠퇴는 적절한 대응 방향이 아니었던 것 같다.

17세기 조선의 왕권 쇠퇴는 국가 기본 기능의 퇴화를 가져왔다. 국가는 질서 유지와 비용 절감의 목적을 위해 안정성을 유지하면서 변화에 대응하는 기능을 발휘한다. 유교 국가는 왕권이 중간 권력의 지나친 경쟁과 발호를 억제하는 메커니즘을 통해 국가의 목적을 달성하는 것인데, 17세기 조선에서는 이 메커니즘이 작동하지 않게 되었다. 당쟁이 정책 결정보다 정권 쟁탈에 치우치면서 정치의 안정성이 무너지고 정통론이 정치 담론을 지배하면서 변화에 대한 적응력이 줄어들었다.

이 시기 조선의 권력 구조상의 문제는 청나라와의 관계에도 비쳐 보인다. 광해군을 축출한 반정 세력의 명분이 명나라에 대한 충성에 있었으므로 인조 조정을 장악한 그들은 만주족을 적대하는 정책으로 정묘호란(1627)과 병자호란(1636)을 불러왔다. 1637년 청군에 항복하면서 조공 관계를 맺었지만 내심으로 불복하는 분위기가 계속 조정을 지배했다.

소현세자는 청나라에 인질로 8년간 머무르는 동안 실질적으로 외교 역할을 맡고 있었다. 그는 조-청 관계 개선을 바라는 입장을 분명히 해서 청나라의 신임을 받았으나 1645년 귀국 직후 죽었는데, 반청파의 암살이 분명해 보인다.

인조 반정 세력과 그 후예들의 반청 자세는 효종(1649~1659) 때

'북벌론'으로 나타났다. 청나라의 중국 통치가 아직 확고하지 못한 때였기 때문에 다소의 빌미는 엿볼 수 있었을지 모르지만, 근본적으로 무리한 주장이었음은 당시에도 누구나 알아보았을 것이다. 정권 독점을 위해 대외적 긴장을 이용한 것으로 이해된다.

북벌론의 기수로서 조선 후기 정치사에 큰 족적을 남긴 것이 송시열(1607~1689)이었다. 그는 효종의 대군 시절 사부를 맡은 인연을 발판으로 효종 즉위 직후 '기축봉사'己丑封事를 올려 북벌론의 이론적 기반을 제공하고 반청파의 기린아로 등장했다. 정통론을 바탕으로 한 그의 정치 노선은 서인에서 노론으로 이어지는 조선 후기 집권 세력의 금과옥조가 되었다.

학자로서 송시열의 업적은 어떠한지 몰라도, 당파의 이해관계에 따라 가까운 인간관계까지 번복한 그의 행적을 보면 정치가로서는 극심한 파벌주의자였음이 분명하다. 그가 어떤 인물이었냐 하는 것보다 더 중요한 문제는 그런 인물이 태산북두로 자리 잡을 수 있었던 조선 후기 정치계의 풍토에 있다.

북벌론은 효종 때의 조정을 지배하고, 현종 때 잠복해 있다가 숙종(1674~1720) 초년에 다시 고개를 들었다. 숙종 초년의 북벌론은 효종 때보다도 현실성이 줄어든, 당쟁용에 불과한 것으로 평가된다. 그러나 그 바탕인 정통론의 분위기는 오래도록 이어졌다. 명나라가 망한 지 200여 년이 지난 시점까지도 조선의 일부 사대부들은 묘지墓誌 등에 명나라 연호를 쓰고 있었다.

조-청 관계는 조-명 관계의 형식을 그대로 이어받았지만, 실제 내용에는 상당한 차이가 있었다. 조선이 군사적으로 무력한 존재임을 초기에 알아보고 뒤이어 비협조적 태도를 확인한 청나라의 입장에서는 조선이 명나라 때처럼 특별히 중요한 조공국이 아니었다. 조선에게 크게 도움받을 생각도 하지 않고 특별히 도와줄 생각도 하지 않았다.

조선에서는 청나라를 '오랑캐 나라'로 깔보는 분위기가 이어졌다. 당장의 권력 투쟁에 몰두해 국가와 사회의 진로에 대한 고민은 대부분 기간 동안 재야 학자들의 몫이었다. 진로에 대한 고민이 있었다면 오랑캐에게라도 길을 물을 필요를 느꼈을 것이다. 19세기 중엽에 이르기까지 조선 조정에서 가장 심각하게 논의된 현실 정책이 '3정' 三政, 즉 조세 정책 수준이었다는 사실을 확인하며 국가 기능의 쇠퇴가 심했음을 한탄하지 않을 수 없다.

1644년 명−청 교체 이후의 조선은 '쇄국'에 들어간 것이라고 볼 수 있다. 국경을 걸어 잠근 것보다도 마음을 닫은 셈이다. 제도적 지원을 받는 성리학과 정통론에만 대다수 학자들이 매달린 상황에서 경세치용이나 이용후생의 목적은 학술의 주변부로 쫓겨나고 중국의 학술과 기술을 도입하려는 노력도 재야의 소수파에 머물렀다. 조선 후기의 지식층은 현재의 권력에 매몰되어 미래에 대한 준비를 너무 적게 하고 있었다.

사림士林의 권위와 사림의 권력

깃털 하나를 들지 못하는 것은 힘을 쓰지 않음이요, 장작더미를 보지 못
함은 밝음을 쓰지 않음이요, 백성이 보살펴지지 못함은 은혜를 쓰지 않
음이니, 임금이 임금 노릇 못하는 것은 하지 못함이 아니라 하지 않음이
니라(一羽之不擧 爲不用力焉 輿薪之不見 爲不用明焉 百姓之不見保 爲不用
恩焉 故 王之不王 不爲也 非不能也).

『맹자』의 가장 잘 알려진 구절의 하나로, 왕권의 전제성을 밝힌
대목이다. 임금 노릇의 단적인 표현이 "백성의 보살핌"으로 되어 있
고, 임금이 이 노릇 하는 것은 의지만 있다면 깃털을 들거나 장작더미
를 보는 것처럼 저절로 되는 일이라고 했다. 여건이 이러니저러니 따
질 일이 아니라는 것이다.

맹자가 살던 기원전 4세기에도 임금이 임금 노릇 제대로 못하는
일은 적지 않게 있었고, 그중에는 임금에게 아무리 의지가 있어도 여
건 때문에 부득이한 상황도 많이 있었다. "하지 못함"과 "하지 않음"은

현실의 양면성이라고도 할 수 있는 것이다. 맹자가 의지를 강조한 것은 현실(sein)보다 당위(sollen)를 이야기한 것이다.

그 당위가 바로 유교적 봉건제의 원리였다. 맹자는 현실에 작용하는 다양한 요인들을 인식할 줄 모르는 원리주의자가 아니었다. 벌거벗은 힘의 무한경쟁을 억제하는 바람직한 질서를 세우기 위한 발판으로 왕권의 전제성을 제시한 것이었다.

드라마 〈용의 눈물〉이 큰 인기를 끌 때 '왕권'과 '신권'의 긴장관계가 많은 시청자들의 주목을 받았다. 당시 사람들의 생각과 행동에 작용한 이런 실질적 요소를 부각시킨 것은 후궁의 암투 따위보다 역사를 이해하는 데 좋은 도움이 된다. 그러나 왕권과 신권을 같은 평면 위에 놓고 보는 근대적 시각을 넘어서지 못하는 점이 아쉽다.

당위의 힘인 왕권과 현실의 힘인 신권 사이의 긴장관계는 유가 정치사상의 출발점이기도 했다. 상나라로부터 천하를 얻은 주나라 무왕이 죽었을 때 아들 성왕이 아직 어린 나이여서 무왕의 여러 동생 중 주공이 섭정을 맡아 천자 노릇을 대신했다. 섭정을 맡은 동안 반란을 일으킨 자기 형 하나를 처형하고 동생 하나를 추방한 일도 있을 정도로 권위가 굳건했다. 그렇게 천자 노릇을 대신하고도 성왕이 장성하자 신하의 자리로 물러난 그의 자세를 공자 이래 유가에서 성인으로 우러러보았다.

주공의 시범은 주나라 이후 적장자 왕위 상속의 원칙을 확립한 계기였다. 주나라 앞의 상나라 왕실 세계를 보면 대부분 기간 동안 형제 상속이 원칙이었던 것 같다. 농업 사회의 규모가 커짐에 따라 현실적 힘이 그대로 반영되는 형제 상속에서 상징적 권위를 앞세우는 적장자 상속으로 바뀌면서 유가 정치사상의 표준이 될 봉건제가 나타난 것이었다.

한나라 이후의 중화제국에서는 황제권이 유가 사상에 입각한 이론적 전제성을 늘 가지고 있었으며, 신하들이 가진 현실적 힘과의 긴장관계는 겉으로 드러나지 않을 때도 언제나 질서의 밑바닥에서 작용하고 있었다. "임금이 임금 노릇 하고 신하가 신하 노릇 한다"君君臣臣는 관계를 공자가 강조한 것은 이 원리를 전복시키려는 현실 조건을 경계한 것이다. 임금은 신하의 현실적 힘을 묵살하지 않고 신하는 임금의 상징적 권위를 존중해야 양자가 함께 속한 체제가 온전할 수 있다는 것이었다.

이 원리를 살리기 위한 역대 왕조 초창기 황제들의 노력 중에 볼 만한 것들이 많다. 당 태종 때 오랜 심복 당인홍의 독직 사건이 있었다. 사형이 판결되자 태종은 여러 신하를 모아놓고 말했다. "법이란 하늘이 임금에게 내려준 것이다. 그런데 이제 나는 사사로운 정으로 당인홍을 풀어주고자 하니, 이는 법을 어지럽히고 하늘의 뜻을 저버리는 짓이다. 남교에 멍석을 깔아 하늘에 죄를 고하고 거친 밥을 먹으며 사흘 동안 근신하여 이 죄를 풀고자 한다." 그러고는 신하들의 반대를 무릅쓰고 그와 같은 처벌을 자신에게 내렸다.

투쟁을 통해 황제 자리에 오른 당 태종이었지만 국가가 신하들의 자발적 협조 없이 자기 마음대로만은 잘 운영될 수 없는 것이라는 사실을 알았기 때문에 이런 제스처를 쓴 것이다. 『정관정요』에는 군신 관계의 긴장감을 일부러 만들어서라도 생산적 방향으로 풀어나간 사례들이 많이 실려 있다.

후주의 신하였다가 동료들에게 추대되어 송 태조가 된 조광윤은 지난날 대등한 권위를 누리던 옛 동료들을 모아놓고 은퇴를 권했다. 황제를 만들어주는 것은 그들의 할 일이었더라도 신분이 달라진 이제 황제와 호형호제 하는 사이였던 그들에게는 사라져주는 것이 할 일이라는 것이었다. 그들은 은퇴해서 편안한 노후를 즐겼고 황제는 원로들이 사라진 조정에서 독존의 위엄을 누렸다.

명 태조는 공포 정치를 통해 황제의 권위를 세웠다. 창업을 도운 공신 태반이 몇 차례 옥사에 희생당했다. 황제권에 바로 다음가는 공신 집단의 권위를 물리적으로 해소하면서 황제의 절대 권력을 확립한 조치였다. 제국의 규모가 송나라에 비해서도 엄청나게 커지고 구조도 복잡해진 때문에 일도양단의 절대 권력을 추구하게 된 것이겠지만, 이 절대 권력은 명나라 통치 체제에 심각한 구조적 문제를 일으키게 된다.

조선은 한국에 처음 세워진 유교 국가였기 때문에 어떤 스타일의 유교 국가를 추구하느냐 하는 모색의 과정이 있었고, 중국에서 나타났던 여러 스타일이 검토되었을 것이다. 태조는 송 태조 정도를 모델로 했던 것 같다. 왕조 교체 필요성을 인식한 개혁파의 추대를 받은 태조는 유교 교양도 깊지 않기 때문에 그저 고려의 왕을 대신하는 정도로 자신의 역할을 생각했을 것이다.

태조의 아들 중 유일한 문관이었던 태종은 태조보다는 유교 국가의 성격을 잘 이해하고 있었겠지만, 그 이념성보다 현실 정치의 감각이 앞섰던 것으로 보인다. 그래서 태종에게는 명 태조가 모델이었다. 살벌한 숙청으로 공신 집단을 위축시키고 왕의 위엄을 세우는 방향이었다.

유교 교양을 깊이 체화한 세종은 관료 집단의 자발적 협조 분위기를 키워내는 당 태종의 스타일을 따라갔다. 조선 관료 체제의 바탕은 이때 만들어졌다. 이 바탕 위에서 "임금이 임금 노릇 하고 신하가 신하 노릇 하는" 분위기가 임진왜란 때까지 대략 지켜졌으나 불안 요소가 차츰 나타났다. 불안 요소로 먼저 눈에 띄는 것은 훈구 세력과 척신 세력이었지만, 거시적으로 더 중요한 불안 요소는 사림이었다. 훈구와 척신은 왕권에 기생하는 존재에 불과했지만 왕권과 거리를 가진 사림의 팽창은 국가의 구조적 문제가 되었다.

사림을 "불안 요소"로 지적한다 해서 사림 개개인을 도덕적으로 비판하는 것이 아니다. 많은 사림이 높은 도덕성을 보여준 것이 사실인데, 그 도덕적 권위 자체가 유교 국가 체제에 구조적 문제를 일으켰다는 것이다. 유교 국가가 잘 운영되려면 임금에게 도덕적 권위가 모여야 하고 실력 있는 인물들이 관료 집단에 최대한 편입되어야 한다. 국가 체제와 거리를 둔 집단이 '사림'이란 이름으로 별개의 도덕적 권위를 누리는 상태가 일차적으로는 국가 기능의 저하를 보여주는 것이고, 나아가서는 국가 체제의 안정성을 해치는 것이다.

사림 성장의 발단은 물론 "임금이 임금 노릇을 하지 않음"에 있었다. 세조가 아무리 왕조에 큰 공로가 있다 하더라도 신하가 임금 몰아내는 꼴을 보인 것은 유교 정치 이념을 치명적으로 해친 일이었다. 이로 인해 관료 집단 안에서 훈구 세력의 비중이 지나치게 커지면서 이를 견제하기 위해 척신 세력과 사림 세력이 번갈아 투입되는 악순환이 시작되었다. 세조의 왕위 찬탈은 그 자체로도 왕실의 도덕적 권위를 훼손시켰을 뿐 아니라 조선의 정치를 소모적 도덕성 논쟁에 빠뜨리는 단초가 되었다.

16세기 전반의 사화 시대를 지나
며 왕의 권위는 계속해서 떨어지고 사
림의 권위는 더욱 높아졌다. 중국의 여
러 왕조에서 말기에 일어난 유교 국가
의 기형화 현상이었다. 그러다가 임진
왜란을 겪으면서 왕의 권위는 땅바닥
에 떨어져버리고, 사림의 권위는 하늘
을 찌르게 되었다. 왜란에 대한 조정과
의병의 대응 자세 차이 때문이었다.
'천조'天朝라는 으리으리한 이름으로
왕의 권위를 뒷받침해주던 명나라가
그 말기의 추한 모습을 드러내 보여준
것도 여기에 보탬이 되었다.

송시열(1607~1689)은 조선 후기 정치
사의 가장 중요한 인물이다. 그를 중심으
로 형성된 노론 세력은 왕권과 별개의 권
위 체계와 권력 체계를 '산림', '여론'이
라는 이름으로 만들어냈다. 이 권력이 양
성화되어 외향적 작용을 하지 못하고 자
기 보호를 위한 음성적 작용에 그치는 동
안 국가의 기능은 퇴화되어가기만 했다.

광해군(1608~1622)이 정인홍(1535~1623)을 높이 떠받들고 의지한
것도 이런 상황을 보여준다. 의병장으로도 크게 활약하고 즉위 전 불
안한 위치의 광해군을 굳건히 지지한 정인홍은 임금이 의지할 정도의
도덕적 권위를 가진 첫 사림 인사였다. 그러나 그는 의리에만 치중하
고 경세를 소홀히 하는 사림의 폐단으로 광해군의 정치적 실패를 이끌
었다.

땅바닥에 굴러다니던 왕의 권위를 완전히 박살내버린 것이 인조
였다. 명분 없는 광해군 축출에 동의한 데서 시작해 명나라에 대한 충
성이라는 억지 명분 때문에 두 차례 호란을 초래하고, 막상 적군이 쳐

들어오기만 하면 그 명분마저 내던져버렸다. 그도 모자라 세자를 제거함으로써 왕실에 정통성 문제까지 남겼다(소현세자의 의문사를 인조가 묵인 또는 방조했으리라는 것이 통설이지만, 나는 인조를 주범으로 본다. 물론 단독 범행은 아니겠지만, 그가 관여한 이상 다른 인물을 주범으로 볼 수 없는 상황이었다).

송시열은 사림의 권위가 권력으로 변질되는 단계를 대표한 인물이었다. 송시열의 영도하에 형성된 노론이라는 집단에는 하나의 파벌을 넘어서는 의미가 있었다. 국왕 중심의 드러난 권력 조직과 병립하는 감춰진 권력 조직이 사림을 기반으로 만들어진 것이다. 소론, 남인 등 다른 당파도 그 영향을 받아 권력 조직의 성격을 얼마간 띠게 되기도 하지만 200년간 하나의 조직으로서 일관성을 지킨 노론과 비교할 존재는 못 된다.

영국에서 잉글랜드 내전(1641~1651)으로 왕권이 중간 권력에게 제압당해 국가의 성격이 바뀐 것과 비슷한 하극상의 변화가 비슷한 시기 조선에서 일어났다. 그런데 정치사상이 빈약하던 잉글랜드에서 의회를 근거로 권력 구조의 변화가 자유롭게 전개된 것과 달리, 고도의 유교 정치사상이 자리 잡고 있던 조선에서는 중간 권력이 공식적 형태를 취하지 못하고 음성적 권력 조직을 형성했다.

한 사회의 지식층 주류가 현실 변화에 대응하는 경세經世의 과제를 외면하고 형이상학적 과제에만 매달리는 퇴행적 풍조는 왜곡된 권력 구조에 말미암은 것이었다. 음성적 권력 조직은 구성원들에게 원리주의적 충성을 요구했기 때문이다. 16세기 이후 가속되어가는 세계적 변화는 조선 후기의 사회경제 분야에도 여러 방식으로 나타났는데, 국가의 대응 능력은 갈수록 더 떨어지고 경세의 과제는 후세에 실학파라 불리게 되는 일부 재야 학자들의 몫에 그쳤다.

　숙종에서 정조까지 18세기 임금들은 왕조 초기의 임금들 못지않은 능력과 노력을 보여주었다. 그럼에도 국운을 되돌리지 못한 것은 맹자가 뭐라 하더라도 "하지 않은" 것이 아니라 "하지 못한" 것이라고 보아야 할 것이다. 유교 국가의 틀이 망가져버렸기 때문이다.

실용주의의 보루, 대동법

『춘추』선공 15년(기원전 594)조의 "초세무"初稅畝 기사記事를 중국에서 조세 제도가 틀을 갖춘 시점으로 흔히 파악한다. 그 400여 년 전 만들어진 주나라 봉건제도는 백성이 영주의 보호를 노동력으로 갚는 것이었는데, 이제 재물로 갚는 제도가 시작되었다는 것이다.

『좌전』은 이 조치를 비판했다.

예법에 어긋나는 일이다. (임금이) 재산을 늘리더라도 곡식을 내가는 것이 힘 빌리는 것을 넘어서서는 안 된다(初 稅畝 非禮也 穀出不過藉 以豐財也).

노나라에서 재상 계평자가 같은 제도를 시행하려 할 때(기원전 483) 계평자의 가신으로 있던 제자 염구가 의견을 묻자 공자는 이렇게 말했다.

군자의 행동은 예법의 원리에 따르는 것이다. 베풀 때는 두텁게 하고, 섬

74

길 때는 치우치지 않게 하고, 거둘 때는 가볍게 하는 것이다. 그렇게 한다면 나도 만족할 것이다. 그런데 예법의 원리를 등지고 한없이 욕심만 차리려 한다면 설령 전부(田賦)를 행한다 하더라도 끝내 만족할 수 없을 것이다. 더욱이 계손씨가 일을 올바르게 하려 한다면 주공의 전범을 따르면 될 것인데, 만약 자기네 마음대로 하고 싶다면 내 의견은 청해서 무얼 하겠는가?

공자는 임금과 백성 사이가 물질적 거래 아닌 서로 돕는 정신으로 맺어지는 것을 이상적 제도로 생각했다. 도덕적 의미를 앞세운 관념이었지만, 실제적 효과도 가진 제도였다. 임금이 "한없이 욕심만 차리려" 드는 상황을 공자는 경계했다. 임금과 백성이 서로 돕는 사이라면 임금의 힘은 백성의 충성에만 근거를 둔다. 그러나 이 관계가 물질적 거래가 되면 임금의 힘은 쌓아놓은 재물에 근거를 두게 된다. 임금이 백성보다 재물에만 관심을 쏟게 되면 올바른 정치가 행해지기 힘들 것이라고 공자는 생각했다.

그런데 춘추 시대 말기에는 "물질적 거래"인 전부田賦 제도가 확장되고 있었다. 천자의 권위가 약해짐에 따라 제후와 실력자들의 세력 경쟁이 격화되는 상황 때문이었다. 백성의 의무를 노동력보다 재물로 거두는 것이 능률적인 제도였으므로 '부국강병'에 유리했다. 그리고 농업 기술과 농기구의 발달로 생산력이 늘어나고 있었기 때문에 인신적 예속을 줄이는 전부 제도에 대해 농민의 저항도 적었을 것이다. 그러나 공자는 능률보다 원칙이 더 중요하다고 생각했고, 권력자가 재물을 쌓아놓기 시작하면 절제하기 힘들 것을 걱정했다.

이 시기에 확립된 전부 제도가 중국 조세 제도의 주종이 되었지만, 유교 이념은 합리성과 능률성을 추구하는 조세 제도의 발전을 계속 억제했다. 양세법이나 일조편법 같은 세제 개혁이 당나라와 명나라 말기 혼란한 시대에 채택되었다는 사실에도 음미할 점이 있다. 재정이 어렵고 이념의 통제가 약한 시기에야 능률성 위주의 세제 개혁이 가능했던 것이다.

조선조 최대의 세제 개혁인 대동법도 합리성과 능률성을 추구한 것이었다. 조선 초기의 수취 체제는 전세, 공물, 진상, 잡세, 잡역 등으로 복잡하게 구성되어 있었는데, 이것을 최대한 통합해 단순화하는 목적으로 대동법이 추진되었다.

여러 수취 항목 중 가장 번거롭고 폐단이 많았던 공물 제도에 대해서는 16세기 초부터 많은 논의가 있었지만 임진왜란 중 공물 징수가 현실적으로 어렵게 되어서야 쌀로 대납하는 대공수미代貢收米가 겨우 임시로 시행될 만큼 수취 체제의 변경이 힘들었다. 유교 국가의 이념에 걸리는 문제였기 때문이다. 왜란 후 사회경제 조건이 크게 바뀐 사실이 확인되면서 수취 체제의 전면적 개편을 위한 대동법이 제안되었다.

왜란 때 출병한 명나라 장수들이 군수품 확보가 어렵다고 불평할 만큼 당시의 조선에는 교환 경제가 미비한 상태였다. 조선 전기의 농업 생산력 발달이 상당했다는 사실에 비춰보면 상업 발달을 억제하는 유교적 질서가 강고했던 것이다. 왜란으로 기존 질서가 무너지면서 억제되어 있던 변화가 급속도로 진행됨에 따라, 그리고 수취 체제의 혼란으로 인해 능률성을 추구하는 개혁이 필요하게 되었다.

대동법 기념 시행비(경기도 평택시 소사동). 유교 질서는 수취 체제의 명분을 중시하기 때문에 조세 제도의 합리성과 능률성 추구를 억제하는 경향이 있었다. 임진왜란을 계기로 이 질서의 한계를 인식하고 현실의 요구에 부응하려 한 정책이 대동법이었다. 대동법은 중세 체제를 벗어나는 발전의 열쇠이면서 전통적 명분의 포기라는 양면성을 가진 갈림길이었다. 조선 정부는 대동법조차 제대로 소화시키지 못한 채 엉거주춤한 모습으로 개항기를 맞았다.

1608년 경기도에서 시행되기 시작한 대동법이 전국으로 확장되는 데 꼬박 100년의 시간이 걸린 것만 보더라도 반대가 얼마나 끈질겼는지 알 수 있다. 이 반대를 통상 기득권을 지키기 위한 수구적인 것으로 이해하는데, 그것만은 아니었다. 김집(1574~1656)은 정치에 별로 관여하지 않은 예학자였는데, 그가 효종 초년 대동법 반대에 나선 것은 유교 원리에 어긋난다고 보았기 때문이었다. 그는 그 아버지인 예학의 태두 김장생(1548~1631)과 함께 서인, 특히 장차 노론으로 수렴될 계열의 상징적 지도자였기 때문에 그의 반대는 매우 큰 영향력을 가진 것이었다.

이에 맞서 대동법을 추진한 대표적 인물이 김육(1580~1658)이었다. 김육은 서인 명문가 출신으로 인조반정(1623) 후에야 관직에 나아가 당쟁에 관여하지 않고 실용적 정책에 노력을 기울였다. 병자호란 후 지방관으로 있으면서 수레와 수차의 보급을 꾀하고 『구황촬요』救荒撮要, 『벽온방』辟瘟方 등 민생에 요긴한 서적을 편찬, 간행했다. 조정에 들어와서는 화폐와 역법 등 기술 분야 정책에 주력하다가 효종 즉위(1649) 후 정승에 올라 대동법 시행의 확대에 큰 노력을 쏟았다.

1608년 경기도 시행 후 심한 논란에 막혀 1623년 강원도 시행 외에는 확대되지 못하고 있던 대동법이 1651년 충청도, 1658~1662년 전라도로 확산되어 전국 시행을 바라보게 된 데 김육의 역할이 컸다. 1649년 말의 대동법 논쟁에서 우의정 김육이 이조판서 김집에게 밀려 물러났으나 얼마 후 다른 사정으로 김집을 지지하는 소위 산당山黨이 퇴진한 후 영의정을 맡자 충청도의 대동법 시행을 시작했다. 1654년 다시 영의정을 맡았을 때도 『호남대동사목』湖南大同事目을 준비해 그가 죽은 직후 전라도에 시행될 발판을 만들었다.

대동법은 그 후 함경도(1666), 경상도(1677), 황해도(1708)로 넓혀져 전국에 시행되기에 이르렀다. 평안도에는 비슷한 성격의 다른 제도가 이미 시행되고 있어서 대동법이라는 이름을 적용시키지 않았다.

대동법의 시행 방법에는 시기와 지역에 따른 변동이 있었기 때문에 그 내용을 일률적으로 규정하기 어렵지만, 핵심 원리는 세 가지였다. ① 다양한 수취 항목을 통합한다. ② 전세田稅의 형태로 하여 농지를 부과 대상으로 한다. ③ 봄과 가을에 1결당 6말(실제로 5~8말)씩 나눠 징수한다.

대동법이 필요하게 된 것은 사회경제 상황의 변동 때문이었다. 원래의 세납 방법은 국가가 소민小民을 직접 파악한다는 유교 이념에 입각한 것이었는데, 왜란을 겪고 나니 호구 파악이 어려운 상황이 되어 있었다. 그래서 호구보다 파악이 쉬운 농지를 부과 대상으로 하고 수취 방법을 단순화하는 대동법이 제기된 것이었다. 여기에는 물론 유교 이념에 투철하지 못하다는 문제가 붙어 있었기 때문에 반대가 끈질겼던 것이다.

왜란 후의 어려운 상황을 어떻게 이해하느냐에 따라 대응책도 달라질 수밖에 없었다. 당시의 어려운 상황은 두 가지 조건이 겹쳐진 것이었다. 하나는 7년간의 전란에 의해 기존 질서가 흐트러졌다는 것이고, 또 하나는 왜란 전부터 이미 누적되어 있던 사회경제적 변화가 국초의 체제로는 수용하기 어렵게 되었다는 것이다. 말하자면 심신이 매우 쇠약한 상태에 와 있을 때 큰 충격을 받고 건강이 무너진 것과 같은 상황이었다.

충격에 따른 파괴를 수습해서 원래의 질서를 회복하자는 노선이 산당山黨이었다면 새로운 상황에 맞춰 새로운 질서를 빚어나가자는 노선이 한당漢黨이었다고 볼 수 있겠다. 산당의 흐름이 후에 노론의 주류로 흘러간 반면 인조 때의 한당은 뚜렷한 당파로 발전하지 못했고, 따라서 한당의 실용주의 노선은 조선 후기 정치에 큰 작용을 하지 못했다.

김육과 함께 산당에 대항한 인물이 최명길(1586~1647)이었다. 병자호란 때 주화파로 어려운 길을 걸었던 최명길은 투철한 실용주의자였다. 투항하는 것이 바람직하지 못한 일이지만, 침공 전에 충분한 대비를 해놓지 못한 이상 무작정 버티기보다 현실을 받아들여 피해를 최소화해야 한다는 것이 그의 주화론이었다. 그는 조선에서 양명학 연구의 창시자로도 이름을 남겼는데, 현실을 이념적으로 규정하지 않고 있는 그대로 받아들이는 양명학의 관점이 정치 노선에도 반영된 것으로 보인다.

수백 년의 시간이 지난 지금 시점에서 돌아보면 한당의 실용주의 노선이 옳았던 것처럼 보인다. 16세기에 시작된 전 지구적 경제 구조 변동이 왜란 전부터 조선에도 상당한 영향을 끼치기 시작했던 사실이 밝혀지고 있다. 조선 사회의 생산력 수준은 무농억상務農抑商의 유교적 질서에 담기 어려운 단계로 나아가고 있었다. 결국 18세기가 되면 제도적으로 관리되지 못하는 상업자본이 국가 질서를 와해시키는 원심력으로 작용하게 된다. 산당의 원리주의 노선이 득세함으로써 조선이 적절한 발전의 길을 찾지 못한 것처럼 보인다.

그러나 이것은 후세 사람의 안일한 관점이다. 두 세대의 기간 동안 혹독한 전쟁을 몇 차례나 겪던 당시 사람의 눈에는 오랫동안 쌓여 온 문제보다 급격한 전란의 피해가 더 강렬하게 비쳐졌을 것이 당연한 일이다. 그리고 전쟁 전의 질서를 회복하려는 복고 노선이 수용하기에 시대 변화가 너무 컸다고 하는 것은 결과론일 뿐이지, 너무 큰지 어떤지 판별할 확고한 기준이 있는 것도 아니다.

조선 후기의 정치를 지배한 것은 서인 산당에서 노론으로 이어지는 흐름이었다. 이 흐름은 이념으로 현실을 통제하려 했다는 점에서 한당의 실용주의에 비해 원리주의 노선이라고 볼 수 있다. 이 노선이 운영된 실제 상황을 분석함으로써 조선 후기의 국가 기능이 어떤 방향으로 전개되었는지 살필 수 있을 것이다.

원래 산당은 대동법에 반대했지만, 노론이 정권을 장악하고도 결국 전국적 시행에 이른 것은 그 현실적 필요성을 끝내 외면할 수 없었기 때문일 것이다. 18세기 후반에 대동법을 벗어나는 농민 수취가 늘어나 원래 의미를 잃고 농민의 부담을 가중시키는 기제로 전락한 것은 공자가 걱정한 대로였다. 명분에 엄격하지 못한 제도는 힘을 가진 자에게로 굽어지기 마련이니까.

유교적 정치 원리는 경쟁이 격화되던 춘추전국 시대에 경쟁을 완화하기 위해 만들어진 것이었다. 전국 시대까지 현실 정치에서 큰 힘을 쓰지 못하던 유교가 한나라가 안정된 후에 통치의 중심 원리로 자리 잡게 된 것은 제국의 질서가 경쟁을 억제하는 방향으로 돌아섰기 때문이었다. 유교 정치는 경쟁에 몰두해 부국강병을 추구하는 것이 아니다.

조선 중기에 왜란과 호란을 겪은 것은 우연한 일이 아니라 국내 질서 유지만으로 국가의 기능이 충분하던 상황을 벗어나는 세계적 변화의 한 모퉁이가 드러난 것이었다. 병자호란 이후 외국과의 전쟁은 200여 년 동안 없었지만, 국외 상황은 계속 변해가고 있었다. 전쟁 당시나 직후에는 배경 문제까지 인식하기 어려웠다 하더라도, 변화에의 적응이라는 새로운 과제가 엄연히 존재했다는 가정하에 조선 후기의 정치를 살펴보아야 할 것이다.

신권과 왕권의 힘겨루기,
예송논쟁

중국사에서 치治와 란亂, 즉 제국의 통일과 분열이 되풀이된 현상을 기술과 비용의 측면에서 설명하기도 한다. 하나의 거대한 제국이 유지되는 데는 많은 비용이 든다는 사실을 전제로 하는 설명이다. 제국이 크면 방어해야 할 경계선도 길고, 상대해야 할 잠재적 적국도 많고, 중심부에서 경계선까지의 거리도 멀고, 규모가 큰 조직의 관료주의적 비능률도 피할 수 없는 일이고……. 여러 가지 이유로 비용이 크리라는 것이 상식적으로 이해가 간다. 포유동물의 덩치에 한계가 있다는 공학적 설명을 연상시키는 이야기다.

거대 제국이 성립하는 것은 기술 조건의 불균형으로 인해 중요한 기술의 수혜 집단이 규모에 따르는 비용을 충분히 감당할 수 있을 때라고 한다. 예컨대 어느 시점에서 철기 사용 기술을 독점적으로 획득한 집단이 생산력과 전투력의 우위를 근거로 거대한 권력을 세울 수 있다는 것이다. 생산 기술과 전쟁 기술의 격차가 이런 효과를 일으킨다는 것은 쉽게 떠올릴 수 있는 일이고, 더 생각해보면 조직 기술에도 비슷한 효과가 따를 수 있을 것 같다.

　그런데 기술이란 물처럼 높은 곳에서 낮은 곳으로 흐르는 성질을 가진 것이다. 획기적인 기술 발전이 처음에는 좁은 범위의 집단에게 독점적 혜택을 주지만, 시간이 지남에 따라 주변부로 퍼져나가 '기술의 특혜'가 사라진다. 그러면 권력 집단이 비용을 감당하기 어려운 상황이 펼쳐지고 제국은 와해되어 분열의 시대로 접어든다. 그러다가 어느 부문에서 다시 획기적인 기술 발전이 일어나면 그 수혜 집단을 중심으로 새로운 제국이 형성된다.

　하나의 사회 안에서 권력 구조의 변동에도 이와 비슷한 설명이 가능할 것 같다. 조선 초기 강력한 왕권이 세워질 때는 상당히 좁은 범위의 집단이 유교적 조직 기술을 독점하고 있었다. 이 집단이 왕을 중심으로 관료층을 형성해 백성을 보호한다는 명분으로 지방의 토호 세력을 억눌렀다. 이 단계에서는 관료 집단의 권력과 위신이 확장되고 있었기 때문에 왕권 강화를 지지하는 분위기가 관료층을 지배했다.

　그러나 시간이 지나 지방 구석구석까지 성리학적 질서가 자리 잡고 균질화된 관료−양반층이 널리 형성되면서 거대한 왕권의 규모에 따르는 비용이 두드러지게 되었다. 절대군주는 권한 위임을 적게 하고 많은 신하들을 손수 통제해야 하는데, 신하들을 압도할 새로운 이데올로기도 없을 뿐 아니라 상벌로 농락할 자원도 모자라게 되었다. 세종이 초인적 중노동에 시달린 것은 미비한 여건을 몸으로 때워야 했던 상황을 보여준다. 태종처럼 마음대로 권병을 휘두를 수 있던 상황은 이미 지나가버린 것이었다.

　문종 때는 이 부담 때문에 군신 공치共治의 길이 모색된 것이고,

세조는 이에 반발해 절대왕권을 지키려 했다. 나는 세조의 찬탈이 조선의 왕권을 크게 손상시킨 일이라 생각하지만, 찬탈을 하지 않았을 경우 더 좋은 결과를 보았으리라는 상상은 하지 않는다. 왕권의 퇴화는 어차피 불가피한 일이었고, 찬탈은 차악의 선택이었다고 생각한다.

세조의 찬탈은 조선의 성리학적 질서에 균열을 일으켰다. 200여 년이 지난 숙종 때에야 사육신의 복권으로 최소한의 땜질이라도 이뤄지게 되는 깊은 균열이었다. 조정이 내세우는 명분과 별개의 의리를 사림에서 추구하는 풍조도 이 균열에서 시작되었다. 김종직이 1457년(세조 3년)에 쓴 『조의제문』弔義帝文이 1498년(연산군 4년) 무오사화의 단초가 되면서 사림은 왕권과 별도의 권위를 가지게 된 것이다.

사림의 권위를 확고히 세운 인물이 조광조(1482~1519)였다. 그가 도학道學을 내세운 것은 사장詞章 단계에 머물러 있던 성리학적 질서를 한 차원 높이려는 시도였다. 그가 도학 정치라는 강력한 이데올로기를 가지고 왕권의 쇄신을 꾀하다가 기묘사화로 좌절된 이후 그의 뒤를 잇는 정치 이념 탐구는 재야 사림의 당당한 과제가 되었다.

선조(1567~1608) 초 조광조의 신원伸寃 이후 조선은 성리학 연구의 전성기를 맞았다. 재야 학자들의 정치 이념 탐구가 허용을 넘어 권장되는 분위기였다. 이 시기 사림은 조광조의 자세를 본받아 왕권 쇄신을 보좌하는 데 연구 목적을 두었다. 학문적 권위는 자연스럽게 형성되었지만 스스로 정치적 권력을 지향하지는 않았다. 성리학 도입 때부터 중시된 주자학에 큰 비중이 있었지만 성리학의 다른 분야도 꽤 고르게 연구되고 있었다.

그러다가 임진왜란(1592~1598), 광해군 축출(1623)과 두 차례 호란(1627, 1636)을 겪으며 왕과 조정의 권위가 나락으로 떨어지는 동안 사림의 권위가 크게 올라가면서 권력화 추세가 일어나기 시작했다. 숙종(1674~1720) 즉위 무렵에는 송시열(1607~1689)을 중심으로 사림의 일각이 권력화돼 있는 모습이 뚜렷이 드러난다.

숙종은 즉위 직후 선왕인 현종(1659~1674)의 능지陵誌를 송시열에게 쓰도록 명했다. 송시열은 현종과 껄끄러운 관계였다. 현종은 즉위하던 해의 기해예송에서 송시열의 주장에 넘어갔던 것을 분하게 여겨 15년 후 갑인예송으로 반전을 꾀하다가 갑자기 죽었다. 송시열이 군주로서 현종의 자질을 멸시해서 그의 조정에 들어가지 않으려 했다는 소문도 파다했다.

여기서 두 예송에 대해 잠깐 살펴보면, 1659년 효종이 죽었을 때 그 계모 자의대비 조씨의 복상服喪 문제를 놓고 벌어진 예송을 기해예송이라 한다. 1674년 효종비가 죽었을 때 자의대비의 복상 문제를 놓고 또 한 차례 벌어진 예송을 갑인예송이라 한다. 기해예송에서 송시열 일파의 주장에 따라 효종을 인조의 적장자로 인정하지 않는 기준을 따랐는데, 이에 불만을 품은 현종이 갑인예송을 계기로 그 기준의 모순을 추궁하다가 갑자기 죽었다. 인조의 적장자였던 소현세자가 죽은 뒤 소현세자의 아들들을 무시하고 효종에게 왕위를 넘긴 무리한 조치에 뿌리를 둔 문제였다. 그리고 효종과 현종의 죽음이 모두 돌발적이었기 때문에 송시열의 반대파에서 큰 의혹을 품기도 했다.

그런데 숙종이 그에게 굳이 현종의 능지를 맡기려 한 것은 그가 당대 사림의 태두이자 예학의 대가였기 때문일 뿐 아니라, 기해예송에 관한 그의 입장을 추궁하려는 뜻도 있었던 것으로 보인다. 송시열이 몇 차례 사양하자 능지는 다른 사람에게 맡겼지만, 능지 다음으로 중요한 행장行狀 짓는 일을 송시열의 제자인 대제학 이단하에게 맡기고 그 내용을 엄격히 따진 데서 알아볼 수 있다.

예송의 핵심 쟁점은 효종을 인조의 적자嫡子로 보느냐 여부에 있었다. 소현세자가 세자 신분을 가진 채로 죽었기 때문에 계승의 원칙은 그 자손에게로 가야 하는 것인데 인조가 억지로 효종을 세자로 세운 데 문제가 있었다. 효종이 죽었을 때 적자의 자격으로 복상해야 한다는 주장은 순조롭게 재위한 임금인 만큼 사소한 흠결은 문제 삼을 필요가 없다는 것이었다. 그런데 송시열은 이에 반대했고, 그의 주장이 관철된 데는 그 추종자들의 세력이 컸던 까닭도 있었다.

효종을 적자로 인정하지 않은 기해예송의 결과는 그 자손인 현종과 숙종에게 불리한 것이었다. 특히 왕위에 앉자마자 눈 뜨고 불리한 결정을 감수해야 했던 현종은 매우 분했을 것이다. 효종이 송시열을 파격적으로 우대한 사실에 비춰보면 배신감까지 느꼈을 것이다. 송시열이 현종의 조정에 들어오기 꺼린 데는 이런 앙금을 의식한 이유도 있었을 것이다.

현종이 치밀한 준비로 갑인예송을 통해 기해예송을 뒤집고 그 책임으로 당시 조정 안에 있었던 영의정 김수홍을 귀양 보내고 책임을 더욱 확대해나가려던 참에 갑자기 죽었다. 7월 6일에 예송이 시작되었는데 8월 10일에 왕이 죽은 것이다. 그런데 현종의 예송 준비에는 14세의 세자도 참여했던지, 즉위하자마자 기해예송 추궁을 다시 시작했다.

이단하가 작성한 행장에서 김수홍 처벌 이유를 두루뭉술하게 표

효종과 인선왕후의 영릉. 효종의 죽음은 기해예송(1659)을, 인선왕후의 죽음은 갑인예송(1674)을 불러왔다. 그리고 두 예송은 두 사람의 아들인 현종 치세의 시작이자 끝이었다. 현종이 기해예송의 분노를 갑인예송으로 풀려다가 갑자기 죽자 그 분노를 이어받은 숙종은 당쟁의 분위기를 살벌한 환국의 형태로 끌고 갔다.

현한 것을 숙종은 몇 번씩 명확하게 고쳐오라고 요구했다. 결국 기해년에 예송을 이끈 인물로 송시열의 이름이 현종 행장에 드러나게 되고, 마지막으로 "송시열이 인용한 예법"宋時烈所引禮이란 구절을 "송시열이 잘못 인용한 예법"宋時烈誤引禮으로 고치는 단계에서 막다른 골목에 몰린 이단하가 올린 상소문에 이런 말이 있었다.

신은 송시열에게 사제지의가 있는 몸입니다. 행장을 고쳐 지으며 엄하신 명령 때문에 그분의 함자를 이미 드러냈고, 가르치심에 따라 함자 밑에 '오'(誤)자를 넣기까지 했습니다. 제자 된 도리로 마땅히 인피(引避)해서 다른 사람에게 명하시도록 해야 할 일이었는데, 생각이 미치지 못하여 이에 이르렀습니다.

이 말에 숙종이 화내며 이단하의 관직을 삭탈하고 도성에서 추방했다.

사표(師表)가 있음만을 알고 군명(君命)이 있음을 알지 못하다니, 신하로서 임금 섬기는 도리가 어찌 이럴 수 있는가!

공자가 위나라에서 자리를 얻기 위해 영공의 부인에게 부적절한 접근을 한 것이 아닌가 강직한 제자 자로를 걱정시킨 일도 있었고, 맹자가 제나라에서 도저히 용납할 수 없는 일이 있어 떠날 때 왕이 생각을 바꿔 다시 불러주기를 바라는 마음에서 행정을 늦춘 일도 있었다. 어렸을 때 이런 대목을 보면서는 처신이 깔끔하지 못하다, 좀 치사하다는 생각이 들곤 했다. 그러나 공부가 쌓이면서 생각이 바뀌어, 예전의 생각이 뭐 눈에 뭐만 보이는 격이었음을 깨닫게 되었다.

공자도 맹자도 도道를 펼치고 싶었다. 좋은 정치를 행하고 싶었다. 그런데 자기네가 좋은 정치의 내용물을 내놓을 수 있더라도, 그것이 행해지려면 그릇이 필요했다. 그릇 노릇을 해줄 임금이 필요했던 것이다. 임금이 임금 노릇 제대로 하게 하는 것이 다른 모든 것에 앞서 필요한 일이었기 때문에 임금에게 매달렸던 것이다.

인조 이전의 당쟁은 신하들 사이의 경쟁이고, 왕은 심판을 맡았다. 아직까지는 모든 위복威福이 왕으로부터 말미암고 있었다. 그런데 광해군이 대북 일파에게 너무 권력을 편중시키고 그 결과 왕위에서 축출당하면서는 왕도 선수로 뛰게 된 셈이다. 이 파워 게임에서는 왕을 적대하는 작전까지도 구사하게 되었다. 물론 그런 극단적인 작전을 실제로 구사할 수 있던 것은 압도적 전력을 가진 서인─노론 세력뿐이었지만.

물론 왕에게는 다른 선수들이 못 가진 큰 무기가 있었다. 숙종과 노론 세력 사이의 투쟁은 도끼 가진 사람과 바늘 가진 사람의 싸움과 같은 양상이었다. 도끼를 휘두르기도 했다. 노론을 몽땅 조정에서 내쫓고 83세의 송시열을 죽이기까지 했다. 그러나 도끼 한 자루로 궁극적 승리를 확보할 길은 없었다.

지배 집단이 권력 투쟁에 매몰되면서 정치와 학문이 모두 선명성 경쟁에 매달리게 되었다. 숙종 초년 청남과 탁남의 분화, 그에 뒤이은 노론과 소론의 분화는 이념보다 정략에 따른 것이었다. 학문에서도 실용적 경세론보다 시비에 집착하는 정통론이 일세를 풍미했다.

당파에서 찍어내는 '사문난적'斯文亂賊의 낙인은 임금의 형벌 못지 않은 두려움의 대상이 되었고, 당파의 추대는 임금의 지우에 버금가는 명예와 신분 보장을 가져왔다. 당쟁 완화를 제창하려면 자기 당파에서 사문난적으로 몰릴 위험을 무릅써야 했고, 현실 정책에 힘을 쏟으려면 당파에 대한 충성심을 확인받기가 어려웠다.

숙종의 행적을 보면 보통 넘는 능력의 소유자였고, 보통 넘는 노력을 기울인 임금 같다. 그런데도 정치를 바로잡는 데 성공하기는커녕 사태를 악화시켜놓기만 한 것은 문제의 성격을 잘못 파악했기 때문이었던 것 같다. 외투를 벗기겠다고 바람으로 몰아치기만 하면 오히려 옷깃을 더 꽁꽁 여미게 되는 이치 아니겠는가. 영조가 노론에게 정권을 맡겨놓고 서서히 당쟁의 양상을 바꿔나가는 소위 완론緩論 탕평을 꾀한 것은 도끼질 몇 차례로 통쾌하게 해결될 사태가 아님을 절실히 깨달은 때문일 것이다.

정조의 어찰 정치

전통 시대의 역사 서술은 지배층 위주로 이뤄졌다. 굳이 민중사관을 내세우는 사람이 아니라도 현대인의 눈에는 이 좁은 시야에 아쉬움이 많다. 그러나 이것을 "이긴 자의 역사"라고 매도만 할 일은 아니다. 그 시대에 그런 사관이 통용되었던 데는 그럴 만한 이유가 있었음을 이해하고 그것을 감안하여 받아들일 일이다.

대부분의 전통 시대 역사 서술이 왕조의 역사였던 것은 그 시대의 질서 구조에서 왕조가 차지하는 비중이 컸기 때문이다. 역사학과 역사 서술의 주된 목적은 정치에 참고하는 데 있었고, 당시의 정치는 왕조 체제의 틀 속에서 이뤄졌다. 그 틀을 벗어나는 역사관이 더러 제기되더라도 정사正史의 흐름에 들지 못하고 외사外史류로 주변부에 머물렀다.

이것을 현대인이 불만스러워하는 것은 현대의 질서 구조가 훨씬 더 복잡한 것이 되어 있기 때문이다. 현대 세계의 상황은 정부에서 일어나는 일만 파악함으로써 이해되는 것이 아니다. 일반인의 사고방식과 행동양식이 더 중요하다. 그래서 과거의 상황을 이해하는 데도 전통 시대의 정사에서 다뤄지지 않은 많은 영역을 중요시하게 된다.

그러나 과거의 질서 구조가 현대와 다른 것이었다는 사실도 감안하지 않을 수 없다. 문맹률이 제로에 가깝고 개인주의가 보편화된, 그래서 유동성이 큰 현대 세계에 비하면 전통 시대의 상황 결정에는 무력과 재력, 그리고 정보력을 집중적으로 점유한 지배층의 작용이 압도적이었다. 따라서 왕조를 중심으로 한 지배층의 움직임이 역사의 흐름을 결정하는 데 현대인이 상식적으로 이해할 수 있는 것보다 큰 비중을 차지한 것이 사실이다.

전통 시대에서 근대로 넘어오는 과정을 살펴보는 이번 작업에서 고찰의 방향과 순서를 정하는 데도 이 사실을 기준으로 삼아야겠다. 이 과정에는 전통적 질서 구조의 붕괴라는 측면과 근대적 질서 구조의 형성이라는 측면이 있다. 두 측면 사이의 관계를 밝히는 것이 이 작업의 기본 목적이다.

국권이 쇠미하거나 상실된 상태에서 한국의 근대화가 진행되었기 때문에 두 측면 사이의 연관성이 약하다는 인식이 널리 깔려 있다. 이에 대항해 내재적 발전론이 제기되어왔으나, 그 고찰이 사회경제 분야에 한정되어 있다는 점이 아쉽다. 자본주의를 위시한 근대적 현상의 타당성에 대한 과도한 믿음 때문이다. 근대적 담론의 틀에 매이지 않고 질서 구조 전체를 다시 바라봄으로써 도덕과 문화 등 다른 분야의 고찰 가능성을 검토하려 한다.

조선의 망국에는 ① 왕조의 철폐, ② 이민족 지배, ③ 문명의 전환이라는 세 가지 의미가 겹쳐져 있음을 머리말에서 밝힌 바 있다. 1910

년 여름 어느 날 몇 사람이 모여 도장 찍은 것은 일차적으로 왕조의 철폐였다. 그것은 그 5년 전부터 실질적으로 시작되었던 이민족 지배를 분명히 한 것이었다. 또한 오랫동안 진행되어온 문명 전환의 흐름에 하나의 중요한 획기였다.

가장 근본적이고 포괄적인 의미를 가진 문명 전환의 흐름이 이 작업의 고찰 대상이다. 그 흐름을 첫번째로 비춰 보여주는 것이 질서 구조다. 조선이 왕조국가라는 사실보다 더 중요한 특성은 유교 국가라는 점이다. 유교 국가의 퇴화는 동아시아 문명의 한계와 위기를 비춰 보여주는 것이다.

유교 국가 질서 구조의 핵심 요소인 왕도王道는 세종 때 가장 완성된 모습을 보였다. 권력 구조만이 아닌 넓은 의미의 질서 구조가 왕의 권위를 중심으로 세워졌다. 세조의 찬탈은 권위보다 권력을 중시한 선택으로서 조선의 왕도에 흠집을 냈고, 왕의 권위가 줄어든 빈틈을 채우는 사림의 권위가 나타나는 계기가 되었다.

임진왜란 전까지는 사림의 권위가 자라나면서도 왕의 권위를 보좌하는 위치를 지키고 있었다. 왜란을 겪는 동안 왕의 권위가 급격히 하락한 결과 광해군 때는 왕이 사림의 권위에 의존하는 상황에 이르렀다. "임금이 임금 노릇 하고 신하가 신하 노릇 하는" 원리를 벗어난 것이었다. 이를 계기로 왕의 권위는 바닥에 떨어지고 왕의 권력까지 무너져 왕이 신하들 손으로 축출당하는 사태가 벌어졌다.

신하가 임금을 고르는(擇君) 것은 임금과 신하 모두 자기 노릇을 못하는 극단적 상황이다. 충간忠奸의 기준이 확고할 수 없는, "성공하면 공신, 실패하면 역적"이 되는 상황이다. 왕도가 사라진 상황이며,

유교 국가의 기본 원리가 무너진 상황이다.

　이런 상황이 연산군 축출(1506) 때도 있었지만, 그때는 연산군의 일탈이 이례적인 현상이었고 왕권 자체가 크게 약화되지 않았던 반면, 광해군 축출(1623) 때는 왕권의 약화로 '명분 없는 반정反正'이 일어난 것이다. 이로써 조선 왕조가 바로 멸망에 이른 것은 아니지만, 이후의 상황 변화에 유교 국가로서 대응할 자세가 크게 흐트러져 망국의 길이 시작된 분명한 계기였다.

　그러나 유교 국가를 지탱해나갈 사회적 문화적 자원이 이 시점에 모두 소진되어버린 것은 아니었다. 광해군 축출과 명—청 교체의 여파로 인조에서 현종까지(1623~1674) 왕권이 극도로 억눌린 상황을 겪은 다음 숙종에서 정조까지(1674~1800)는 왕권과 유교 국가 원리의 회복을 위한 노력이 두드러지는 상황이 펼쳐졌다. 18세기가 조선의 진로를 다시 한 번 결정한 시기였다고 볼 수 있다.

　숙종이 왕권 강화에 나설 수 있었던 것은 광해군을 축출한 서인 집단의 결속력이 약화된 덕분이었다. 공서功西와 청서淸西, 한당漢黨과 산당山黨 등의 분열은 권력을 신하 집단이 장악했을 때 자연스럽게 일어나는 분화 현상이었다. 유교 국가의 왕권은 권력 경쟁을 억제하는 구심점인데, 왕권이 쇠미하게 되면 이해관계의 대립을 조정할 길이 사라진다.

　숙종의 왕권 강화가 가진 근본적 문제는 그가 추구한 '왕권'이 왕의 권위가 아니라 권력일 뿐이었다는 데 있었다. 그가 몇 차례 환국換局을 통해 당파들을 대립시킴으로써 왕권을 강화하려 했다는 평이 있는데, 올바른 왕도라 할 수 없다. 모든 위복威福이 임금에게서 말미암는 왕도를 이루기 위해서는 상벌을 아껴서 써야 한다. 그런데 그는 기회 있을 때마다 최대한 강한 상벌을 휘둘렀다. 환국과 출척 때마다 중요한 인재들이 떼거리로 죽어나갔고, 유교 질서의 가장 큰 상징인 문묘종사文廟從祀가 오락가락했다.

숙종이 키운 왕권은 권위 아닌 권력일 뿐이었고, 그 권력도 왕권의 기반을 키우는 건설적 노력이 아니라 신하 집단들의 이간질이라는 파괴적 노력으로 얻은 부실한 것이었다. 지나치게 강한 상벌은 신하들의 반응을 극단으로만 몰고 가면서 극약 처방처럼 내성耐性을 키워주기만 했다. 그 뒤를 이은 경종은 가장 미약한 왕권을 물려받은 임금의 하나였다. 숙종 말년에서 영조 초년에 걸친 최악의 당쟁 양상은 다른 무엇보다 숙종이 정치를 서바이벌 게임으로 만든 탓이었다.

박세채가 제창한 탕평책은 숙종조(1674~1720) 동안 당쟁의 드러난 양상에 대응하는 대증 치료 수준으로만 고려되었다. 탕평책의 더 깊은 의미는 영조(1724~1776)에 의해 모색되었다. 영조는 경종에 이어 최악의 당쟁 양상을 물려받았다. 소론의 경종 지지와 노론의 영조 지지가 워낙 치열했기 때문에 영조 자신의 경종 독살설까지 떠돌아 내란이 터져나오는 지경이었다(1728년 이인좌의 난).

당쟁의 악화를 막기 위해 극도로 조심스럽게 조정을 운영하던 영조는 재위 17년을 지나고야 당쟁의 핵심 무기였던 통청권通淸權을 혁파하는 등 능동적 조치를 취하기 시작했다. 그러나 1762년에 이르러 세자를 자기 손으로 죽이는 희대의 비극을 겪은 것은 즉위 때부터 짙어지고 있던 당쟁의 혈채血債를 40년이 지나도록 충분히 해소시키지 못한 결과였다. 나는 사도세자를 둘러싼 시비 관계를 정확히 이해하지 못하지만, 세자의 죽음에 신하들이 연루될 경우 혈채가 더 커질 것을 걱정해 손수 처리하지 않을 수 없었던 영조의 고충은 이해할 수 있을 것 같다.

탕평이라 함은 『서경』「홍범구주」의 "기울지 않고 패 짓지 않으면 왕도가 탕탕하며 패 짓지 않고 기울지 않으면 왕도가 평평하다"無偏無黨 王道蕩蕩 無黨無偏 王道平平는 구절에서 따온 말이다. 임금은 기울지 않아야 하는 것이고 신하들은 패 짓지 말아야 하는 것이다. 숙종이 이쪽으로 기울었다가 저쪽으로 기울고, 또 얼마 후에는 다시 이쪽으로 기우는 것은 철학 없이 전술에만 몰두하는 꼴이었다. 박세채가 '탕평'을 거론한 데는 왕이 기울지 말 것을 강조하는 뜻이 있었을 것 같다.

숙종조의 여러 차례 환국을 거치면서 당파는 생사로 맺어진 혈맹血盟이 되었다. 영조가 즉위할 때는 왕 자신이 기울지 않더라도 신하들의 패짓기가 저절로 풀릴 수 없는 상황이 되어 있었다. 영조는 숙종의 성급한 판갈이(換局) 대신 시간을 두고 물갈이를 시도했다. 물갈이가 충분히 되지 못한 상황에서는 자기 아들을 자기 손으로 죽이면서까지 신하들 사이에 원한이 더 쌓이는 일을 피했다.

그 결과 정조가 즉위할 때는 보다 능동적인 탕평책 구사가 가능한 기반이 조성되어 있었다. 장용영 설치와 화성 축조 등 정조의 적극적 정책을 '국가 재조再造' 사업으로 해석한 연구자들이 있거니와, 정조 자신이 학문과 인격 도야를 통해 군주의 권위를 높이려 애쓴 것부터 왕도의 회복을 꾀한 노력으로 이해할 수 있다. 왕도를 질서 구조의 중심축으로 세우는 유교 국가의 부흥에 정조는 매진했던 것이다.

그러나 350년 전 세종이 왕도를 세우던 시절에 비할 수 없이 열악

정조가 죽기 직전 심환지가 받은 어찰(1800년 6월 15일). "편지를 받고 위안이 되었다. 나는 뱃속의 화기가 올라가기만 하고 내려가지는 않는다. 여름 들어서는 더욱 심해졌는데, 그동안 차가운 약제를 몇 첩이나 먹었는지 모르겠다. 앉는 자리 옆에 항상 약바구니를 두고 내키는 대로 달여 먹는다." 새로 나타난 이 어찰의 연구자들은 정조 독살설에 반대하는 의견을 가지게 되었다고 한다.

한 여건에 정조는 처해 있었다. 작년에 공개된 놀라운 자료, 정조가 노론 벽파의 영수 심환지에게 보낸 편지들은 즉위 후 20년이 지난 뒤에 쓰여진 것이지만, 정조가 처해 있던 정치적 환경이 얼마나 어려운 것이었는지 여실히 보여준다.

4년간에 걸쳐 정조가 심환지에게 보낸 297통의 편지는 형식도 내용도 극히 놀라운 것이다. 해당 기간이나 정조 연간만이 아니라 전통 시대 정치사를 이해하는 데 전혀 새롭고 매우 풍성한 시각을 이 편지들이 제공해준다. 1799년 3월 6일 저녁 무렵 심환지가 받은 편지 하나를 예로 들겠다.

인사는 생략한다. 이번 일은 매우 난처하다. 실은 (화완옹주를) 도성에 들여놓은 지 이미 여러 해가 지났으니, 조정이 알았건 몰랐건 성실함이 매우 부족하다. 예전 효종조에도 이와 비슷한 처분이 있었는데, 노인들이 전하기를, '상궐(경희궁)의 비변사에 머물게 하였다.' 한다. 그때에는 이 일로 상소하거나 차자箚子를 올린 일이 있었다는 말을 듣지 못하였다. 그렇다면 지금의 조정 신료들이 (나를) 꼭 성실하지 않다고 말하지는 않을 것이다.

일전의 처분에 대해서는 알아들을 만큼 이야기하였고, 의리가 지극히 엄중하다. 경의 경우에는 몽합夢閤(김종수)이 죽은 뒤로는 경이 주인의 자리를 양보해서는 안 된다. 일이 『명의록』의 의리와 관련되니, 차라리 지나칠지언정 미치지 못해서는 안 된다. 내일 신하들을 소견할 것인데, 반열에서 나와서 강력히 아뢰고 즉시 뜰로 내려가 관을 벗고 견책을 청하라. 그러면 일의 형세를 보아 정승의 직임을 면해주든지 견책하여 파직하든지 처분할 것이다. 그 뒤에 다시 임명하는 방법도 생각해 놓은 것이 있으니, 이렇게 마음먹고 있으라.

(『정조 어찰첩』 324쪽, 545~547쪽, 성균관대학교 동아시아학술원)

드라마 〈이산〉에서 한몫을 보인 화완옹주를 풀어주는 '작전' 장면이다. 정조는 고모인 화완옹주에게 명분에 구애되지 않고 은혜를 베풀려 하는데, 예상되는 신하들의 반대를 심환지를 내세워 돌파하려는 것이다. 심환지가 벽파의 영수답게 강경한 태도로 나오면 그 한 사람만을 견책하면서 정조는 의지를 관철한다. 짜고 치는 두 사람 외의 다른 신하들이 이 사태에 연루되는 것을 막으면서 심환지의 위신을 더욱 높여주는 것이다.

정조의 재위 중 노론, 소론, 남인 등 기존 당파가 모두 시파와 벽파로 갈라지는 추세를 보여 기왕의 당색은 흐려지고 여당(시파)과 야당(벽파)의 대립 양상으로 흘러갔다. 그런데 야당 당수 격인 심환지가 받은 정조의 편지를 보면 군신 간에 이런 지기知己가 따로 없을 정도로 알뜰한 내용이 진솔한 형태로 담겨 있다. 심환지에 앞선 벽파 영수 김종수와도 비슷한 관계를 맺고 있었던 것으로 보인다. 정조의 탕평책은 반대파까지도 건전한 야당의 길로 순치시켜 왕권을 등지는 길을 막는 경지에 이르렀던 것이다.

편지 내용을 보면 이 시기 동안에도 정조는 시파와 벽파 여러 사람을 상대로 심환지에게 한 것과 비슷한 '어찰 정치'를 진행하고 있었던 것으로 보인다. 정치적 입장이 서로 다른 여러 사람을 상대로 이런 수준의 대화를 진행해나간다는 것은 대단한 능력과 엄청난 노력을 필요로 하는 것이다. 이런 초인적 능력과 노력이 필요할 만큼 정조가 처한 상황에는 어려움이 많았던 것이다. 세종의 능력과 노력도 놀라운 수준이었지만, 정조의 노력은 세종과도 차원이 달랐던 것 같다.

당파의 득실이 대규모 살육을 몰고 오던 영조 초년까지의 악성 당쟁이 70여 년 후 정조의 편지들을 보면 드디어 극복된 것으로 보인다. 그러나 정조가 죽은 바로 이듬해 신유박해로 노론 벽파가 남인 시파를 몰아붙인 것을 보면 영조와 정조의 70년 공부가 나무아미타불이 되어버린 감이 든다. 정조가 더 오래 살았다면? 새로 공개된 어찰 연구자들이 독살설에 부정적인 의견을 발표했거니와, 내가 봐도 독살보다는 과로사 같다. 초인적 능력과 노력으로도 회복시킬 수 없을 만큼 조선의 왕도가 쇠퇴해 있었다고밖에 말할 길이 없다.

정조의 권도權道 정치

요사이 몇몇 사람들의 준론(峻論)은 비록 받아들일 수는 없으나 피리춘추(皮裏春秋)로 치부한다면 조금이라도 도움이 될 수는 있을 것이다. 이는 내가 애초에 아무아무를 일으켜 그렇게 말하도록 권하고 가르쳐준 것이다. 아무아무는 그들이 하는 대로 내버려 두어 그들의 미덕을 이루게 하고, 경들은 일을 참작하고 헤아려 이치에 어긋나는 중에 또다시 이치에 어긋나지 않게 해야 할 것이니, 성인이 다시 나타난다 해도 사변에 대처하는 방법은 여기서 벗어나지 않을 것이다.

권도(權道)는 본디 보통 사람이 쓸 수 있는 것은 아니다. 하지만 일이 변하는 지경에 이르렀다면, 공부가 성인의 경지에 도달하지 못하였다고 해서 사변에 대처하고 권도를 쓰는 방법을 생각하지 않아서는 안 된다. 다시 깊이 생각하는 것이 어떠한가?

심환지가 1799년 2월 19일에 받은 어찰 내용의 일부다. 정조는 자신의 '어찰 정치'를 비롯한 정국 운용 방법이 책략에 의존하는 '권도'임을 의식하고 있었던 것이다. 권도의 문제점을 알지만, '사변', 즉 비상한 상황 때문에 부득이한 것으로 생각하고 권도를 행사한 것이다.

순조 이후의 정국을 '세도勢道 정치'라 하고 정조 초년의 홍국영 등용을 세도 정치의 선구라고 흔히 말한다. 정조의 정국 운용 방법의 한 측면을 '권도 정치'라 할 수 있지 않을까, 홍국영의 등용도 권도 정치의 한 양상으로 볼 수 있지 않을까, 나는 생각한다.

세도 정치의 주체가 세도가였던 것과 달리 정조의 권도 정치는 왕이 주체였다. 명분이 모든 것을 정해주는 유교 국가의 원리에서 벗어난 점이 있다는 점에서 '권도'이기는 하지만 왕이 주체라 하는 가장 기본 원리는 지켜지고 있었던 것이다. 홍국영의 권력은 왕권에 종속된 것으로서 왕의 승인하에서만 유효한 것이었다. 그가 외척이 되어 자기 권력에 지속성을 확보하려 하자 정조는 승인을 철회했고 그의 권력은 즉각 소멸되었다.

심환지가 받은 어찰에는 책략이 많이 들어 있다. 짜고 치는 고스톱, 눈 가리고 아웅 같은 대목이 거듭거듭 나타난다. 그렇지만 권도가 주종은 아니다. '세도'世道를 받드는 자세가 바닥에 깔려 있다. 정조의 정치에서 세도는 목적이고 권도는 방편이었던 것이다.

정조 어찰집 내용의 놀라운 점 하나는 시파와 벽파에 대한 정조의 태도다(어찰에는 '時牌'와 '僻牌'로 되어 있다). 전반적으로 시파를 가볍게 보고 벽파를 무겁게 보는 것이다. 시파를 여당, 벽파를 야당으로 보는 통념이 뒤집어져 보인다.

벽파 인사에게 보내는 것이라서 본심과 다른 태도를 거짓으로 지어낸 것일 수는 없다. 이 어찰집 안에 폭넓게 담겨 있는 정치관과 시국관에 연결된 태도이기 때문이다. 나도 이 어찰집을 처음 보면서 이 점이 당혹스러웠는데, 곰곰이 생각해 보니 그럴싸하게 보이기도 한다. 정조가 정치의 목적인 '세도'를 벽파에게 구하고 방편인 '권도'를 시파에게 구한 것이 아닐지. 권도를 통해 유교 정치의 회복을 꾀하는 과정에서 세도 자체가 너무 손상되지 않도록 노심초사한 것이 아닐지.

정조는 자신이 처한 상황이 '사변'이라고 생각했다. 상황이 비상한 것인지 여부는 정상적 상태를 규정하는 기준에 달려 있는 것이다. 정조는 원론적 유교 국가를 정상적 상태로 규정했던 것 같다. 대충 돌아가는 것으로 만족하지 못했기 때문에 과로사에 이를 만큼 일을 많이 하지 않을 수 없었을 것이다. 심환지 등 벽파에 대해서도 관리 차원이 아니라 육성 내지 지도 차원에서 임했던 것 같다.

권도까지 구사해가며 열심히 일해 세도를 되살려놓으면 권도의 필요도 임금이 과로할 필요도 줄어들게 될 것을 정조는 바랐을 것이다. 그러나 그가 나이 쉰도 안 되어 갑자기 죽었을 때, 형편이 근본적으로 좋아져 있지 못했던 모양이다.

유능하고 부지런한 임금이 사라지자 시파도 벽파도 정조가 바라던 역할에서 벗어나 정권 경쟁에만 몰두하는 상황이 펼쳐졌다. 먼저 정권을 잡은 벽파는 신유박해(1801)를 일으키는 등 편협하고 독선적인 길을 걸었다. 벽파 이념의 궁극적 타당성을 보장해주던 임금이 없어졌기 때문에 극단으로 흐르는 경향을 통제할 수 없게 되었던 것 같다.

편협한 노선은 반작용을 불러오지 않을 수 없다. 벽파의 배경이던 정순왕후가 1803년 말 수렴청정을 거두고 1805년 초 죽음에 따라 벽파의 권력이 왕비 집안인 안동 김씨에게 옮겨져 세도 정치가 시작된

홍경래군과 관군의 전투를 그린 〈순무영진도〉. 500년 역사를 통해 조선만큼 군대의 역할이 적었던 사회도 흔치 않다. 율곡의 '10만 양병설'이 기각된 데는 시대 상황을 잘 살피지 못한 불찰도 있었지만, 더 밑바닥에는 무력 사용을 회피하는 유교 국가의 질서 원리가 작용한 것이었다. 병자호란 후 효종의 북벌론을 시점으로 군대가 조선에서도 전과 다른 큰 역할을 가지게 되었다. 외침 대비에 앞서 권력 투쟁의 도구로서 역할이었고, 그 자체로 유교 국가의 퇴행을 보여주는 것이었다.

다. 이 권력 이동 과정을 촉진한 김달순의 옥사를 살펴봄으로써 당시의 상황을 구체적으로 파악해 보자.

정순왕후가 죽은 지 1년이 되어갈 때 권력 약화를 걱정하고 있던 김관주 등 벽파 거두들은 자기네 입지를 확고히 하기 위해 사도세자와 관련된 안건을 제기하고자 했다. 사도세자를 비판했던 인물들의 포상을 통해 자기네 당파의 정당성을 과시하려는 것이었다. 그런데 정조가 당쟁의 격화를 막기 위해 사도세자의 일을 일체 따지지 못하게 한 방침이 그때까지 지켜지고 있었다. 이 방침을 뒤집으려 달려드는 것은 큰 위험이 따르는 정치적 모험이었다.

김관주는 외척의 범주에 드는 두 인물, 박종경과 김달순을 설득해 총대를 메게 하고 입궐할 순서와 날짜까지 잡아줬다. 그런데 이 사실을 안 박종경의 아버지가 집안 망칠 짓이라고 펄펄 뛰며 입궐하지 못하게 가둬놓았다. 이것을 모르고 김달순이 입궐해 자기 몫의 이야기만 했고, 어리둥절한 왕은 벽파가 원하는 반응을 일으켜주지 않았다.

안동 김씨 측에서 이를 기화로 김달순(그도 안동 김씨이기는 했지만 벽파였다)을 공격해 사사賜死에 이르게 했고, 그 과정에서 벽파가 조정에서 축출되었다.

1806년 집권한 안동 김씨는 효명세자의 빈만 풍양 조씨에게 양보했을 뿐, 헌종과 철종의 왕비를 들여보내 1802년에서 1863년까지 한 갑자 넘게 왕의 처가 자리를 지켰다. 그리고 헌종 때 일시 풍양 조씨에게 밀려났을 때를 제하고는 조정에서 과거 어느 외척보다도 고위직을 많이 차지했다. 이 시기에 안동 김씨는 보통명사 아닌 고유명사 "세도가"였다. 순-헌-철 3대의 세도 정치는 "안김 정치"라 해도 과언이 아니다.

정조가 죽기 전에 세자와 김조순의 딸을 정혼해놓은 것이 안동 김씨 세도 정치의 씨앗이 되었다. 정조가 김조순을 사돈으로 찍은 것은 기대하는 역할이 있기 때문이었을 것이다. 외척으로서 세도 정치를 행하는 것이 정조의 기대는 아니었을 텐데, 왜 김조순은 정조의 기대를 등졌을까?

김조순의 집안은 조선 최고의 명문이었다. 병자호란 당시 김상헌-김상용 형제가 충절의 상징이 된 이래 그 후광 속에서 재상과 거유들이 속출했다. 도덕적-학문적 권위와 정치적-경제적 실력을 두루 갖춘 집안이었다. 조선 국가 체제 안에서 왕실 다음으로 누릴 것이 많은 가문이었다. 김조순 개인보다 그 집안을 특별한 위치에 두고 활용할 뜻이 정조에게 있었을 것이다. 물론 세도를 만들어주려는 것이 아니라 권도에 이용하려는 뜻이었을 것이다.

그런데 권도의 주체인 정조가 사라져버리자 안동 김씨가 권력의 주인이 되어버린 것이다. 권력의 주인이라도 명분 있는 진짜 주인이 아니라 맡아놓은 권력의 명분 없는 주인이었다. 걷잡을 수 없는 모럴 해저드 사태가 펼쳐졌다. 19세기 세도 정치는 백성 괴롭히고 나라 망칠 악의가 있어서 벌어진 일이 아니라 나라가 나라 구실 제대로 하게 하려는 의지와 힘이 미약해서 일어난 현상이었다.

도덕적 해이는 정조대에도 만연해 있었다. 1797년 10월 5일 심환지가 받은 어찰은 이런 내용이었다.

> 근래에 온갖 일에 대해 전혀 생각지도 못한 이야기가 있다지만, 차마 정리곡(整理穀)처럼 백성을 위해 만든 일에 대해서도 이렇게 잡다한 말이 많고 간사한 폐단이 생겨날 줄 어찌 생각이나 했겠는가? (……) 정리곡은 피곡(皮穀)이다. 봄에 한 알을 나눠주어 가을에 만 알이 익도록 하겠다는 지극하고 성대한 뜻은 미물도 감동시킬 만하다. 그런데 어떤 놈의 관리가 이처럼 공적인 일을 빙자하여 사사로운 이익을 챙기는 짓을 하는가? 자애로운 은혜를 널리 펴기 위해 마련한 본뜻이 도리어 원망을 부르는 단서가 되었으니, 여기에 생각이 미치면 분통이 터지지 않을 수 있겠는가?

정리곡은 1795년 화성 행차에서 남은 비용을 백성 구휼에 쓰게 한 것이라는데, 오래된 제도도 아니고 새로 만든 제도까지 왜곡되어 왕을 분노케 할 정도라면 부패 풍조가 매우 심각한 상황이다. 임진왜란 이후 국가 체제가 해이해진 결과 영조와 정조의 수십 년 노력으로도 만연한 부패를 억누르지 못하고 있었던 것이다.

그런데 19세기의 권력자는 부패를 억누르려 애쓰기는커녕 권력 유지와 확대에 오히려 부패를 이용하게 되었으니 총체적 난국을 피할 수 없는 일이었다. 1623년 광해군 축출 이후의 권력자들이 권력 쟁탈전에 몰두해서 경세의 과제를 소홀히 한 정도의 문제에서 그쳤다면, 19세기 들어와서는 권력 경쟁의 명분마저 도외시하고 돈과 주먹의 현실 권력에 매달리게 된 것이다. 국가와 백성을 위할 줄 모르는 정치를 넘어 국가를 망치고 백성을 괴롭히는 정치가 된 것이다.

16세기 말에 중국에 온 마테오 리치가 중국 사회의 평화로운 분위기와 문민 질서에 탄복한 이야기를 앞서 인용한 일이 있는데, 그 시기의 명나라와 조선에서는 같은 시기 유럽과 달리 주먹과 돈의 벌거벗은 폭력을 억제하는 유교 국가 체제가 작동하고 있었다. 유교 국가는 전제 왕권이라는 이념의 힘이 재산, 권력, 정보를 장악한 유력 계층의 현실의 힘을 견제해 힘없는 백성들을 무절제한 폭력에서 보호하는 기능을 가진다. 19세기 세도 정치하의 조선에서는 이러한 유교 국가의 기본 기능이 마비 상태에 이르렀다.

유교 국가는 대규모 보험 체계의 성격을 가진 조직이었다고 나는 생각한다. 납입금이 많은 고객에게 더 큰 혜택을 제공하지만, 납입금이 거의 없는 고객에게도 최소한의 생존 조건을 보장해주는 보험 체계다. 오늘날의 정치론으로는 사회주의의 성격을 가진 것이다. 부와 권력의 성장에 한계를 두고 생존 조건을 보장하는 체제이므로 부와 권력을 추구할 동기도 약하기 때문에 자원의 효율적 배분에 큰 장애를 일으키지 않는다. 농업 사회에 매우 적합한 체제로서 중국과 한국에서 큰 성공을 거뒀다.

중세사회의 해체를 몰고 온 것은 무엇보다 생산력의 발전이었다. 잉여 생산의 폭이 커짐에 따라 안정성 위주의 중세 체제를 벗어나는 원심력이 일어난 것이다. 생산력 증가라는 새로운 상황에 적응하는 것이 유교 국가 체제로는 근본적으로 불가능한 일이었을까? 그렇게 생각해야 할 이유를 나는 떠올릴 수 없다. 오히려 환경과의 관계와 사회 내부의 긴장 두 가지 측면 모두에서 유럽식 근대화보다 연착륙을 바라볼 수 있는 길이었을 것 같다. 문제는 연착륙에 필요한 충분한 길이의 활주로가 주어지지 않았던 것으로 볼 일이 아닐지.

산업화와 자본주의화를 중심으로 하는 유럽식 근대화가 19세기의 세계를 이끌었다. 그러나 그 방향의 변화가 가진 문제점이 바로 지적되기 시작했고 대안이 제시되기 시작했다. 문제점은 지금까지 더욱더 명확해져 왔고, 대안 모색은 계속되고 있다. 19세기의 경쟁에서 패퇴한 노선도 그 가치를 다시 검토할 필요가 있는 상황이다.

19세기의 조선은 근대화의 과제 앞에서 유교 국가 체제로 경쟁에 나설 자세가 무너져 있었다. 대원군의 쇄국 정책은 경쟁에 나서기 전에 유교 국가 체제를 회복할 시간을 벌기 위한 노력이었다고도 이해할 수 있다. 조선의 실패는 개항 후의 잘못된 선택으로 비로소 결정된 것이 아니라 유교 국가 체제를 발전시키기는커녕 유지도 못하고 있던 세도 정치에서 이미 결정되어 있었던 것이라고 나는 생각한다.

근대화에 성공한 나라들은 유럽식 근대화를 주축으로 하면서도 각자의 전통을 이와 병행하여 발전시켰다. 유럽식 근대화를 출범시킨 유럽국들까지도 그렇다. 이렇게 살아남은 전통이 근대화의 주변적 현상, 또는 심지어 근대화에 저항하는 봉건적 잔재로 폄하되기도 했지만, 근대화의 모순을 완화해주기도 했고 탈근대화의 열쇠로 주목받기도 한다. 근대화의 성공 여부를 양적 측면보다 전통을 살려낸 질적 측면에 더 비중을 두고 평가하는 편이 더 실질적 의미가 있지 않을까 하는 생각도 든다.

조선의 실패는 전통이 철저하게 좌절되었다는 점에서 참혹한 실패였다. 지역적 불평등 구조를 추구하던 당시의 제국주의적 근대화 추세 때문에 이 좌절이 더욱 심화되었다. 지금 시점에서 전통으로부터 찾아낼 가치가 무엇이 있는지 내게 확신은 없다. 그러나 19세기의 실패에서 전통의 좌절이 가졌던 의미가 분명한 것이므로 그 가치를 지금이라도 적극적으로 검토할 필요를 느낀다.

실학의 좌절

조선 후기의 새로운 사조 몇 가지를 1890년대의 개화 사상가들이 주목하기 시작한 이래 '실학'의 정체를 밝히는 작업이 많은 연구자들의 손으로 쌓여 왔지만, 아직도 그 정확한 범위와 의미에 대해 엇갈리는 의견들이 남아 있다. 이 글에서는 유교 국가 조선의 기능이 퇴화하는 과정에서 대응책을 모색하는 노력으로서 실학의 의미를 살펴보겠다.

실학 형성의 배경으로 외래적 요인과 내재적 요인을 구분해서 이야기한다. 외래적 요인이라면 청나라의 고증학이나 중국을 통해 소개된 서학에 자극받은 측면을 이야기하는 것이고, 내재적 요인이라면 조선 국내의 제반 변화, 특히 사회경제적 여건의 변화에 촉발된 측면을 말하는 것이다. 전체적으로 보면 두 측면이 모두 작용한 것이고, 실학자 개인에 따라 두 측면의 비중에 차이가 있을 것이다.

이런 일반적 요인들보다 더 구체적으로 짚을 수 있는 조건이 있다. 주류 학술이 형이상학 성향으로 경도되는 상황이다. 학술에는 현실과 조응하는 외적 측면과 내적 완결성을 추구하는 내적 측면이 있다. 형이상학 성향이라 함은 내적 측면에만 관심이 제한되는 것을 말한다. 앨프리드 에이어가 『언어, 진실, 논리』(1936)에서 형이상학 명제는 참과 거짓을 가릴 수 없고, 실질적 의미가 담기지 않는 것이라고 말했는데, 칼 포퍼는 형이상학 명제에도 의미는 있다, 다만 입증도 반증도 불가능한 것일 뿐이라고 했다. 표현은 서로 다르지만 두 사람 다 형이상학과 경험적 지식 사이의 절연성을 지적한 것이다.

'형이상학'이란 개념도 서양에서 온 것이므로 조선 후기 성리학의 풍조를 이에 맞춰 재단할 수는 없다. 내가 "형이상학 성향"이라 말하는 것은 에이어와 포퍼가 지적한 바 경험적 지식과의 절연성을 가리키는 것이다. 조선 후기의 주류 성리학은 학문 자체가 현실적 제도로서 큰 힘을 가지게 되어 외부 현실과 관계없이 학문 내부 문제에만 몰두하게 되었다. 현실과의 조응이 빈 공간으로 남겨지면서 이를 채우기 위한 여러 갈래 노력이 주변부에서 나타난 것이 오늘날 '실학'이란 이름으로 고찰되고 있다.

실학의 '실'實 자는 당시 주류 성리학의 공허성과 대비되는 뜻으로 널리 받아들여진다. 원래 유가에는 불가의 '공'空, 도가의 '허'虛에 맞서 '실'을 표방하는 경향이 있었다. 그런데 송나라 때 성리학이 형이상학의 경향을 키우게 된 것은 불가, 도가와의 경쟁 과정에서 "싸우면서 배운" 현상으로 이해할 수 있다. 성리학이 형이상학에 치중하게 되면서도 현실에 조응하는 경세학經世學의 면모를 아주 버리지는 않았기 때문에 성리학의 발전은 두 측면 사이의 긴장 관계 속에 진행되었다.

조선 초기에 정치 이념의 의미를 가진 성리학을 문학 차원의 사장詞章과 대비시켜 실학이라 칭한 것도 이 긴장 관계가 남아 있기 때문이었다. 16세기까지는 학술이 정치에 공헌하는 위치에 있었다. 그런데 17세기 들어 사림과 여론의 힘이 조정을 압도하는 상황이 되자 학술의 경세적 측면이 퇴화하고 내면적 완결성에만 집착하게 되었다. 이런 상황을 극명하게 보여주는 것이 현종(1659~1674) 때의 두 차례 예송禮訟이다.

공자는 예법을 매우 중시했고, 그로 인해 유교 국가에서는 예법이 법률 체계의 상부 구조와 같은 역할을 맡게 되었다. 그러나 공자 자신은 예법을 경직된 것이 아니라 인정에 따르는 것으로 여겼다. 『예기』의 아래 기사처럼 그런 자세를 보여주는 기록들이 있다.

공자가 위나라에 갔을 때 전에 묵었던 여관 주인의 장례에 마주쳤다. 집 안에 들어가 곡을 하며 슬퍼했다. 나와서 자공에게 일러 마차 바깥쪽에 매여 있던 곁말을 부의로 주게 했다. 자공이 말했다. '문인의 장례에도 곁말을 부의로 주신 일이 없었는데 옛 여관 주인에게 이런 부의를 하신다는 것이 너무 지나치신 것은 아닐까요?' 공자가 대답했다. '내가 이제 들어가 곡을 하다 보니 슬픔이 밀려들어 눈물을 흘렸다. 눈물을 흘렸는데 그 뒤를 따르는 것이 없다는 것을 견딜 수 없으니 시키는 대로 하려무나.'

1659년 효종이 죽었을 때, 그리고 1674년 효종비가 죽었을 때 군주의 예가 사대부의 예와 다를 바가 없다고 한 송시열 일파의 주장은 왕의 권위를 제한하려는 의지로 해석된다. 그 주장의 옳고 그름과 별도로 주목할 것은 이념적 기준으로 현실을 재단하려 한 태도다. 이 태도는 청나라에 대한 척화斥和 주장에도 나타났던 것이다. 정치의 원활한 운용을 도외시하는 명분론 경도 속에 조선 후기의 주류 학술은 내면적 완결성에만 집착하는 경향으로 흘러갔다. 학문 속에 곡식도 있고 벼슬도 있으니 다른 것을 쳐다볼 필요가 없었던 셈이다.

효종 초년(1649~1659) 김자점 일파가 숙청되고 송시열 일파의 기세가 치솟으면서 당쟁이 격화되기 시작했지만 테크노크라트 성향의 김육 일파가 아직 상당한 역할을 맡고 있었다. 그러나 현종 초년(1659)의 기해예송 이후로는 경세의 실무가보다 이념의 기수들이 모든 당파를 영도하게 되었다. 현실과 조응하는 경세적 학문은 현실 정치를 등진 은거자들의 몫이 되었다.

초기 실학과 중기 실학의 태두로 일컬어지는 유형원(1622~1673)과 이익(1681~1763)의 경력에 이런 상황이 분명하게 나타난다. 두 사람 다 갓난아이 때 아버지를 당쟁으로 잃었다. 유형원은 엘리트 관료들이 통상 관직에 들어서는 나이인 32세 때 서울을 떠나 부안 반계에 은거했고, 이익은 26세 때 부형 노릇을 해온 중형이 옥사하자 벼슬길을 포기했다.

유형원, 이익에서 후기 실학의 태두 정약용(1762~1836)에 이르는 학통은 실학 발전의 가장 두드러진 흐름이었다. 이을호는 이들의 학풍을 '수사학'洙泗學이라 이름 붙였다. '수'洙와 '사'泗는 각각 공자와 맹자가 살던 곳의 강 이름이니, 송대 이후의 성리학을 뛰어넘는 원시 유학의 모색이라는 뜻이다.

실학의 실용적 측면만을 살피는 통상적 관점에 포착되지 않는 의미를 그 철학적 측면에서 찾을 수 있다. 원시 유학의 모색은 유교 국가의 기본 틀을 지키면서 성리학을 대체할 대안을 추구한 것으로 볼 수 있다. 중국에서도 혁명적 상황을 맞았을 때 고전 시대로의 회귀를 표방한 사례가 왕망, 북주北周, 측천무후, 그리고 근세에는 강유위의 경우에서 거듭거듭 나타났다.

유가의 시간관이 직선적인 근대 시간관과 달리 순환적인 것이어서 복고 성향이 동아시아 문명을 지배해 왔다는 담론이 정체성 이론의 일환으로 통용되어 왔다. 진보적이지 못하고 퇴행적이라는 비판이다.

그러나 사실 순환적 시간관은 유가만이 아니라 세계 각지의 전근대 문명에서 널리 나타난 것이다. 불과 200~300년 동안 통용되어 온 직선적 시간관에 절대적 타당성을 부여할 근거는 없다. 시간관은 칼 포퍼의 말대로 입증도 반증도 불가능한 형이상학적 명제다. 혁명적 변화를 신세계의 창조로 보느냐, 고대 질서의 회복으로 보느냐 하는 차이는 우주론 차원의 세계관에 따라 결정되는 것이다.

직선적 시간관이 근대적 특성으로 나타난 사실이 오히려 별도의 설명을 필요로 하는 것이라고 나는 생각하지만, 여기서는 순환적 시간관에 따르는 복고 성향을 무조건 나쁜 것으로 여기는 통념을 곧이곧대로 받아들일 것이 아니라는 점만 지적한다. 참고로 덧붙인다면 서학의 창시자 마테오 리치가 제기한 '보유론'補儒論도 복고적 개혁의 틀을 따른 것이었다. 송대 이후의 성리학을 타락한 유교라고 비판하며 원시 유학의 회복에 기독교가 도움이 될 수 있다는 것이었다. 정약용이 서학에 깊은 관심을 보인 데는 보유론의 학술 개혁 방안이 큰 요인이었을 것으로 나는 생각한다.

수사학의 학풍은 정통론과 명분론에 매달린 주류 성리학의 퇴행성을 극복하기 위한 대안 이데올로기의 모색 노력이었다. 현실에 조응하는 실용적 측면이 주류 성리학과 차별성을 보이는 실학의 특징이거니와, 실용적 측면을 뒷받침할 내면적 원리도 함께 탐구했던 것이다. 관직에 나가 경륜을 펼칠 기회를 가졌던 정약용은 실용적 정책의 제안만이 아니라 학문적 권위를 확보하는 데도 큰 노력을 기울였고, 실학의 풍조를 장려하고 싶었던 정조는 "입증도 반증도 불가능한" 형이상학적 명제의 심판을 정약용에게 유리하게 봐준 것 같다.

유형원과 이익을 거쳐 온 실학의 한 흐름이 정약용에 이르러 현실 정치에 작용할 기회

송나라 범중엄(范仲淹)은 "천하의 걱정을 앞에서 걱정하고 천하의 즐거움을 뒤에서 누리는" 것이 선비라고 했다. 진지한 실학자의 기준도 후세 상황에 대한 예측 능력보다 선비의 자세를 우선 살펴야 하는 것이 아닐까? 정약용에서 끝난 성호학파는 유교 국가의 틀을 되살려내려는 노력이 두드러진 학풍이었다.

를 얻은 것은 정조의 적극적 개혁 정책 덕분이었다. 정조의 덕을 본 것은 이가환, 정약용 등 이익 계열 성호학파 관료들만이 아니었다. 박지원, 박제가 등 북학파도 정조의 지원 덕분에 활발한 활동이 가능했다.

정조의 실학 장려책에 호응한 중요한 두 집단이 성호학파와 북학파였다. 두 집단의 성격 차이는 무엇보다 그 형성 과정의 차이에서 비롯된 것이다. 성호학파는 오랫동안 이어져 온 대안 모색 노력의 복류

伏流가 정조대에 이르러 겉으로 솟아나온 것이다. 사림 정치의 틀을 지키되 경세론을 중시하는 입장에서 임금의 선택을 기다려온 대안 세력이었다.

북학파는 이와 달리 정조 당대의 상황 속에서 정조의 학술 정책과 인재 양성책을 통해 일어난 움직임이었다. 성호학파가 사림 정치의 틀을 고치려 했다면 북학파는 바꾸려 한 것이므로 더 과격한 입장이라고 볼 수 있다. 그런데 기존 체제에 대한 위협은 성호학파 쪽이 더 강렬했다는 사실을 1801년 신유박해의 표적이 된 데서 알아볼 수 있다. 주류 성리학 입장에서 북학파는 단편적인 일탈에 불과한 것인 반면 성호학파는 체계적인 도전으로 보일 수 있었을 것이다.

실학의 개념 기준으로 통상 '근대 지향성'을 이야기한다. 이 기준을 적용하는 데는 '근대성'의 개념에 대한 보다 엄밀한 검토가 앞설 필요가 있다. 중세 체제의 퇴화라는 상황 앞에서 근대화가 필연의 과제였다는 사실에는 이론의 여지가 없다. 그러나 산업혁명을 중심으로 유럽에서 진행되어 자본주의라는 형태로 퍼져나간 변화 하나만을 근대화의 절대적 표준으로 삼는 것은 독단이다. 중세 체제 극복이라는 의미에서 근대화의 많은 길 가운데 산업혁명-자본주의형 근대화는 한 갈래일 뿐이었다. 그 길을 사람들이 다른 길들보다 많이 걷게 된 것은 특정한 역사적 상황에 따른 일이었다.

근대 지향성을 무조건 전통으로부터의 이탈로 보는 것은 특정한 형태의 근대성에 사로잡힌 시각이다. 오늘날 흔히 "중세사회 해체"라고 말하는 현상이 조선 후기에 진행된 것은 사실이다. 주류 성리학이 이 현상에 대한 대응을 소홀히 하고 있을 때 대응의 필요를 보다 절실하게 느끼고 대책 강구에 노력을 기울인 사람들이 실학자였다. 대책이 효과적이기 위해서는 유교 국가든 사림 정치든 기존 체제를 최대한 지킴으로써 비용을 절감할 필요가 있었다. 유교 국가와 사림 정치가 결국 무너졌다는 결과를 기준으로 포폄을 행할 일이 아니다.

　박지원은 물질적으로 상당히 여유 있는 생활을 한 것으로 보인다. 유형원이나 이익처럼 은거지에 파묻혀 살던 사람들은 그보다 검소한 생활을 했을 것으로 추측되지만, 연구와 저술에 그만한 노력을 쏟을 수 있었다는 사실만으로도 '유한계급'의 기본 조건은 충족시킨 것 같다. 그런 위치에 있던 사람들이 국가와 사회의 장래를 걱정하면서 주변부에서나마 하나의 학풍을 일으키고 키우고 지켜나갈 수 있었던 것은 조선의 국가 체제가 아직도 최소한의 건강을 지키고 있던 상태였기 때문이다. 정약용 이후의 대표적 실학자로 김정희, 최한기 등 특수한 여건을 누린 신분의 인물들만 꼽히는 것을 보면 정조의 죽음을 계기로 국가 체제의 건강이 크게 무너진 듯하다.

2

조선은 어떻게 쓰러져갔는가

(19세기)

역사를 바라보는 시선의 바닥에 민족이나 국가에 대한 사랑을 깔고 본다는 것은 전연 이상한 일이 아니다. 오히려 자기 소속 사회에 대한 사랑 없이 역사를 본다는 것이 무의미한 행위라는 문제를 가질 수 있다.

그러나 역사를 보는 행위가 어떤 입장에서 이뤄지는가에 따라 사랑을 드러내는 방법에 차이가 없을 수 없다. 개인적 행위라면 사랑의 표현 방법에 아무런 제약도 필요 없다. 반면 공공성을 가진 연구 작업에는 사랑의 감정이 개입되지 않도록 주의를 기울여야 한다. 감정 개입 없이 얻어낸 연구 결과가 자연스럽게 일으켜주는 감정이라야 안정성을 가진다. 감정을 앞세워 연구 결과를 얻어낸다면 그로부터 일어나는 감정은 일방적이고 소모적인 것이 되기 쉽다.

다수 독자를 위한 역사 서술은 그 중간이다. 연구 작업처럼 감정의 개입을 철저히 삼갈 필요까지는 없지만, 표현에 절제가 있어야 한다. 물론 서술 목적에 따라 절제의 수준에 편차가 있다. 절제가 강한 서술은 독자의 감정이 스스로 일어나도록 도와주고, 절제가 약한 서술은 필자의 감정을 독자에게 이입한다. 절제가 강할수록 지적 생산력이 큰 서술이 된다.

조선의 망국 과정에 관한 연구에는 감정을 앞세우는 경향이 많이 보인다. 망국이란 주제가 분노, 치욕, 안타까움 등 격렬한 감정을 일으

키기 때문일 것이다. 이런 경향은 '민족사학'의 이름으로 정당화되기
도 한다.

지금은 그런 경향이 억제될 필요가 있다. 민족사회가 극히 어려
운 상황에 빠져 있을 때는 자존심을 세우기 위해 조금 억지라도 쓸 필
요가 있었다. 그러나 민족의 위상에 자신감이 많이 자라난 지금 시점
에서는 억지를 될 수 있는 대로 줄일 필요가 있다. 자신감이 큰 사회에
서는 다양한 합리적 관점이 일어나기 마련인데, 독단성이 너무 강한
민족주의는 사회의 통합보다 분열에 이바지하기 쉽다.

조선 망국의 원인이 전적으로(또는 거의 전적으로) 일본의 침략 야욕
에 있었다고 주장하려는 사람들이 있다. 연구자들 중에도 있다. 이 시
대를 연구하지 않는 사람으로서 이 시대에 관한 이야기를 함에 있어서
나는 연구자들의 문제점을 지적할 입장이 아니다. 연구자들이 제공한
연구 결과를 갖고 힘닿는 대로 의미 있는 이야기를 엮어내는 것이 내
몫이다. 그러나 조선 망국의 내재적 요인을 의도적으로 무시하는 태도
는 도저히 받아들일 수 없다.

마치 어두운 골목에서 '퍽치기'라도 당한 것처럼 봐서는 '망국'
의 의미를 제대로 음미할 수 없다. 1259년 고려가 근 30년의 항전 끝
에 몽골족에게 항복한 것도 일종의 '망국'이었다. 1637년 조선이 만주
족에게 항복한 것도 '망국'에 가까운 일이었다. 그런 위기 속에서 한민

족은 정체성에 다소간의 손상을 겪었지만 결국 극복해냈다. 1910년의 '망국'이 과연 어떤 위협을 가져왔는지 정확히 파악하는 데 부적절한 애국심의 지나친 개입은 장애가 된다. 위기의 성격이 파악되지 못한 채로는 극복도 있을 수 없다.

19세기 후반에 일본을 경유해 한국을 덮친 서양 근대문명은 막강한 힘을 가진 것이었다. 한국보다 힘과 덩치가 훨씬 큰 중국조차 그 위세 앞에서 1840년경부터는 자세가 흔들리고 1860년경부터는 휩쓸려 들어가고 있었다. 게다가 그 위세는 시간이 지날수록 눈덩이처럼 커지고 있었다. 조선이 아무리 굳건한 체제를 지키고 있었더라도 정체성의 큰 훼손과 그에 따른 변화를 피할 수 없는 상황이었다.

홍수가 덮친 상황을 떠올려보자. 어떤 구조물도 파괴를 면할 수 없는 큰 홍수가 덮친 상황을. 어느 누구도 원래의 자리에 원래의 자세대로 서 있을 수는 없다. 그러나 모두 죽어버리고 마는 것은 아니다. 모두 고생을 겪고, 더러 죽거나 다치기도 하지만, 대다수 사람들은 어떻게든 자기 목숨을 지키고, 생활 방식을 바꿔서라도 새로운 조건에 적응한다.

홍수를 당한 사회의 조직, 특히 그 지도부의 대응 방식에 따라 피해 양상에 큰 차이가 생긴다. 지도부가 자기네만 살겠다고 민중의 피해를 외면함으로써 불신을 살 경우 피해가 극대화됨과 동시에 조직이 무너져버리고, 민중의 신뢰를 얼마나 지키느냐에 따라 피해도 줄고 조직도 살아남을 수 있다.

13세기에 유라시아 대륙을 석권한 몽골 제국은 고려에게 피할 수 없는 재앙이었다. 무신정권에게 책임을 물을 일이 아니었다. 항복 후의 고려가 민족과 국가의 뼈대를 지키며 발전의 길을 찾은 사실에 비춰보면 오히려 무신정권의 지도부 역할에 후한 점수를 줘야 할 것이다.

19세기 후반 서양 근대문명의 침공도 조선에게 피할 수 없는 재앙이었다. 그러나 대응 방식에 따라 피해의 규모를 줄일 여지가 있었다. 그런데 대응의 1차 주체인 왕조국가의 대응이 시원치 않았기 때문에 골절상 정도로 겪어낼 만한 충격 앞에서 민족사회가 사경을 헤매는 중상을 입게 되었다.

우리 민족사회는 이 부상에서 아직도 회복하지 못하고 있다. 남북의 분단 상황을 필두로 양쪽 국가의 구조적 문제들 중 100년 전의 충격에서 유래하는 것이 많이 있다.

분단을 비롯한 제諸 문제의 극복을 위한 노력이 꾸준히 있어 왔다. 그러나 극복은커녕 오히려 더 악화되는 상황을 우리는 보고 있다. 그리고 지금의 극악한 상황을 조만간 벗어나더라도 민족사회의 제 문제를 획기적으로 극복할 길이 뚜렷하게 보이지 않는다.

이 답답한 상황이 우리가 근대적 가치관에 묶여 있기 때문은 아닐까? 전통의 가치를 외면한 채 뿌리 없는 근대적 가치만을 쳐다보고 있는 한 서로 상치되는 근대적 제 가치의 갈등을 뛰어넘는 길이 구조적으로 막혀 있는 것이 아닐까? 일본을 모델로 한 경제 발전과 미국을 모델로 한 정치 발전에 한계를 느긴다면 이제 '우리 길'을 찾아 나서야 하는 것 아닌가?

지나친 애국심에 휘둘리지 말고 망국의 상황을 좀더 상식적이고 합리적인 눈으로 바라볼 것을 내가 주장하는 것은 전통의 가치를 분명히 하기 위해서다. 망국 과정에서 전통 질서가 무기력한 모습을 보인 것은 일차적으로 왕조 체제의 퇴화 때문이었다. 전통의 가치 자체가 부실한 것이어서가 아니었다.

홍수가 닥쳤을 때, 사회 전체의 피해를 조금이라도 줄이기 위해 개인의 더 큰 피해를 감수한 사람들이 있었다. 반대로 혼란을 이용해 개인의 이익을 노리며 사회의 피해를 더 크게 만든 사람들이 있었다. 홍수가 지나간 뒤 새로운 상황에서 공익을 중시하는 사람들이 나타나지 않고 사익만을 좇는 사람들이 사회를 계속 좌지우지한다면 그 사회는 홍수의 피해를 극복하기는커녕 홍수 자체의 피해보다 더 큰 피해를 입게 될 것이다.

공익을 받든 사람들의 노력이 좌절된 이유를 이해하기 위해 당시의 상황을 정확하게 이해할 필요가 있다. 좌절되었다는 사실만으로 그 노력이 무의미한 것이었다고 폄하해서는 그와 같은 방향의 노력이 지금 다시 일어날 길마저 막히고 만다. 조선 왕조의 국가 기능이 얼마나 퇴화된 상태였는지 밝히는 것은 당시의 상황을 이해하기 위한 첫 열쇠다.

조선 망국의 두 단계

조선의 망국을 아주 간단하게 보면 1910년 8월 하순에 일어난 하나의 사건으로 볼 수도 있다. 조금 더 넓게 보면 1905년 11월의 소위 을사보호조약으로 외교권을 잃은 데서 이미 실질적 망국이 시작된 것으로 볼 수도 있다. 그보다 더 넓게 볼 수도 있지 않을까? 1897년 10월 '대한제국'으로 국호를 바꾸면서 '조선'이란 이름을 버릴 때, 500여 년간 한국인의 국가로 존재해온 조선 왕국의 실체가 이미 사라지고 있었던 것은 아닐까?

'조선 망국'의 의미를 온전히 이해하려면 벗어나야 할 하나의 통념이 있다. 식민지가 되기 전의 조선이 완전한 독립국이었다는 통념이다. 조선 왕조는 존재 기간의 대부분을 통해 명나라, 청나라와 조공 관계를 맺고 있었다. 이 조공 관계를 청산한 후 외교권을 잃기까지의 불과 10년 기간 동안에도 조선 왕조는 중국과의 조공 관계보다 더 심한 외세의 간섭을 받고 있었다. 형식적 독립만을 갖추고 있던 이 기간을 "빼앗긴 국권"의 표준으로 생각하는 것은 현실적 의미가 없는 일이다.

근대 국제법의 기준으로 조공 관계가 '독립'이 아니었다고 할 수 있다. 그러나 근대 국제법의 기준만으로 그 기준이 세워지기 이전의 역사적 현상을 재단하는 것은 무리한 일이다. 한민족의 국가는 고대 이래 중국의 국가들과 매우 긴밀한 관계를 가지고 있었고, 그중에는 독립성이 비교적 강할 때도 있었고 그렇지 못할 때도 있었다.

조선 왕조는 건국 때부터 명나라와 안정된 조공 관계를 맺었고, 이 관계의 기본 틀은 청나라가 명나라를 교체한 뒤에도 큰 변화 없이 유지되었다. 500여 년간 계속된 이 관계 속에서 조선은 중국에 대해 약간의 종속성을 가졌지만, 1945년 이후 한국의 미국에 대한 종속성에 비해 미약한 것이었다. 중국 군대가 한반도에 주둔한 것은 임진왜란 때의 몇 년과 임오군란(1882) 이후의 몇 년에 불과했다.

'만국공법'이란 이름으로 근대 국제법이 들어오기 이전, 전통시대의 동아시아에서 오랫동안 국제 질서의 기반은 중국 중심의 천하 체제였다. 기원전 10세기 이전부터 내려온 '천명'天命 관념을 중심으로 한 이 체제는 천명을 받아 천하를 다스리는 천자로부터 각 지역의 군주가 정치적 권위를 위임받는다는 유기론적 세계관이었다. 진시황의 통일 이후 이 체제가 계속 확장된 결과, 7세기 이후로는 동아시아 거의 전역이 편입되어 있었다.

만국공법의 원자론적 세계관과 달리 유기론적 세계관의 천하 체제에는 완전한 '독립'의 관념이 없었다. 지상 최고의 권위자인 천자조차 천명에 종속된 존재였다. 천자가 천명을 저버릴 때는 혁명의 대상이 되었다. 한민족 사회는 7세기에 이 체제에 편입된 후로 역사의 대부분 기간을 통해 이 체제 안에서 허용되는 최대한의 독립성을 누려

왔다.

천하 체제의 종주국인 중국 왕조는 조공국의 급격한 변화를 원치 않았기 때문에 조공국의 왕조를 보호하는 역할을 맡았다. 한민족 국가의 왕조 교체가 중국의 보호가 끊어질 때 일어난 것도 그 때문이다. 신라의 종주국 당나라가 멸망할 때 고려로의 왕조 교체가 있었고, 고려의 종주국 원나라가 망할 때 조선으로의 왕조 교체가 있었다. 임진왜란 때 명나라는 천하 체제 속에 조선을 지키기 위해 큰 부담을 무릅쓰고 출병했으며, 개항기에 청나라가 조선과의 관계에 집착한 이유의 상당 부분도 이 역할에 입각한 것이었다.

천하 체제의 붕괴가 완전히 확인된 계기는 청일전쟁(1894~1895)이었다. 이 체제의 붕괴는 개별 국가의 쇠퇴와 멸망을 넘어, 동아시아 문명권 전체의 존재 양식을 청산하는 의미가 있는 일이었다. 조공 관계를 바탕으로 하는 조선 왕조의 존재 양식도 이로써 단절을 맞았고, 여기에 조선 망국의 큰 의미가 있었다고 나는 본다. 그 후 대한제국으로의 전환은 새로운 상황에 적응하려는 시도였지만, 그 시도가 성과를 거두기 위한 조건이 극히 열악했다는 점을 생각하면 조선 왕조와 식민지 시대 사이의 과도기로 볼 수도 있을 것이다.

대한제국(1897~1910)의 위상과 정체성을 낮추고 줄여서 보는 내 관점에 불만을 가지는 독자들도 있을 것이다. 나 자신 이번 작업에서 대한제국을 지키려 한 많은 사람들의 노력을 음미하기 위해 노력했다. 그러나 식민지화를 피하는 데 '실패한 시도'라는 기본 성격을 민족 자존심 때문에 감출 수는 없다. 대한제국이 조선 왕조의 연장이라고는 하지만, 국가의 성격이 정상적 상태로부터 벗어나 있었다는 사실은 분명한 것이다.

'근대화'된 일본군이 청나라 군대를 박살내고 있는 평양 전투 장면. 이 시점에서 일본이 여러 방면의 급격한 변화를 중국이나 한국보다 효과적으로 조율하면서 새로운 환경에 잘 적응하고 있었던 사실은 분명하다. 그러나 그 적응의 대상이 제국주의 시대의 세계관으로 좁혀져 있었기 때문에 오히려 더 큰 참극을 피할 수 없었다.

　　조선의 망국에 두 개 단계를 나눠 본다. 첫 단계인 천하 체제의 붕괴는 조선 왕국이나 한민족만이 아니라 동아시아 문명권 전체가 함께 겪은 일이다. 이 단계에서 한민족의 국가는 짧게 봐서 500년, 길게 보면 1,000년 이상 자리 잡고 살아온 생태 환경을 잃어버렸다. 다음 단계는 새로운 생태 환경에 적응하려는 노력의 좌절이었다. 적응을 위한 조건이 워낙 열악했기 때문에 사실상 불가피한 좌절이었다고 나는 생각한다.

　　망국의 두 단계 중 천하 체제의 붕괴에 거시적으로 더 큰 의미가 있다고 나는 생각한다. 국권 상실 이전에 문명의 단절이었다. 이를 계기로 사회, 경제, 문화, 정치의 모든 질서가 넓고 깊은, 그리고 급격한 변화를 겪으면서 사람들이 생각하고 행동하는 방식이 바뀌기 시작했다. 여러 방면의 빠른 변화를 효과적으로 조율해나가지 못하는 사회는 새로운 환경에 적응하지 못하고 침략의 대상이 될 수밖에 없었다.

20세기로 넘어오는 시점의 한국 사회는 이 적응에 실패했고, 그 결과 일본의 식민지가 되었다. 이 실패의 원인을 한국인들은 당시부터 따져 왔다. 지도층의 무능, 일본의 야욕, 매국노 집단의 배신 등이 많이 지목되어 왔다.

실패를 반성하는 자세 자체에 반성할 만한 하나의 추세가 있다. 실패의 원인을 외부에서 찾고, 그 원인만 아니었다면 실패하지 않았으리라고 생각하는 낙관적 성향이다. 특정한 원인만 없었다면 성공이 당연한 것이었다고 보는 환원주의적 관점이기도 하다.

한 개인이 잘못된 일을 반성함에도 잘못의 원인을 자기 자신에게서 찾는 데는 특별히 강한 의지가 필요하다. 마찬가지로 한 사회의 반성에도 자아비판을 회피하려는 성향이 작용한다. 반성에 인색한 자세는 실패를 극복하지 못한 표시이기도 하다. 실패를 완전히 극복한 사람은 과거의 허물을 부끄러워는 할지언정 그것이 드러나는 것을 두려워하지는 않는다. 투철한 반성은 실패 극복의 조건이면서 또한 극복의 증거이기도 한 것이다.

21세기에 접어든 한국 사회는 100년 전의 실패를 극복했는가? 새로운 환경에 제대로 적응했는가? 과거의 시련을 담담한 눈길로 되돌아볼 만큼 편안한 위치에 와 있는가?

성공의 기준을 어디에 두고 생각할 문제인가. 문명 전환을 맞은 지 100여 년이 지난 지금 시점에서 어느 정도의 평형 상태에 도달해 있는지를 무엇보다 중요한 기준으로 나는 생각한다. 상당 기간의 혼란과 격동을 겪고 나서도 현재의 위상과 향후의 진로에 대해 안정된 시각을 구성원들이 공유하지 못하는 사회는 환경에 잘 적응한 것이라고 볼 수 없다.

19세기 말 한국 사회에 주어졌던 '새 환경 적응'이라는 과제가 아직도 근본적으로 해결되지 못하고 있다고 나는 생각한다. 그러나 과제의 성격조차 파악하기 힘들었던 당시의 충격에 비교하면 과제를 직시하면서 해야 할 일을 찾아 나설 수 있을 만큼은 자세를 갖춰왔다고 본다.

한국 사회가 처해 있는 세계적 환경은 지금도 계속해서 변해 가고 있다. 그런데도 환경 변화를 외면하는 냉전의 논리와 개발 지상주의 논리가 이 사회의 정력을 고갈시키고 있다. 현실 정치에서의 이런 문제들 역시 19세기 말 이래의 '새 환경 적응' 과제를 똑바로 바라보지 못하는 데 큰 이유가 있는 것으로 나는 생각한다.

이 책의 집필 작업의 필요성을 떠올린 것은 재작년의 『뉴라이트 비판』 작업을 통해서였다. 역사의 전개를 '산업화'와 '자본주의화'의 외길로만 보는 '뉴라이트 역사관'은 역사의 정합성整合性을 외면한다는 점에서 역사 담론이 못 되는 한낱 프로파간다일 뿐이다. 이런 프로파간다가 횡행할 여지가 있다는 것은 '근대화' 과제의 의미가 이 사회에서 제대로 파악되지 못하고 있음을 보여준다.

동아시아 전통 문명으로부터 근대적 세계 문명으로의 전환이 한국 근대사의 주축이었다고 보는 뉴라이트의 관점에 나는 동의한다. 민족 주체성에 집착하는 관점보다 더 넓은 시야를 얻을 수 있는 방향이라는 점도 인정한다. 그러나 그들이 근대적 세계 문명의 본질이라고 내세우는 자본주의와 개인주의에 대한 우상숭배에는 따를 수 없다. 새로운 환경에 적응한다는 '근대화'의 의미가 19세기 말의 새로운 환경이던 제국주의 환경에 적응하는 것만을 뜻할 수는 없는 것이기 때문이다.

산업화와 자본주의화가 근대화의 보편적 요소였다는 점은 나도 인정한다. 그러나 그것이 근대화의 모든 것은 아니다. 어느 사회에서나 각자의 고유한 전통과 조건이 근대화 과정에 얽혀 작용했다. 변화의 과정에서 전통은 자산이면서 부채이기도 한 것이다. 부채의 측면이 부담스러워서 전통을 부정하는 사회는 스스로 종속변수의 위치를 찾아 주변적 존재가 된다. 부채의 측면도 기꺼이 짊어지고 앞길을 찾아 나가는 사회가 역사의 주체가 된다.

이런 변화의 과정을 역사로서 되돌아볼 때도 자기 사회의 고유한 조건을 제대로 살피지 못하는 것은 역사적 주체성을 버리는 길이다. 현재의 상황에서 부각된 요소만을 과거에서 찾는다면 그것은 '현재와 과거 사이의 대화'가 되지 못한다. '현재와 현재 사이의 대화'일 뿐이다. 현재에 매몰되어 과거를 보지 못하는 자는 미래 또한 볼 수가 없는 것이다.

실종된 왕권

안동 김씨 집권기에 조선의 나라꼴이 어떠했는지에 관해서는 엽기적인 이야기가 수없이 많거니와, 이조원(1758~1832)이라는 한 인물이 말년에 겪은 일에서 당시 상황을 단적으로 살펴볼 수 있다. 그가 1792년 문과 장원 후 35년간 엘리트 관료의 길을 걷다가 1827년 2월 호조 판서에서 봉조하로 물러난 것은 효명세자가 대리청정에 나서기 열흘 전의 일이었다.

다음 달에 서유규라는 자가 격쟁(擊錚, 궁궐 앞에서 징을 두드려 중대한 사건을 고발할 수 있게 한 제도. 그 남용을 막기 위해 조사 결과 허위일 경우는 물론, 중대한 사건으로 인정받지 못할 경우에도 엄한 벌을 주었다)을 하여 이조원이 그 13년 전에 역모를 꾀한 일이 있다고 고발했다. 당시 서유규의 아비인 초산 부사 서만수가 탐학죄로 옥에 갇혔는데, 서만수는 1814년에도 강동 부사로 있다가 평안 감사였던 이조원의 고발로 파직된 일이 있었다. 서유규는 그때 아비가 이조원의 죄를 알고 있어서 그것을 감추기 위해 이조원 일당이 아비를 탄압한 것이라고 주장했다.

황당무계한 이야기다. 역모 사실을 아는 서만수가 고변도 하지 않고 있다가 죄인들의 음모에 희생당하고 있다? 탐학죄로 한 번 파직된 수령이 다시 관직을 얻는다는 것부터 있을 수 없는 일이었다. 대단한 배경을 가진 인물이었던 모양인데, 이후 일의 진행을 보면 고개가 끄덕여진다.

3월의 일에 관해서는 『순조실록』 27년(1827) 3월 29일자에 이런 기사가 있다.

대호군 김기후가 상서하였는데, 대략 이르기를, '신의 나이 구질(九耋)에 가까워 의관을 바르게 하고 죽기를 기다리는 중에 삼가 듣자니, 엄수(嚴囚)한 죄인 서만수의 아들 서유규가 징을 쳐서 원정을 하였는데, 내용인즉 그가 봉조하 신 이조원을 나무라고 욕하는데 매우 장황하게 하였다고 합니다. (……) 지금 스스로 중죄에 빠져서 방헌(邦憲)에 의하여 장차 처벌을 받게 된 즈음에, 문득 신의 성명을 끌어내어 신의 술책에 빠져들었다고 하는 등의 말로써, 애매하게 무함(誣陷)하고 함부로 감히 할 수 없는 말과 차마 들을 수 없는 내용을 보태어, 갑자기 신의 집안을 멸망시키려고 한 것은 무슨 까닭인지 모르겠습니다.' 하니,
답하기를, '서만수는 중죄를 범한 죄수로서 자식을 내어 보내어 징을 울리게 한 것도 이미 용서할 수 없는 죄인데, 게다가 감히 할 수 없는 말과 차마 들을 수 없는 이야기로 방자스럽게 남을 무함하여 경에게까지 미쳤으니 말하기도 통탄스러운 일이다. 그러나 이것은 금중에 머물러 있으니 경은 번거롭게 진달(進達)할 필요가 없다. 내가 이미 그의 거짓됨과 흉패한 정상을 다 알았으니, 다시는 입에 올리지도 말고 장주(長奏)에도 올리

지 말라.' 하였다.

효명세자는 이 고발을 무시했고, 서만수는 4월에 유배되었다가 5월에 죽었다. 그런데 이 문제가 몇 달 후 다시 불거졌다. 8월 4일에 서유규가 다시 격쟁을 했고, 세자는 그를 즉각 유배에 처했다. 그런데 이때부터 이상한 상황이 벌어지기 시작했다.

형조 판서와 참의가 그날로 고발 내용의 조사를 청한 데서 시작해 3사가 총동원하여 이조원의 국문을 청하고 나섰다. 같은 내용은 서면으로 올리라 해도 모두 세자와의 대면을 요구하는(請對) 인해전술의 압박으로 나왔다. 세자는 이에 정면 대응, 한동안 체차遞差와 사적士籍 삭제, 유배 등 징계 처분에 바빴고, 그 결과 3사가 텅 비다시피 되었다고 한다.

형조 상서 이후 논란이 계속되던 끝에 7일 후 거물급인 대호군 조정철이 이조원의 혐의를 뒷받침하는 상서를 올리면서 분위기가 반전되기 시작했다. 그리고 이튿날 거물 중의 거물 김조순이 가세하면서 세자도 어쩔 수 없는 상황으로 접어들었다.

1814년에 있었던(또는 있었다고 주장된) 일의 내용은 『순조실록』 여러 곳에 "차마 입에 담을 수 없는 일"로만 표현되어 있다. 앞뒤를 맞춰 추측건대 순조의 병이 심할 때 유사시에 대비한 의논 중에 꼬투리 잡힌 것이 있었던 모양이다. 그런 말을 했느냐, 안 했느냐, 일종의 진실 게임 인데, 언론이 총동원되어 혐의를 주장한 끝에 안동 김씨 영수 김조순이 쐐기를 박고 나선 것이다. 8월 12일자 『순조실록』 기사는 이렇다.

영돈녕 김조순이 차자를 올렸는데, 대략 이르기를, "신이 어제 중신 조정철의 상서를 보건대, 이조원의 갑술년 겨울의 패설과 흉서를 성토하기를, '그때의 정승이 서로 편지를 왕복하여 엄한 말로 통렬히 배척하였고 신도 그 일을 미리 알았다.'고 운운하였습니다. (……) 대체로 사람을 악역(惡逆)으로 단정하는 것은 천하에서 가장 신중히 해야 할 일인데, 신이 이에 대하여 어찌 감히 털끝만큼이라도 상세히 알지 못하는 일을 가지고 그 사이에서 마음대로 판단할 수 있겠습니까? (……) 흉서를 신이 직접 보지 않았는데, 신이 어찌 감히 이조원에게 죄가 없다고 하겠으며, 신이 입으로 엄히 배척하지 않았는데 또 어찌 감히 이조원에게 이런 사실이 있다고 하겠습니까? 대체로 이 일의 긴요한 점은 흉서가 있었느냐의 여부와 엄히 배척한 일이 있었느냐의 여부에 달려 있는데, 이에 따라 이조원이 귀신이냐 사람이냐가 저절로 판단될 것입니다. 대신에게 하문하여 처리하소서." 하였는데,

답하기를, "경의 차자 내용이 이러하니, 한번 대신들에게 묻겠다." 하였다.

결국 세자는 부왕의 재가를 얻어 8월 16일에 이조원을 유배에 청하는 결정을 내렸다. 이후에도 국문 요청이 쏟아졌지만 유배지를 원악도遠惡島로 바꾸는 양보에 그쳤다. 흑산도에 안치되었던 이조원이 효명세자가 죽은 후인 1832년 3월 유배지에서 죽자 그의 죄를 더하자는 논의가 조정에 일어나 시체의 목이 잘렸다. 그의 이름은 실록에 꼭 한 차례 더 나타난다.

이조원의 죄명을 효주(爻周)하고 김기서를 방송(放送)하라고 명하였다.

〔『헌종실록』 원년(1835) 1월 17일자)〕

"효주"란 지워버린다는 뜻이고 "방송"이란 풀어준다는 뜻이다. 김기서는 이조원의 '역모'에 연루된 사람이었다. 이조원의 옥사는 왕이 바뀌자 바로 무효로 돌아갈 만큼 허술한 것이었다.

부패로 단죄된 일개 지방관의 아들이 원로대신의 13년 전 '역모'에 관한 정보를 어떻게 손에 넣었을까? 그리고 뭘 믿었기에 격쟁을 하고 나설 수 있었던 것일까? 한명숙 전 총리에게 뇌물을 줬다고 주장하는 곽영욱보다도 더 황당한 고발자다. 그런데 이 고발이 결국 먹혀들어(고발자 자신은 귀양을 갔지만) 조선조 최고의 관복을 누린 사람의 하나이며 당대의 명필로 이름을 날리던 이조원이 귀양길에 오른다. 그리고 5년 후에는 시체의 목이 잘리는 수모를 당한다. 지금의 대한민국은 그에 비하면 훌륭한 법치국가다.

이 과정에서 가장 놀라운 현상이 3사 관원들의 행태다. 홍문관, 사헌부, 사간원의 3사는 조선 왕조에서 왕권의 보루였다. 이조원에게 설령 잘못이 있었다 하더라도, 아무 탈 없이 고위직을 지켜 온 원로대신의 13년 전 일이 국가에 대해 '강력하고 현존하는' 위협일 수는 없지 않은가. 그런 일에 3사가 총력을 기울여 쏟아 부은 극간極諫은 왕과 세자를 몰아붙이는 '정치 공세'였다. 왕권에 아무 보루도 남아 있지 않았다는 사실이 확인되는 장면이다.

이조원의 옥사는 국왕에게조차 세도 정치에 대항할 수단이 남아 있지 않았음을 보여준다. 효명세자는 3년간의 대리청정을 통해 왕권 부활을 꾀했으나 결국 의문스러운 죽음에 이르고(1830) 세자의 노선에 호응한 신하들은 그 후 모두 혹독한 보복과 탄압을 받았다. 4년 후 세자의 아들이 8세의 나이에 왕이 되었지만 15년 재위 기간 동안 안동 김씨 세도에 대항할 수 있는 길은 똑같은 성격의 경쟁자 풍양 조씨 세력에 의지하는 것뿐이었다.

헌종 때가 되어서는 왕조의 틀조차 지키지 못하게 된 상황을 동궁東宮이 빈 데서 알아볼 수 있다. 1849년 헌종이 23세에 죽을 때까지, 그리고 1863년 철종이 33세에 죽을 때까지 후계자가 정해지지 않은 채로 있었던 것은 정상적 왕조에서 있을 수 없는 일이었다. 후계자의 위치를 분명히 해놓는 것은 계승을 둘러싼 분쟁 소지를 없애기 위해서뿐만 아니라 제왕 교육을 위해서도 꼭 필요한 일이었다.

"치세지능신(治世之能臣), 난세지간웅(亂世之奸雄)"은 김조순(1765~1832)에게도 적용되는 말이 아닐까? 정조의 강한 영도력 아래서는 유능한 인재로 촉망받던 그가 안동 김씨 60년 세도를 일으키게 된 것은 야심보다 형편에 몰린 일이었던 것 같다. 조선 왕조를 망치는 데 누구보다 큰 역할을 맡았지만, 그의 본의는 아니었을 것이다.

병약한 헌종이 재위 15년이 되도록 아들을 얻지 못했다면 입양으로라도 세자나 세제를 세워야 할 필요가 있었다. 그런데 입양 대상으로 가장 유력한 후보였던 이하전(헌종이 죽을 때 8세)을 안동 김씨 측에서 꺼렸던 모양이다. 헌종이 후사 없이 죽었을 때 안동 김씨는 순원왕후 김씨를 통해 전연 예상 밖의 인물 이원범을 후사로 정했다. 이하전은 13년 후 21세의 나이에 역모 혐의로 사사당했다가 고종 즉위 후에 신원되었다.

왕실의 예법은커녕 양반다운 교육도 받지 못한 '강화도령'을 왕위에 앉힌 것은 똑똑하고 힘 있는 왕을 귀찮아한 당시 세도가의 취향을 보여주는 일이다. 그런데 이 일을 어쩌나. 전주 이씨 집안에서 만만한 인물이라고 골라온다고 골라온 것이 죽은 헌종의 아저씨 항렬이었다. 조선조 마지막 예송 '천묘'遷廟 논쟁이 여기서 파생되었다. 종묘에는 지금 왕의 4대조까지를 소목昭穆이라 하여 별도의 자리에 모시는데, 철종이 즉위하자 4대조를 어디에서 자를지가 문제가 된 것이다. 집안 항렬을 기준으로 할 것이냐, 왕위 계승을 기준으로 할 것이냐 하는 문제인데, 이 논쟁도 시비에 관계없이 정통 노론을 자임하는 안동 김씨 세력이 반대파를 몰아내는 데 이용되고 말았다.

철종이 33세에 죽을 때까지 후사를 세우지 못한 것은 진짜 심했다. 철종은 아들을 다섯이나 얻었는데 모두 일찍 죽었다. 종실 중 유력한 후보였던 이하전은 사사당했다. 권력 독점이 절정에 달한 안동 김씨는 "이대로!" 분위기에 빠져 있었고, 풍양 조씨를 중심으로 한 견제 세력과의 긴장 관계에만 몰두해 후사를 세우는 것과 같은 국체의 기본까지 소홀히 하고 있었다.

60갑자의 마지막 해인 계해년(1863) 연말을 앞두고 철종이 후사 없이 죽었을 때 조선 왕조는 멸망에 아주 가까이 가 있는 상태였다. 관료 체계는 더 이상 부패할 여지가 없다고 할 만큼 철저하게 부패해 있었고 민란이 무차별적으로 터져나오고 있었다. 북경이 서양 오랑캐들에게 유린당한 소식도 들려오고 있었다. 흥선군 이하응의 아들을 왕위에 올리려는 풍양 조씨 측의 획책을 방관하며 안동 김씨 권력자들은 무슨 생각을 하고 있었을까?

대원군도 못 벗어난
세도 정치의 틀

철종조(1849~1863)는 안동 김씨의 세도가 절정에 이른 시기였다. 철종이 죽었을 때 대왕대비 조씨가 흥선군 이하응의 아들 이재황을 다음 왕으로 찍은 것이 안동 김씨 세력의 의표를 찌른 일이었다는 이야기가 그럴싸하게 떠돌아왔다. 아마 그 당시부터 떠돈 얘기일 것 같다. 흥선군이 안동 김씨의 경계심을 피하기 위해 짐짓 건달 행세로 지냈다는 얘기도 이에 곁들여 떠돌아왔다.

음모론에 솔깃해하는 세태는 예나 지금이나 크게 다르지 않은 듯하다. 상식적으로 생각해서, 권력을 확고하게 장악하고 있던 안동 김씨가 권력 운용의 핵심 기제인 왕위 관리를 그렇게 허술히 했겠나, 납득이 가지 않는다. '게이트 키핑'을 그토록 못했으리라고 생각하는 것은 옛사람들을 너무 우습게 보는 짓 같다.

고종 추대 과정을 좀더 석연하게 확인할 길이 없나 찾아봐도 뾰족한 길이 없다. 당시의 정황에 비추어 상식적 차원의 해석으로 만족해야겠다.

1863년 시점에서 안동 김씨는 권력 독점 상태에서 한 발짝 물러날 뜻이 있었을 것 같다. 민란과 대외 관계 등 감당할 수 없는 상황임을 아무리 권력에 도취되었더라도 모를 수가 없게 되어 있었다. 물러난다면 어디로 물러날 것인가? 너무 멀리 물러날 생각은 없었을 것이다. 안동 김씨는 60년의 세도 기간 중 몇 차례 풍양 조씨와 권력을 분점한 경험이 있었다. 자기네와 어차피 혼약까지 되어 있는 흥선군을 끌어들이면서 권력을 조금 풀어주는 대신 책임을 나누려 했을 것으로 생각된다.

고종 즉위 후 대원군의 정치 참여를 안동 김씨가 반대했다고 흔히 말하는데, 철저한 반대는 아니었을 것 같다. 반대하는 시늉을 했다 하더라도 '수위 조절' 정도로 이해해야 할 것이다. 안동 김씨들은 권력의 일부를 풍양 조씨와 흥선군에게 나눠주며 속으로 이렇게 말했을 것 같다. "우리 권력이 부러웠지? 조금 나눠줄게, 놀아 봐. 만만치 않을 걸? 지금은 누가 나서도 욕먹게 돼 있는 판이니까 앞장서서 욕 좀 먹어 봐. 우린 뒷전에서 어슬렁거리고 있다가 너희들이 감당 못 할 때 언제든지 다시 나서줄게. 우리야 기본 실력이 있잖아?"

혼자서 감당하기 힘든 상황이니 책임을 분산시킬 상대를 끌어들이자는 데는 안동 김씨 구성원들 사이에 넓은 공감대가 있었겠지만, 권력을 어느 수준까지 넘겨주느냐 하는 수위 조절 문제를 놓고는 위기의식의 심도에 따라 편차가 있었을 것이다. 대원군의 권력 강화에 안동 김씨 중 순응한 사람도 있고 반발한 사람도 있었던 것은 개인의 성격 차이보다 위기의식의 심도에 따라 갈라진 면이 있었을 것이다. 위기를 가볍게 본 사람은 대원군의 조그만 전횡에도 발끈하고, 무겁게

본 사람은 대원군의 책임이 커지는 것을 반겼으리라는 것이다.

세도 정치에는 현상에 안주하는 성향이 있었다. 세도가는 명분 있는 주권자가 아니므로 국가와 사회의 질서에 포괄적이고 궁극적인 책임을 가진 존재가 아니다. 명분을 넘어서는 권력을 수중에 장악한 입장에서는 사사로운 이해관계에 따라 권력을 운용한다. 먼 앞날을 걱정할 필요 없이 당장 펑크 나지 않는 한도 내에서 실속을 챙기면 된다.

물론 세도가의 개인 성격에 따라 '비교적' 양심적이고 책임감이 강한 사람도 있을 수 있다. 그러나 세도 집단 전체의 행태에서는 주어진 여건을 이기적으로 활용하는 추세가 지배적으로 나타난다. 간혹 양심적이고 강력한 독재자가 출현해 자기 출신 집단을 배반하고 공익을 위해 움직일 수도 있지만, 안동 김씨 세도에서 그런 일은 일어나지 않았다.

대원군은 안동 김씨나 풍양 조씨보다 원대한 정치적 목표를 가진 입장이었다. 왕권 회복은 곧 유교 정치 원리의 회복과 통하는 것이었고, 회복된 왕권은 한때의 이용 대상이 아니라 먼 장래까지 국가를 이끌어나가야 하는 것이었기 때문이다.

이 차이가 단적으로 드러난 정책이 서원 철폐였다. 서원은 전국 각지 토호 세력의 본거가 되어 있었다. 670여 개 서원 중 47개만 남기고 몽땅 간판을 내리게 한 것은 국가의 기본 질서를 세우기 위해 요긴한 일이었다. 그러나 명분 없이 권력을 점유하고 있던 세도가들에게는 전국 각지 실력자들의 미움을 받을 이런 짓을 할 동기가 없었다.

고종 즉위 직전 진주민란을 위시한 각지 민란에서 양반층 참여가 두드러진 현상이었다. 이것이 민란의 전체적 성격을 좌우할 만큼 큰 요소인지는 아직도 논란의 대상이지만, 진주의 경우 교리 정도의 고위직을 지낸 양반이 관여되었다는 것은 음미할 점이 많은 사실이다. 그런 고급 양반층에게까지도 문제 해결을 위한 공식 루트가 막혀 있었던 것이다. 한편, 난민의 공격은 수령들 못지않게 일부 아전들에게 쏟아졌다. 유교 국가의 정상적 질서 아래라면 질서의 운용을 맡고 있을 양반층이 항의하는 입장에 있었고, 아전들이 항의를 받는 입장에 있었다는 것은 "세상이 뒤집힌" 상태에 와 있었던 것이다.

대원군 집권 후 민란이 사그라진 원인을 구명한 연구 문헌을 접하지 못했지만, 세도 정치 시절과 차원이 다른 개혁 정책이 추진된 효과였으리라는 개연성은 떠오른다. 대원군 집권기의 정책 역시 미봉적인 수준에 그쳤다고 하는 비판도 있는데, 우물가에서 숭늉 찾는 식의 부적절한 기준이 아닐까 하는 생각이 든다. 고종 즉위 당시의 조선은 망국에 가까운 상태였다. 숨넘어가는 환자를 일단 살려놓기 위해서는 장기적 효과에 관계없이 당장 숨통 틔워줄 수단을 뭐든 써야 할 것이 아닌가?

대원군이 아무리 원대한 정치적 목표와 고매한 이상을 가지고 있었다 하더라도 현실에는 엄중한 제약이 있었다. 가장 큰 제약은 관료층의 기강 해이와 부패였다. 앞에서 1827년 이조원의 옥사를 예시한 것은 3사의 기능이 마비되다시피 한 상황을 보여주기 위해서였다. 홍문관, 사헌부, 사간원의 3사는 유교 국가 관료 조직의 핵심부다. 3사의 관직은 '청요직'清要職이라 하여 관직 중의 관직으로 여겨졌다. 그런 3사가 현실적 의미도 없고 혐의도 애매한 일에 만사 제쳐놓고 달려들고 있었다. 순전히 당파의 정략 때문에.

또 하나 심각한 문제는 과거 제도의 마비 상태였다. 과거의 채점이 공정하지 못하게 되었다는 문제가 흔히 지적되는데, 더 큰 문제는 인력 수요의 열 배가 넘을 정도로 많이 뽑음으로써 관료 선발의 실질적 의미를 잃어버린 것이다. 중간 계층의 불만을 무마하기 위해 필요보다 자주 과거를 실시하고 많이 뽑았다. 오늘날의 박사 실업자처럼 임용 자격자가 넘쳐나게 되니 매관매직 사업은 더더욱 번창할 수밖에. 이로 인해 관료 집단의 질이 형편없이 낮아졌다.

현실적으로 권력을 운용하는 방법에서는 대원군도 세도 정치의 방식을 따랐다. 비자금도 마련하고 사조직도 만들었다. 많은 인재를 거느린 안동 김씨, 풍양 조씨에 대항하기 위해 전주 이씨를 종친 우대라는 명분으로 관직에 대거 끌어들였다. 권력의 규모가 커지자 친위 세력 확대를 위해 조선 명문가, 특히 노론 명문가의 하나인 여흥 민씨를 외척으로 힘을 키워주었다.

민씨 집안이 대원군에 대항한 '민비 일당'으로 널리 알려져 있으나 원래는 대원군 친위 세력으로 자라났다. 대원군은 즉위 전 있었던 안동 김씨와의 혼담을 파기하고 자기 처가의 외로운 집안 규수를 간택하게 했다. '민씨 일당'의 중심 인물 민승호와 민겸호는 대원군 부대부인의 친동생들이었다. 민승호가 민비 집으로 입적해서 명목상 남매 간이 되기는 했지만, 이들은 원래 먼 일가 동생인 민비보다 자형인 대원군에게 더 가까운 사람들이었다.

조정에 친위 세력을 키우느라고 키워도 오래 묵은 세도 가문들의 기라성 같은 명망가들을 누를 수는 없었다. 그래서 대원군의 정책 추진은 안동 김씨를 중심으로 하는 구세력의 양해하에 이뤄질 수밖에 없

경복궁은 조선에서 왕권의 가장 큰 상징물이었다. 임진왜란 후 경복궁을 오랫동안 다시 세우지 못한 것은 왕권의 쇠퇴를 보여주는 일이다. 대원군이 주도한 경복궁 재건은 왕권 회복을 위한 큰 상징을 가진 사업이었다. 그러나 거듭된 화재로 경비가 계획의 몇 배로 커지는데도 융통성 없이 집착한 것은 정치 철학의 빈곤을 보여주는 일이다.

었다. 대원군의 개혁 의지가 강하고 구세력 중에도 상당한 위기의식이 일어나 있었다는 두 가지 조건 때문에 그 이전 단계에 비해서는 획기적인 개혁 노력이 나타날 수 있었다. 그러나 구세력의 양해라는 근본적 제약을 벗어날 수는 없었다.

이 제약을 벗어나기 위해, 적어도 제약을 완화하기 위해 대원군은 친위 세력 확장에 무리할 정도의 노력을 기울였다. 그로부터 파생된 문제가 민씨 세력의 이탈이었다. 대원군이 키워준 민씨 세력이 어떻게 그와 맞서게 되었을까?

여러 측면에서 살필 문제지만, 가장 중요한 측면은 왕과의 관계였다. 대원군이 구세력인 세도가들보다 도덕적·전략적 우위에 설 수 있었던 것은 왕과의 특수 관계 덕분이었다. 그런데 이와 맞먹는 수준의 왕과의 특수 관계를 가지게 된 것이 민비였다. 대원군에 불만을 가진 세력이 대원군에 대항하기 위해 취할 수 있는 길이 민비와의 결탁이었다. 민씨 세력은 대원군과의 관계를 지킬 경우 대원군 세력의 주변적 존재일 뿐이지만, 민비와의 관계를 중심으로 뭉칠 경우 대원군에 대항하는 세력의 중심부가 될 수 있는 입장이었다.

대원군 실패의 한 가지 중요한 문제점이 경연을 행하지 않은 데 있다고 나는 생각한다. 경연은 유교 국가의 핵심 제도다. 학술에서 실무에 이르기까지 광범위한 주제를 놓고 왕과 신하들이 심층 토론을 벌임으로써 정치와 학문을 나란히 발전시키는 제도다. 스킨십을 통해 군신간의 신뢰와 충성을 강화하는 것은 부수적 효과다. 왕세자의 경우는 경연의 축소판인 서연을 군왕 교육의 중심으로 삼는다.

고종처럼 동궁을 거치지 않은 군주에게는 경연의 필요성이 더 절실한 것이다. 그런데 박규수 등이 경연을 제안하는데도 대원군이 이를 물리쳤다. 대원군이 고종을 허수아비로 키우고 자기가 실질적인 왕 노릇을 죽을 때까지 해먹을 배짱이었다고는 생각하고 싶지 않다. 굳이 이해하려면 일모도원日暮途遠의 조바심 때문에 불요불급한 일에 정력을 분산시키고 싶지 않았다고 생각할 수 있을까. 그러나 임금을 임금답게 만들기 위해 가장 중요한 일을 불요불급한 것으로 여기고 어린 고종이 궁녀와 히히덕대기에 바빠 자기를 귀찮게 굴지 않는 데 만족했다면 대원군 자신의 자세가 유교 정치의 원리에 투철하지 못했던 것이다.

대원군이 경연을 소홀히 한 것은 임금을 임금으로 받들지 않은 자세다. 심지어 국정의 파트너로도 인정하지 않은 태도다. 경연을 통해 고종이 군주의 경륜을 키우는 것도 측근 신하들과 신뢰·충성의 관계를 키우는 것도 대원군은 바라지 않은 것이다. 대원군은 고종 주변을 비워놓았다. 민비를 중심으로 한 민씨 세력이 이 빈틈을 채웠다.

대원군의 개혁은 상당히 획기적인 것이었다. 당시의 여건 속에 그 정도 적극적 개혁을 시도한 데서 원대한 목표와 강인한 의지를 알아볼 수 있다. 그러나 그는 개혁의 방법에 집착하면서 개혁의 이념을 지키지 못한 것으로 보인다. 정치 공학에 매달려 정치 철학을 소홀히 했으니, 왕권 강화를 내세우고도 실제로 강화된 왕권을 행사할 왕 자신의 자격을 확충하는 일을 무시하고 만 것이었다.

쇄국 정책의 한계성도 정치 철학의 빈곤에 기인한 것으로 보인다. 당시 상황에서 쇄국도 일면의 타당성을 가진 노선이었다. 내부 체제를 어느 수준까지 정비할 때까지 개항을 늦추는 것은 합리적인 정책이 될 수 있다. 그러나 그 일면의 타당성이 살아나기 위해서는 다른 측면에 대한 고려와 대비가 따라야 했다. 쇄국을 위한 쇄국이 되어 개항파와의 비생산적 대립으로 흘러가게 한 것은 왕권 강화를 위한 왕권 강화로써 왕권의 자연스러운 발전을 가로막은 것과 같은 모순이었다.

동도서기론의 한계

개화사상의 선구자로 일컬어지는 박규수(1807~1877)는 1848년 관직에 나아간 이래 1854년 경상좌도 암행어사, 1861년 중국 사행, 1862년 진주민란 안핵사 등 특이한 임무에서 두드러진 성과를 보이고 이후 10여 년간 조선의 정책, 특히 대외 정책의 결정에 중요한 역할을 맡은 인물이다.

마침 그의 활동 전모를 잘 보여주는 김명호의 『환재 박규수 연구』(창비 펴냄)가 나와 있으므로 그의 활동을 통해 19세기 중엽 조선의 상황을 살펴본다. 별도로 표시하지 않는 자료는 모두 이 책에서 재인용하는 것이다. 진주 안핵사로 있을 때 동생에게 보낸 편지에서 박규수의 면모를 여실히 보여주는 대목 하나를 우선 옮겨놓는다.

지금의 군자들은 항상 말하기를 '기강이 서 있지 않다'고 한다. 무릇 기강이란 천하에서 가장 허약하고 취약한 물건이다. 스스로 설 수 없으며, 반드시 충실히 길러주고 뿌리박게 도와야만 겨우 설 수 있다. 예의와 염치로 충실히 길러주고, 충후와 은신으로 뿌리박게 도우며, 상벌과 호오(好惡)로써 채찍질하고 격려한 뒤라야 겨우 일어서서 수백 보를 갈 수 있지만, 그래도 그중 한 가지라도 빠져 기우뚱거리고 자빠질 우환이 금세 닥칠까 두려운 것이다. 그런데 지금 충실히 길러주고 뿌리박게 도와주는 것들을 모조리 제거하고, 기강에 대해 오로지 '서 있지 않다'고만 나무라니, 기강에게 입이 있다면 '아아 억울하다!'고 말하지 않겠는가.

이들은 우리 역대 임금님들이 고생하며 길러낸 적자(赤子)이다. 지금은 제대로 입히고 먹이지 못할뿐더러 가르치지도 못해서, 마침내 예의 법도를 알지 못하게 되어 웃어른에게 성을 냈으니, 그 죄는 매질해야 마땅하나 측은한 생각이 드는 것은 그럴 수밖에 없는 것이다. 그런데도 '도륙하라'고 말한단 말인가? 그렇게 말하는 사람들은 '어질지 못하므로 지혜롭지도 못한' 자일 따름이다. 지금 도(道) 전체가 모두 동요하고 이웃 도 역시 동요하는데, 이는 무슨 까닭일까? '도륙' 두 자로 처리해버리고자 한다면 아마 어려울 것이다. '말 한 마디가 나라를 망친다'는 것은 이 경우를 말한 것이로다! 한심하고 한심하다! 어쩌면 좋을까, 어쩌면 좋을까!

형제간에 마음을 털어놓은 이 글 한 대목만 보더라도 예의 법도의 원리를 생각하며 당시 관료층의 편의주의적 폐단을 걱정한 정대한 자세를 알아볼 수 있다. 19세기 중반 조선의 상황을 거울삼아 비춰 보기에 적합한 인물로 생각된다.

그런데 바로 이 안핵 사명을 둘러싼 시비에서 박규수의 또 한 가지 측면이 나타난다. 그가 현지에 도착하자마자 민란에서 양반층의 역할에 깊은 우려를 가지고 이웃 여러 고을에 보낸 관문(關文)에도 이를 표명했는데, 이것이 영남 사림에 대한 모욕으로 많은 지탄을 받았다. 그의 파당성에 대한 비판이었다.

1854년 암행어사로 경상도에 갔을 때 박규수 자신이 이런 비판의 소지를 심어놓았다. 그가 당시 감사 조석우를 탄핵한 한 가지 이유는 그 고조할아버지 조하망(1682~1747)의 문집을 공금으로 간행했다는 것이었고, 특히 그 문집 중에 소론 영수 윤증을 기리는 글에 송시열을 비난한 내용이 들어 있다는 점을 적시했다.

이를 계기로 조석우에 대한 규탄이 널리 일어나 조석우는 유배에 처해지고 조하망의 관직까지 추탈되었다. 또 박규수가 이때 건의한 주요 조치 하나가 무신란(1628) 진압에 공을 세운 감사 황선의 사당 복구와 사액賜額이었다. 영남 사림, 특히 소론 계열에게는 '공공의 적'으로 찍힐 만한 행적이었다. 무신란은 경종 독살설에 의거해 소론 세력 중심으로 일어난 내란이었다.

암행어사로서 민생과 관련된 박규수의 문제 파악과 대책 제시는 훌륭한 것이었다. 절친한 벗 서승보의 아버지 밀양 부사 서유여를 봉고파직함으로써 절교까지 당한 데서는 편파성을 피하려는 노력을 분명히 알아볼 수 있다. 그러나 실무 차원에서는 엄정했지만 이념 차원에서는 파당성을 넘어서지 못한 것으로 보인다. 암행어사로 나가기 전 조선조 마지막 예송이라 할 수 있는 천묘遷廟 논쟁에서도 그는 여지없는 당색을 보여준 바 있다.

박규수의 파당성은 그의 개인적 인격보다 당시의 정치적 환경 문제로 볼 필요가 있다. 그의 출사出仕가 늦은 이유에서부터 알아볼 수 있는 문제다.

제1차 중영전쟁(1840~1842), 즉 아편전쟁은 청나라 조정에 그리 큰 경각심을 불러일으키지 않았다. 한 분야의 정책과 한 지역의 관리에 허점이 드러난 지엽적 문제로 받아들였다. 제2차 중영전쟁(1856~1860)으로 북경이 유린당한 것은 이와 비교도 되지 않게 큰 충격이었다. 국가의 기본 정책을 바꾸는 양무운동이 이로부터 촉발되었다. 박규수가 1861년 북경에 체류하고서도 낙관적 상황 인식을 전혀 바꾸지 않은 것은 이해하기 힘든 일이다.

박규수가 젊었을 때 효명세자의 지우를 입었고, 세자의 때 이른 죽음으로 실의에 빠져 출사를 단념했다는 이야기가 있다. 그가 마침내 출사한 때가 효명세자 대리청정기 이후 처음으로 안동 김씨 세력이 퇴조한 때였으며, 풍양 조씨 조종영의 후원을 받았다는 사실로 볼 때 그의 진퇴는 당파의 출입에 맞춰졌던 것으로 이해된다. 효명세자와의 개인적 의리보다 관직에서 뜻을 펼 수 있는 여건에 따라 출사를 결정한 것으로 보아야 할 것 같다. 당대의 큰 인재로 널리 알려진 인물도 당파의 지원 없이 출사할 엄두를 내지 못하던 상황이었다.

가학家學에 대한 그의 집착에서도 사사로운 기준으로 입지를 마련해야 했던 사정을 이해할 수 있다. 지금 사람들은 그가 박지원의 손자라는 점은 크게 인식하지만, 그가 할아버지 박지원 못지않게 7대조 박미(1592~1645)를 내세운 사실은 소홀히 생각한다. 일세의 문장가였던 박미를 자랑스러운 조상으로 여기기도 했겠지만, 송시열에게 묘비명을 받았던 그를 기회 있을 때마다 내세운 데는 당파에 대한 충성심을 확인하는 뜻이 있었을 것이다.

그의 파당성을 인식하는 것은 그의 정세 인식을 이해하는 데도 필요한 일 같다. 그는 관직에 나서기 전부터 청나라 위원魏源이 1840년대에 쓴 『해국도지』海國圖志 등 당시의 첨단 정보를 가지고 정세 변화 파악에 애쓰고 있었다. 그 정세 인식의 결과인 '동도서기론'에 그의 파당적 성향이 개재된 것은 아니었을까?

박규수가 관직에 나설 무렵 윤종의의 『벽위신편』闢衛新編에 붙인 글 「벽위신편 평어」에 그 시점에서 그의 세계정세 인식이 나타나 있다. 대부분의 새로운 팩트는 『해국도지』에서 습득한 것인데, 팩트를 넘어선 해석에 그의 의견이 나타나는 것이 있다.

첫째는 서양의 정교한 기술이 원래 중국에서 발원한 것이라 하는 '서학중원설' 西學中源說이다. 주周나라 말의 혼란기에 주인(疇人, 역법, 음악 등 문명 체제 핵심기술의 담당자)의 자손들이 흩어진 한 줄기가 서양 문명의 원류가 되었다고 하는 이 전설 같은 이야기는 청나라 역사학자들이 서양 기술 채용을 정당화하기 위해 내놓은 것이었다.

둘째는 영국인과 미국인 선교사들이 말라카와 싱가포르에 만든 중국 연구기관의 존재를 중시하여, 서양인들이 언제고 중국 문명의 큰 이치를 깨달아 감화될 것이라는 전망이다. 「벽위신편 평어」의 마지막 대목은 이런 내용이다.

중국의 서적이 해외의 싱가포르와 말라카로 날로 수출되어, 이를 번역하고 교습하는 중국인과 서양인이 노상 수천, 수만에 이른다. 지금 저 서양인들의 사서(邪書)를 탈취했다가 수백 년이 지난 뒤 다시 그들의 사서와 대조해보면, 그때의 사설이 필시 오늘날의 사설보다 한층 교묘해져 있으리라 생각된다. 또한 혹시 저 서양인들이 중국의 유가 서적을 오래도록 열심히 학습하다 보면 홀연히 한 걸출한 인물이 출현하여 문득 크게 깨닫고 하루아침에 올바른 길로 돌아오는지도 알 수 없다. 이러한 몇 가지 일은 훗날을 느긋하게 기다렸다가 그것이 적중할지 아니할지를 살펴보아야만 할 것이다.

두 의견 다 유가 사상의 우월성에 대한 독단적 믿음을 바탕으로 하는 것이다. "독단적"이라 함은 그 우월성에 대해 '왜?'도 '얼마나?'도 묻지 않기 때문이다. 이로부터 십여 년 후 영국과 프랑스 군대가 북경을 유린한 시점에서(1861) 박규수가 문안사 사행에 참여한 것은 정세를 직접 살피기 위해서였다. 그때도 그의 독단적 믿음은 흔들리지 않고 있었다. 북경에 체류하며 비변사에 보낸 장계를 보면 그는 상황을 매우 낙관하고 있었다.

서양 오랑캐는 그 의도가 토지에 있지 않으며, 통상과 포교에 전력할 따름이다. 북경에 들어온 후 친왕의 궁정을 점거한다거나 주민의 집을 산다거나 하여, 사는 집을 넓히는 것이 마치 영구히 안주할 계책인 것 같다. 식구를 거느리고 가구를 운반하여 오는 자들이 날마다 줄을 잇고 있다. 그러나 우선은 침탈로 인한 소요를 일으키는 폐단은 없다. (……) 소위 양교(洋敎)는 비록 교관(敎館)을 세우고 해금이 되었어도 호응하는 자가 없다. 오직 건달 무뢰배 중에서 남녀의 구별이 없음을 즐기고 재물을 대주는 것을 탐하여, 몰래 학습하는 자가 간혹 있을 뿐이라고 한다.

귀국 직후 친척 박원양에게 보낸 편지(7월 9일자)에 적힌 낙관론은 조금 심했다. 황제가 외국 군대를 피해 북경을 도망친 것을 관례적 피서행에 갖다 댄 것은 봉대침소棒大針小라 해야 할까?

서양 오랑캐가 요구하는 바는 곧 배상금 독촉과 시장 개방 등의 일에 불과했다. 그러나 허락을 받지 못하자 군사를 일으켰고, 전쟁이 계속된 지오래다 보니 주화와 주전의 양론이 일어나는 것은 자고로 그런 법이다. (……) 군주란 멀리 도피해서는 안 되는 법이지만 어쩔 수 없이 주화파에게 이끌려 잠시 그 예봉을 피하면서, 한편으로 화의를 허락하고 조약체결을 허락한 것이다. 그러자 오랑캐가 곧 철군하여 모두 떠나가고, 남아 있는 자들은 약간의 상인 무리이다.
황제가 이미 열하에 도착했는데, 그곳 또한 생소한 지역은 아니다. 풀이 푸르면 떠났다가 풀이 시들면 돌아오니, 강희(康熙) 이래 다 그렇게 했다. (……) 황제가 떠난 것은 미상불 서양 오랑캐의 소요에 지나치게 겁을 먹은 것이었지만, 그가 잠시 열하에 머물고 있는 것은 반드시 이 때문에 그런 것은 아니다.

문안사問安使는 원래 함풍제가 피신해 있던 열하를 향한 것이었는데, 황제가 열하까지 올 필요가 없다고 하여 북경에 오래 머물렀고, 부사 신분의 박규수는 그동안 중국 인사들과의 교류에 공을 들였다. 이때 중국 인사들과 나눈 글 속에서도 정도正道의 승리에 대한 그의 믿음은 확고하다.

그의 북경 체류에서 또 하나 두드러진 특징이 명나라 고적 방문에 중점을 둔 것으로, 그의 존명尊明 의식을 드러낸 것이라고 김명호가 지적했다. 이 존명 의식과 그의 친청적 자세 사이의 '모순'을 김명호는 문화중심적 화이관에 따른 현실적 대청관이라고 해명했는데, 내가 보기에는 박규수의 화이관에 별개의 두 층위가 정리되지 않은 채 병존했다고 설명하는 편이 더 적절할 것 같다. 그 하나는 박지원에게 이어받은 현실적 대청관이고, 또 하나는 노론 정통론에 따르는 소중화주의다. 본인에게 굳이 물었다면 명나라의 정통성이 조선과 청나라를 포괄하는 동아시아 문명권으로 이어졌다고 대답하지 않았을까 상상해본다.

청나라 지도부는 북경 함락의 충격으로 인해 '동치중흥'이라 불리는 양무洋務운동을 시작했다. 양무운동이 일본의 메이지유신이나 30여 년 후의 변법운동에 비해 피상적 수준에 그쳤다는 비판도 있지만, 당시의 중국으로서는 획기적인 태도 변화였다. 이에 비해 박규수는 공적 문서에서도 사적 문서에서도 훨씬 더 낙관적인 태도를 보여주고 있었다. 그와 그의 문인 김윤식이 양무운동에 호응하는 정책을 나중에 조선에서 추진하기는 했지만, 중국에서 먼저 진행된 양무운동을 따라가는 소극적 태도를 넘어서지 않은 것 같다.

박규수는 같은 시기 조선 지식인 가운데 세계정세의 변화에 가장 큰 관심을 보이고 최첨단 정보를 검토한 사람의 하나였다. 그리고 변화에 적극적인 태도를 보였다 해서 개화파의 선구로 지목되는 사람이다. 그런 그가 양무운동이 터져 나올 정도로 큰 충격을 받고 있던 북경 현장에 가서도, 서울에 돌아와서도 동시대 중국의 주류 지식인들만큼 강한 위기의식을 보여주지 않았던 이유가 무엇일까?

형이상학적 담론에 매몰된 조선 후기 주류 성리학의 폐쇄성을 생각지 않을 수 없다. 박규수가 일찍 『황조경세문편』皇朝經世文編을 구해 보고 "고염무에서 위원으로 이어지는 청조 경세학의 성과에 접함으로써, 은둔 초기의 복고적인 예학 연구로부터 서세동점의 세계사적 격변에 대처하기 위한 경세학으로 점차 학문적 방향 전환을 하게 되었던 것"으로 보인다고 김명호는 말한다. 그러나 그가 노론이 매달려 온 주류 성리학에서는 벗어나지 못했던 것 같다.

박규수가 뛰어난 재능과 빼어난 덕성의 소유자였다는 사실은 김명호의 책에서 여러모로 확인된다. 문제는 그런 인물조차 넘어설 수 없었던 정치적·사상적 장벽의 존재다. 조선 후기 성리학이 소홀히 한 경세학은 실무를 처리하는 기술이 아니었다. 필요하다면 주자를 제쳐 놓고라도 현실의 요구에 부응하는 길을 찾는 것이 경세학의 자세였다.

『매천야록』의 고종 시대

이 장에서는 『매천야록』의 몇 대목을 통해 고종 시대 초기 상황을 살펴본다. 황현(1855~1910)의 『매천야록』은 1955년 국사편찬위원회의 〈한국 사료 총서〉로 모습을 나타낸 이래 고종 시대 연구의 기본 자료의 하나가 되어 있다.

황현은 1894년에 『매천야록』 집필을 시작한 것 같다. 그 이후의 일은 정밀하고 정확하게 기록되어 있어서 '야록'보다 '실록'에 가깝다. 기록을 위해 꽤 적극적인 조사까지 한 것 같다. 1894년 이전, 특히 황현 자신이 약관의 나이이던 대원군 집권기에 관한 기록은 이와 달리 떠도는 이야기를 모아놓은 '야사'의 성격이다. 번역문은 『매천야록』(허경진 옮김, 서해문집 펴냄)을 이용했다.

조금 길지만, 내가 매천의 기록을 귀하게 여기는 대표적인 대목부터 하나 내놓겠다.

한 사람이 다른 곳에서 시험을 보고자 하면 증명서를 받아 와야만 했는데 이를 '월소'(越所)라 한다. 증명서가 없이 월소한 자는 비록 합격하더라도 그 이름을 뺐는데, 이를 '발거'(拔去)라 한다. (……) 이시원이 영남좌도에서 향시를 주관하여 명망이 높았는데, 그 뒤 영남 우도에서 식년시를 주관했다. 대구는 영남 좌도의 관할 구역이었다. 대구의 응시자 가운데 이씨 성을 가진 자가 지난번 이시원이 주관한 향시에서 뽑혔는데, 올해는 서울로 가서 시험을 보려고 새재를 지나다가 이시원이 영남 우도의 시험을 주관한다는 소문을 들었다. 그는 발길을 돌려 영남 우도로 오며 생각했다. "이분이 온 걸 일찍 알았더라면 어찌 꼭 서울로 갔으랴. 내반드시 합격하리라."

과연 그는 수석으로 뽑혔다. 수석으로 뽑힌 자의 답안지는 곧 조리(束籬)에 내다 걸었는데, 이를 휘장(麾壯)이라 한다. 이시원이 휘장 뒤로 가서여러 사람들에게 말했다. "이 글은 대구에 사는 이 아무개의 글이 아닌가. 이 사람은 내가 예전에 뽑은 사람으로, 그가 아니면 이런 글을 지을수가 없다. 내가 온다는 소문을 듣고 왔을 것이고, 또 휘장되었을 것이다. 그러나 증빙 문서가 없으니 법을 어긴 것을 어찌하랴. 부득이 발거할수밖에 없다."

이에 그의 어머니는 한탄했으나 그 사람은 기뻐 뛰면서 말했다. "휘장도세상에 있고 발거도 세상에 있다. 또한 시관의 귀신같은 감식안도 있으니, 오늘의 나처럼 기이한 인연도 있지 않으랴." 그는 눈물을 흘리며 고무되어 돌아갔다.

이런 기록이 나를 잡아끄는 힘은 그 유머 감각에 있다. 과거제의타락을 한탄하는 글이지만, 옳은 입장에서 그른 일을 꾸짖는 경직성이 없다. 발거당한 개인의 불행을 발거의 원칙이 살아 있다는 기쁨이 덮어버리는 역설 속에 과거제의 원칙이 무너진 데 대한 한탄이 저절로 나타나는 것이다. 관념에만 기대는 엄격한 논설보다 마음의 밑바닥을 열어 보이는 이런 유머에 나는 더 신뢰가 간다.

이시원 같은 훌륭한 시관과 대비되는 엉터리 시관 이야기도 있다.

홍인군 이최응과 심순택은 영의정으로 있으면서 여러 차례 명관(命官)에 임명되었는데, 두 사람 모두 몽매하여 '어'(魚) 자와 '노'(魯)자를 구분하지 못했다. 시권을 대할 때마다 잘되고 못된 것을 분간하지 못했으므로 운이 좋으면 급제하고 그렇지 않으면 떨어졌다. 그러므로 이 두 사람이 시험을 주관하면 문장 솜씨가 없는 자들이 모두 좋아했다.

홍선대원군의 형 홍인군에 대한 매천의 평가는 무척 박했다.

홍인군 이최응은 아우 대원군과 평소 사이가 좋지 않았다. 민승호가 이최응을 추대하여 영의정으로 삼고 대원군과 맞서도록 했다. 임금에게 아뢰기 난처한 일이 생기면 반드시 이최응을 시켜 임금 앞에 나아가 아뢰게 했다. 이최응이 그들의 심부름꾼이 되는 것을 좋아하여 그 남은 찌꺼기를 핥아먹자 운현이 몹시 한탄했다. 운현이 그의 침실을 찾아간 적이 있었는데, 휘장을 걷어 올리고 뚫어지게 바라보다가 이렇게 말했다. "형님이 오래도록 나오지 않으시니 수양대군 같은 음모라도 꾸미는 것입니까?" 당시 이최응은 병중임을 알려 왔다.
대원군 실각 후 이최응을 얼굴마담으로 내세운 것은 대원군 집권기 동안 조정에 종친의 비중이 커졌기 때문이었을 것 같다. 외척의 세도를 물리치고 왕실의 권위를 높인다는 대원군의 명분은 매천을 비롯한 당시 사람들에게 호소력이 컸을 것이다.

병인년(1866) 이후에 이따금 대과(大科)를 베풀었는데, 종친에게만 응시를 허용하여 종친과라고 불렀다. 또 대동보를 만들어 본관이 완산인 이씨는 모두 붙여주었으니, 한번 이 족보에 오르면 사족(士族)과 같이 되었다. 그래서 시골에 사는 천민들 중에 본관을 완산 이씨로 고쳐 대동보에 오른 자가 잇달았다. 종친부에서 화수회를 연 적이 있었는데, 참석한 자가 육칠 만이나 되었다. 홍선군이 기뻐하며 이렇게 말했다. "내가 나라를 위해 십만 정병을 얻었다." 무진년(1868)에 대종회를 열고 종친문무과를 베풀었다.

원래 대원군의 처남이면서 민비 집안으로 입양되어 민비의 오라버니가 되고 대원군 실각 후 권력을 쥔 민승호도 매천의 눈에는 흥인군 못지않게 무능한 위인이었다.

민승호는 성품이 부드럽고 온화하지만 아둔하고 잘 잊어버렸다. 하루아침에 국정을 맡다 보니 기강을 제대로 잡지 못해 아랫사람들이 두려워하지 않고 곧잘 속였다. 결국 반년도 채 되기 전에 모든 법도가 해이해지고 보는 이들이 어지러워했다. 얼마 안 되어 생모상을 당했으므로 머리를 숙이고 여막을 지키느라 대궐에 나가지 못했다. 이에 봉서로만 의견을 주고받으니 때에 맞게 정사를 처리할 수가 없었다. 임금을 사사롭게 뵙는 무리가 또한 중전의 뜻에 따라 정사를 돌보니, 정문(政門)이 쥐구멍 같아지고 권력도 많이 새어 나갔다.

이에 앞서서는 대원군 실각에 대한 일반인의 반응을 적어놓았다.

운현이 정권을 잡은 것은 십 년간 안팎으로 위엄이 두루 미쳤다. 대원위 분부라는 다섯 글자가 삼천리에 바람처럼 행해졌는데, 천둥이나 끓는 물 같아서 관리와 백성들이 무서워했으며, 관청의 법률이라면 언제나 두려워했다. 아침저녁으로 헛소문이 마구 나돌았고, 시골 사람이 서울에 오면 붙잡아 죽인다고도 했다. 깊은 산골이나 먼 바닷가의 백성들이 이를 원망하고 탄식하며 살고 싶어 하지 않았다. (그러다가 운현이 정권을 내어 놓자) 서로 기뻐하며 축하했다. 어떤 사람은 이렇게 말했다. "운현이 정권을 내어 놓지 않았다면 나라가 망해 오늘 같은 날도 없었을 것이다." 그러나 민씨들이 정권을 잡은 뒤로 백성들은 그 착취를 견디지 못해 자주 탄식하며 도리어 운현의 정치를 그리워했다. 이는 후한(後漢) 백성들이 슬퍼 탄식하면서 망조(莽朝) 시절을 다시 생각한 것이나 마찬가지이니, 운현의 어진 덕이 남아 있어서 그런 것은 아니었다.

민씨 정권의 문제점을 지적하면서도 대원군 정권을 왕망에 비유한 것을 보면 대원군에 대한 매천의 비판 자세는 확고하다. 그가 말하는 "백성"이 아무 교양 없는 무지렁이일 리는 없고 명색이 선비들일 텐데 민심의 경박함은 예나 지금이나 다름없다는 생각이 든다. 다른 글에서도 매천은 대원군의 '공포 정치'를 그려놓았다.

대원군이 나랏일을 맡던 갑자년(1864)에서 계유년(1873)까지 십 년간은 온 나라가 떨며 무서워했다. 백성들은 서로 혀끝을 경계하며 조정의 일을 감히 말하지 못했으니, 언제나 귀신이 문 앞에 와서 두드리는 것 같았다. 예전 제도에서는 교령 아래에 반드시 '왕약왈'(王若曰)이라는 글자로 첫머리를 삼았는데, 이 십 년간은 '대원위분부'라는 다섯 글자만으로 안팎으로 명이 시행되었다. 갑술년(1874)에 임금이 직접 정치를 하면서부터 비로소 예전의 제도가 회복되었다.

경술국치 때 56세 나이로 목숨을 끊은 황현은 16년간 적어온 『매천야록』을 바깥 사람에게 보이지 말라고 자손에게 일렀다. 일제하에서 용납될 수 없는 기록임을 알았기 때문이다. 일제의 조선사편수회는 1939년 이 기록을 발견했지만 비밀에 붙였다. 해방 후에야 빛을 본 이 기록은 1955년 출판된 후 고종 시대 연구의 기본 자료가 되었다.

사람을 쓰는 데도 공포 정치의 기준이 적용되었음을 지적했다.

이경하는 운현이 가장 부리기 좋은 사람으로 뽑혔다. 그는 대장에다 포도대장까지 아울러 맡았으므로 죄인을 처형하지 않는 날이 없었다. 일찍이 운현이 이렇게 말했다. "이경하는 다른 장점이 없다. 오직 사람을 잘 죽이므로 쓸 만하다." 그러나 어떤 사람은 이렇게 말했다. "이경하는 사람을 마구 죽이지 않았다. 사학(邪學)이나 사주(私鑄)처럼 죽을죄를 저지른 사람만 죽였다."

매천은 대원군을 비판하면서도 살림 잘한 것은 인정했다.

원자가 태어나면서 궁중에서는 복을 비는 제사를 많이 벌였는데, 팔도명산을 두루 돌아다니며 지냈다. 임금도 마음대로 잔치를 베풀었으며, 하사한 상도 헤아릴 수 없었다. 임금과 중전이 하루에 천금씩 썼으니, 내수사의 재정으로는 감당할 수가 없었다. 결국 호조나 선혜청에서 공금을 빌려 썼는데, 재정을 맡은 신하 가운데 그것이 잘못되었다고 따지는 자가 한 명도 없었다. 그리하여 운현이 십 년간 모은 것을 일 년도 안 되어 모두 탕진했다. 이때부터 벼슬을 팔고 과거를 파는 나쁜 정치가 잇달아 생겨났다.

매천이 대원군을 아무리 비판하려 해도 민씨 정권의 엽기적 행태 앞에서는 어쩔 수 없었나보다. 벼슬과 과거를 팔아먹은 것은 안동 김씨 세도 정치에서도 횡행한 일이었다. 그러나 그때는 창고지기가 주인 눈치 봐가며 빼낸 것이라면, 민씨 정권에 와서는 주인이 나서서 바겐세일을 벌이는 지경이었다.

이런 대목을 보면 매천도 대원군의 개혁 정책 자체는 지지했다.

군정(軍丁) 명부에 오른 자들에게 군역을 베로 대신하게 하면서 폐단이 많아졌다. 이는 약한 백성들에게는 뼈에 사무치는 원한이 된 반면, 사족들은 한가롭게 노닐며 죽을 때까지 신역을 부담하지 않아도 되었다. 예전에 이름난 많은 신하들이 이를 반대했지만 관습에 끌려 끝내 개혁하지 못했다. 갑자년(1864) 초에 운현이 이러한 백성들의 원성을 힘껏 떠맡으면서 귀천을 막론하고 해마다 장정 한 사람당 이 민(緡)씩을 내게 했으니, 이를 동포전이라 했다.

서원 철폐에 대해서는 의미를 인정하면서도 역시 유림에 몸담은 입장이어서인지 대원군의 사적 원한으로 몰아붙이는 이야기를 곁들인다.

만동묘는 청주 화양동에 있는데, 묘를 창건한 것은 우암 송시열의 뜻이었다. 그래서 그 옆에 우암의 사당을 세웠는데, 세상에서는 화양동서원이라 부른다. 서원을 책임지는 자들은 대개 충청도에서 행패를 일삼던 양반집 자제들로서 묵패로써 평민들을 잡아다 껍질을 벗기고 골수까지 빼내니, 남방의 좀이라 불렸다. 백 년이 지나도록 수령들은 그 무리가 두려워 죄를 따지지 못했다.

운현이 젊었을 때 이 서원에 들렀다가 유생들에게 모욕을 당하고 크게 원한을 품었다. 그리하여 정권을 잡은 뒤 그 유생을 죽이고 서원을 철폐하라고 명했다. 운현은 이것이 편파적인 것으로 비칠까 봐 전국에 있는 서원과 사묘도 모두 철폐하라고 명했다.

남겨둔 곳은 마흔여덟 군데였는데, 모두 승무명현과 나라에 큰 공이 있는 사람들의 것이다. 만동묘를 없애고 황묘위판(皇廟位版)은 북원 대보단으로 옮겨 모시니, 화양동서원은 드디어 철폐되었다.

바로 이어지는 이야기는 서원 철폐를 지지하는 뜻을 보여준다. 그러나 대원군에 대한 불신의 뜻은 거두지 않는다.

처음에 서원은 좋은 뜻으로 설치되었지만 오래되면서 점점 어지러워졌다. 『심경』과 『근사록』을 읽으며 몸을 수양하던 사람도 변방에 변란이 생기면 자진해서 창을 메고 군대에 들어갔는데, 그 자손들이 많은 곡식을 쌓으면서 마음이 교활해지기 시작했다. 단청이 화려한 집에 재물이 즐비했으니, 물질이 극에 이르면 변하는 것이 참다운 이치다. 서원을 철폐하라는 명령을 어찌 그만둘 수 있으랴만 그 명령이 운현에서 나왔다는 것은 옳지 않다. 그래서 비난을 받는 것이다.

이때 백성들에게는 아무런 일도 없었지만, 서원에 소굴을 만들던 유생들은 마치 비상지변이라도 당한 것처럼 하루아침에 처소를 잃었다. 미쳐 날뛰고 부르짖으며 잇달아 대궐 문밖에 엎드려서 상소했으니, 양식 있는 이들이 비웃었다.

"그 명령이 운현에서 나왔다는 것은 옳지 않다"는 것이 무슨 뜻일까? 매천은 서원 철폐 정책이 정당하다고 보면서도 대원군이 이 정책을 추진한 동기에 대해서는 석연치 않아 한 것이다. 위 글에서 대원군이 젊었을 때 화양동서원에 들렀다가 모욕당한 일에 원한을 품은 이유를 상정했는데, 대원군에게 그런 의심을 받을 만한 면이 있기는 하다. 대원군이 실각한 1년 후 민승호가 선물로 위장된 폭탄에 목숨을 잃은 것은 동기와 수단 양쪽에서 대원군이 의심을 피할 수 없는 일이었다. 복수심이 강하고 복수의 수위를 잘 조절하지 못하는 모습을 보여준 일이다.

서원 철폐 후 25년이 지난 시점에서 이 기록을 남길 때 매천이 대원군의 개혁정책에 찬성하면서도 석연치 못한 마음을 보인 점이 두드러진다. 대원군 실각 후 나라꼴이 더 엉망으로 되는 것을 보며 백성들이 대원군 시절을 그리워하게 되었다고 그 자신이 적었지만, 그는 대원군 정권의 근본적 한계를 잊지 않았다. 그 한계가 무엇이었는지 직설적으로 가리킨 것은 없다. 대원군의 노선이 왕도의 정치 철학에 이르지 못한 패도의 정치 공학에 머무른 것으로 본 것이 아닐까, 짐작할 뿐이다.

망국의 마지막 고비,
임오군란

1873년 말 대원군의 퇴진은 극한 상황에 몰린 것은 아니었다. 10년 전 안동 김씨 세력이 감당할 수 없는 사태 앞에 권력의 전면에서 물러난 것과 비슷한 상황이 아니었을지. 대원군은 집권 기간 동안 힘을 아껴서 쓰지 않는 강경 노선으로 일관했다. 그러나 일부 개혁 정책의 성공에도 불구하고 국내외 상황은 갈수록 난감해지기만 했다. 자신에 대한 비판이 걷잡을 수 없게 되었을 때, 실력은 지키는 채로 권력을 내놓을 기회로 받아들인 것이라고 나는 이해한다.

　그러나 권력의 배타적 속성은 이런 편리한 진퇴를 허용하지 않는다. 대원군 자신이 안동 김씨 세력을 본인들이 원하는 것보다 더 멀리 몰아붙인 것처럼 대원군에게서 권력을 넘겨받은 민씨 세력도 대원군의 재기 가능성을 없애는 데 힘을 기울였다. 조금 물러서는 정도로 민씨 세력과 타협을 바라고 있던 대원군은 큰 실망감을 느꼈을 것이다. 대원군 퇴진 이듬해 민승호의 폭사는 그의 배신감이 터져 나온 일로 생각된다.

고종의 즉위로 안동 김씨 세도가 대원군 세도로 넘어왔고, 대원군의 퇴진으로 여흥 민씨 세도가 시작되었다. 권력의 주체는 바뀌었지만, 왕이 왕 노릇 못하는 세도 정치의 본색은 바뀌지 않았다. 민씨 세도에서 고종의 친정親政을 명분으로 내걸기는 했지만, 고종 자신이 유교 정치의 왕도 원리를 이해하지 못하고 얕은 이해관계에 따라서만 움직였기 때문에 주변 세력에게 철저히 농락당할 뿐이었다. 대원군이 허수아비로 키운 왕이 대원군의 허수아비가 아니라 민씨의 허수아비가 된 것이었다.

임오군란(1882)까지 계속된 민씨 세도기에 조선 국가 체제의 부패는 극한에 이르렀다. 정규군 봉급을 1년 이상 체불한다는 것은 국가 기능의 극심한 마비 상태라 할 일이다. 민심이 조정을 떠나는 것은 당연한 일인데, 대안으로 쉽게 떠올릴 만한 인물이 대원군이었다. 앞에 인용한 황현의 기록처럼, 위엄이나마 서 있었던 대원군 시절로라도 돌아가고 싶은 마음이 널리 퍼져 대원군 부활의 발판이 되었다.

민비 살해(1895) 당시 일본 측이 조선군의 소행으로 꾸미려 획책하는 데는 뛰어난 상상력이 필요하지 않았다. 13년 전 조선 군인들이 민비를 죽이려 한 일에서 따온 모티프일 뿐이다. 권력 투쟁이 왕비의 목숨까지 노리게 된 사태는 조선의 국가 체제가 밑바닥까지 무너진 상황을 보여준 것이다.

권력 투쟁이 정적의 목숨을 노리는 사태는 조선 전기부터 간간이 있었으나, 이것이 권력 투쟁의 일반적 양상으로 자리 잡은 것은 숙종 때의 일이었다. 정권의 향배가 명예나 성취감 정도가 아니라 관련자들의 목숨을 좌우하게 되니 생산적 담론보다 극단적 정통론에 쏠리게 되어 조선의 정치가 쇠퇴한 것이다. 그런데 이제 왕족 사이에까지 서로 죽이려 달려들고, 최소한의 절차도 없이 폭력으로 정적들을 잡아 죽이는 지경에 이른 것이다.

대원군이 임오군란의 진행에 어떤 식으로 관여했는지는 많이 밝혀져 있지 않다. 그러나 민비를 원흉으로 추궁하는 난군을 그가 제지하려 애쓰지 않은 것은 분명한 사실이며 민비의 죽음을 서둘러 선포한 데서 민비를 희생양으로 삼으려던 그의 의도가 드러난다.

대원군의 극단적 폭력성은 피해의식에서 나온 것이었다. 임오군란의 불과 반년 전 그의 서장자庶長子인 이재선의 모역 사건 연루를 겨우 면한 일이 있었다. 퇴진 이듬해의 민승호 폭사 때는 감히 그에게까지 손길이 뻗치지 않았지만, 7년 동안 손발이 잘려 온 1881년 시점에서는 그의 신변도 장담할 수 없는 지경에 와 있었다.

이재선 모역 사건에는 사실 이재선 자신보다 대원군이 더 깊이 연루되어 있었다는 소문이 당시에 파다했는데, 정황으로 그럴싸한 일이다. 황현은 이렇게 적었다.

이재선은 운현의 서자로, 갑자년(1864) 이후 별군직에 있었지만 머리가 아둔하여 콩과 보리를 분간하지 못했다. 사람들은 그가 있다는 것을 알지 못하고, 다만 운현에게 서자가 있다는 것만 알았다. (……) 이재선은 서대문 밖에 있는 민가에서 사약을 받고 죽었다. 그는 죽을 때까지 자신이 무슨 죄에 연루되었는지 알지 못하고 슬퍼했다. 이 옥사를 왕후가 꾸몄다고 말하는 자도 있지만, 안팎으로 운현이 화근이라는 얘기가 자자했다. 그러나 운현은 눈 하나 깜짝하지 않고 말 한마디 하지 않았다. 임오군란이 일어나 변이 왕후에게까지 미치자 사람들은 이 사건도 운현이 사주한 것이라고 의심하게 되었다.

대원군은 민씨 세도에 대한 광범위한 반감에 편승해 정권을 손에 넣을 수는 있었으나 운용할 능력이 없었다. 국가가 처한 상황은 10년 전보다 어려워져 있었는데 왕년의 측근들은 제거되거나 곁을 떠나 동원할 수 있는 인재가 적었다. 게다가 군란의 와중에 잡은 정권이었기 때문에 그를 믿고 따르려는 사람이 더더욱 적었다.

청나라 군대를 끌고 온 마건충馬建忠이 대원군을 '납치'한 것은 무슨 까닭이었을까? 당시 청나라는 조선에 대한 영향력을 놓고 일본과 경쟁하는 입장이었으며, 민씨 세력의 친일 추세에 대한 대중의 반감을 업고 정권을 탈환한 대원군은 청나라에 의지하는 입장이었다. 친청 태도를 보이는 대원군의 정권을 왜 청나라 쪽에서 붕괴시킨 것일까?

마건충은 양무운동의 지도자 이홍장李鴻章의 심복 막료였다. 양무파는 대결을 회피하며 실력 양성을 강조하는 현실주의 노선을 따랐다. 타협을 모르는 대원군이 정권을 쥐고 있는 상황에서는 임오군란 피해에 대한 일본의 항의를 적절히 처리할 길이 없고 청나라의 양무운동에 보조를 맞추게 하기도 힘들었다. 이홍장이 이끄는 청나라는 조선에서 청나라 영향력의 상대적 우세만을 원했고, 절대적 우세에 집착하지 않았다. 그래서 대원군을 빼내고 온건한 인물들을 앞세워 일본과 타협을 맺었다.

조선 망국의 의미가 가장 집약적으로 담겨 있는 사건이 임오군란

1876년 개항 이후 개항장을 중심으로 변화가 시작되었지만, 조선 정부가 능동적 개화 정책을 시작한 것은 1881년 신사유람단과 영선사를 일본과 청나라에 보내면서부터였다. 별기군의 창설이 당시 가장 뚜렷하게 눈에 띄는 개화 정책이었다. 정규군 봉급을 제대로 주지 않으면서 신식 군대를 만들고 싶어 한 데서 당시 권력자들이 어떤 개화의 개념을 가지고 있었는지 알아볼 수 있다.

이라고 나는 생각한다. 외적으로는 전통적 천하 체제 속에서 조선의 위치를 정해주고 있던 중국과의 관계가 결정적으로 파괴되었다. 중국과의 사대-책봉 관계는 현실적 힘에 의한 종속 관계이기에 앞서 이념에 따른 자발적 거래 관계였다. 군대를 주둔시켜 무력으로 조선 정부를 통제하고 국왕의 아버지를 황제가 심문하겠다고 데려간 것은 전통적 관계의 포기였다. 조선과의 '특수 관계'를 전략적 이점으로 이용할 생각뿐, 그 특수 관계의 본질적 가치를 도외시한 조치였다.

내적으로는 국왕의 권위가 완전히 소멸하는 상황이었다. 전통 체제에서 '중전'의 상징적 권위는 국왕에 버금가는 것이었다. 정권 쟁탈을 위해 왕비를 잡아 죽이겠다고 달려드는 것은 상황에 따라서는 왕을 잡아 죽이겠다고 달려들 수도 있다는 이야기다. 실제로 2년 후 갑신정 변에서 왕을 겁박해 인질로 삼는 사태가 그 사실을 증명해 보였다.

왕비를 잡아 죽이려 한 대원군이나 왕을 겁박한 갑신정변 주동자 들보다 왕권 몰락의 더 큰 책임을 가진 것은 고종과 민비 자신이었다. 그들은 온 백성의 어버이로서 본분을 생각지 않고 탐욕을 위해 정권을 운용하는 모리배들 틈에 스스로 끼어들어 자기 몫 챙기기에 바빴다. 황현의 아래 기록들이 당시 사람들의 일반적 인식을 보여주는 것임에 틀림없다.

남정철은 과거에 급제한 지 2년도 안 되어 평안 감사가 되었는데, 외척이 아니고는 이처럼 갑자기 출세한 자가 근세에 없었다. 그는 감영에 있을 때 임금께 날마다 진상했는데, 임금은 그것을 충성으로 여겼다. 이에 그 를 영선사로 임명하여 천진으로 보내 중용할 뜻을 보였다.

민영준이 남정철을 대신하게 되었는데, 금으로 송아지를 만들어 수레에 태워 바쳤다. 임금이 낯빛이 변하더니 꾸짖으며 말했다. "남정철은 정말 큰 도둑놈이었구나. 관서에 이처럼 금붙이가 많았는데 혼자서 다 해먹었 구나." 이때부터 남정철에 대한 임금의 총애가 시들해졌고, 민영준은 날 로 부리기 좋은 인물이 되었다.

만수절이면 감사나 수령들이 으레 진상품을 올리는데, 항상 척신을 통해 궁중에 바쳤다. 정해년(1887) 7월에 민영소와 민영환이 함께 들어가 임 금을 모셨는데, 이때 김규홍이 전라 감사이고 김명진이 경상 감사였다. 민영환이 먼저 김명진의 진상품 목록을 바쳤는데, 왜국 비단 오십 필과 황저포 오십 필뿐이었다. 임금이 낯빛이 변하더니 용상 아래로 내던졌다. 민영환이 황공해하며 이 목록을 주워 소매 속에다 넣었다. 이어 민영소가 김규홍의 진상품 목록을 바쳤는데, 춘주 오백 필과 갑초 오백 필, 백동 오 합, 바리 오십 개에 다른 물건도 이 정도였다. 임금이 기쁜 얼굴로 말했다. "감사들이 이렇게 예를 차려야 마땅하지 않은가. 김규홍이 나를 사랑하는구나." 민영환이 나가서 자기 돈 이만 냥을 더해서 바쳤는데, 그가 김명진의 사위이기 때문이다.

"왕이 왕 노릇 않는 것은 못하는 것이 아니라 안 하는 것"이라는 맹자 말씀이 다시 생각나는 대목이다. 고종은 어린 나이에 어쩌다가 왕이 된 이래 20년간 왕위에 앉아 있으면서 왕의 권한만 생각했지, 왕의 책임에 대해서는 아무 생각도 키우지 않은 것 같다. 1873년 말 친정을 시작한 이래 강화도조약을 비롯해 많은 정책 결정이 있었지만, 상황에 떠밀려 당장의 곤경을 면하기 위한 결정이었지, 확고한 국가관에 따라 어려움을 감당하려는 자세는 보이지 않았다.

갑신정변이 개화를 향한 적극적 노력으로 많은 평가를 받아 온 데 나는 의문을 느낀다. 정변 주동자들은 이 변화를 난폭한 방법으로 성급하게 일으키려 했다는 점에서 다른 사람들과 차이가 있을 뿐이다.

난폭하고 성급하다는 것은 그 자체로 칭찬받을 일이 아니다. 그러지 않으면 안 될 절박한 이유가 없다면 오히려 비난받을 일이다. 개화에 앞서 부패한 민씨 세도 정치를 개혁할 필요는 분명히 있었다. 부패한 정치의 개혁이라면 도덕성을 앞세울 필요가 있다. 도덕성 없이 정적들을 때려잡는 데 그친다면 권력자만 바뀔 뿐, 개혁은 이뤄지지 않는다.

갑신정변 주동자 중 가장 오래 살아남은 인물의 하나인 박영효 (1861~1939)는 친일파 중에도 저질 친일파의 행적을 남겼다. 그가 갑신년의 동료들 중에서 특출하게 도덕적 품성이 처지는 사람이었을까? 꼭 그렇게 생각할 이유가 없으므로 나는 그의 사고와 행동 방식이 갑신정변 일당을 대략 대표하는 것으로 생각한다.

윤해동은 『친일파 99인』(돌베개 펴냄)에서 "'개화'된 조국에서의 박영효의 모습은 어디로 가고 이제 친일의 거두로 남았단 말인가" 하고 한탄했지만, 나는 한탄할 이유를 이해하지 못한다. 1884년 이후 박영효의 행적 중에서 갑신정변보다 더 화끈한 친일 행위를 찾을 수 없기 때문이다.

갑신정변의 미화에 일제 식민사관이 역점을 두었다는 사실이 밝혀져 왔는데, 그런 관점이 우리 사회에 쉽게 받아들여지고 잘 척결되지 않는 것은 과정을 경시하고 결과만을 중시하는 세태 때문이 아닐까 생각한다. '개화'가 아무리 필연의 대세라 하더라도, 사심이 개재한 것이 아니라면 그를 추구하는 방법이 그토록 독선적이고 난폭한 것이 될 수 없었다. 갑신정변은 임금이 임금 노릇 못하고 신하가 신하 노릇 못하게 된 조선의 상황을 극명하게 보여준 하나의 사건이었을 뿐이다.

친일의 두 자세,
김홍집과 박영효

앞에서 나는 갑신정변을 '친일' 행위로 규정했다. 물론 친일 외의 의미가 갑신정변에 전혀 없었다고 보는 것은 아니다. 참여자 중에는 '구국'의 목적을 앞세워 의식한 사람도 있었을 것이다. 그러나 다른 길을 생각한 사람들, 정변에 희생당한 사람들 중에도 '구국' 의지가 그들 못지않은 사람은 많았다. 정변 참여자들을 특화시킨 것은 그 친일 행태였다.

1884년 시점의 '친일'을 죄악시할 이유가 있느냐 하는 문제도 있다. 그보다 20년 후 침략자로서 일본의 태도가 확정된 이후의 친일은 그 자체로 반민족과 반역의 의미를 가진다. 그러나 여러 나라의 영향력이 엇갈리고 있는 상황에서 특정한 나라와의 긴밀한 관계를 추구하는 것을 무조건 죄악시할 필요는 없다.

문제는 자기 정체성에 대한 태도다. 1880~1890년대 상황에서 친일을 했든 친청을 했든 주체성을 가지고 외세 의존에 한계를 두었다면 도덕적인 문제가 없다. 정세 판단이 정확했느냐, 효과가 있을 만한 정책이었느냐 하는 기술적 문제가 있을 뿐이다. 그런데 자기가 속한 사회를 위해서가 아니라 개인이나 작은 집단을 위한 선택이었다면 기술적 문제에 앞서 도덕적 문제를 따지지 않을 수 없다.

'도덕적' 문제라 해서 현실과 무관한 관념의 세계에 속한 것이 아니다. 현실 문제를 도덕적 측면과 기술적 측면으로 갈라서 보는 것이다. 한 나라, 한 사회의 흥망성쇠는 기술적 조건과 도덕적 조건 양쪽에 다 걸린 것이다. 아무리 고매한 위정척사의 도덕론이라도 기술적 조건을 갖추지 못하면 쓸모가 없는 것이고, 아무리 기술적 효과가 뛰어난 정책이라도 도덕적 근거가 없으면 주체성의 훼손을 피할 수 없다.

비상한 위기에 처한 사회는 주체성의 부분적 훼손을 감수해야 할 때도 있다. 명−청 교체 때 조선의 주전파는 정체성에 극단적으로 집착했다. 조선이라는 나라는 중국과의 사대−책봉 관계에 정체성의 큰 축 하나를 두고 있었다. 중국의 주인이 바뀌었으면 새 주인과 새로운 관계를 맺는 것이 그 축을 지키는 길이었다. 그런데 주전파는 상대에 집착하느라고 관계의 틀을 소홀히 했다. 주전파의 입장을 이어받은 노론 세력이 소중화주의에 빠져 청나라와의 관계를 소홀히 한 것은 전통 체제의 대체大體를 약화시켜 정상적 발전의 길을 가로막은 소탐대실의 길이었다.

17세기 초반의 명나라가 종주국 노릇을 못하게 된 것처럼 19세기 후반의 청나라도 종주국 노릇을 못하게 되었다. 조선은 사대−책봉 관계의 보호를 잃고 근대 세계 속에 내던져졌다. 근대국가로 변신하고 있던 이웃 일본은 조선의 장래가 걸린 큰 변수로 떠오르고 있었다. 그런 일본과의 관계를 잘 풀어가기 위한 '친일'은 필요한 것이었다.

그런데 1890년대 이후 박영효의 행적에서 문제를 느끼지 않을 수 없는 것은, '일본과 조선의 관계'보다 '일본과 자기 자신과의 관계'를 앞세웠다는 점이다. 갑신정변 때는 국가를 소중히 여기던 사람이 그 후에 바뀌었을 이유를 생각할 수 없으므로, 나는 갑신정변에서도 박영효는 이기심 때문에 나선 것으로 상정하는 것이다.

정변 실패 후 일본으로 도망갔던 박영효는 1894년 8월 청일전쟁 와중에 일본군의 등에 업혀 귀국했다. 12월에 김홍집 내각의 내무대신으로 임명되었고, 이 내각을 김홍집과 박영효의 연립 내각이라고 한다. 온건파인 김홍집과 대비되는 화끈한 친일파 박영효가 실세였기 때문이다. 그 5개월 후에는 김홍집이 총리대신에서 물러나고 박영효가 서리를 맡았다. 그러나 불과 달포 후인 1895년 7월 6일 다시 쫓겨 일본으로 도망갔다(윤해동은 『친일파 99인』에서 "1895년 7월 을미사변에 연루되자 일본 공사관의 협조를 얻어 신응희, 이규완, 우범선 등 일행 20여 명과 함께 일본으로 2차 망명의 길을 떠났다"고 했는데, 몇 가지 의문이 있다. 왕비 살해는 박영효가 축출된 석 달 뒤인 10월 8일에 벌어진 일이고, 여기 참여한 우범선은 이듬해 아관파천 후에 일본으로 달아났다. 박영효가 7월 초 쫓겨날 때 "왕비 암살 음모 혐의"로 체포 명령을 받았다고 하는데, 7월 이전부터 암살 음모가 떠올라 있었던 모양이다).

박영효가 달아난 후 다시 총리대신을 맡은 김홍집이 아관파천 때 '친일'로 몰려 살해당한 것은 참 기막힌 일이다. 청일전쟁 후 갑오개혁의 진행 속에 김홍집이 친일을 한 것은 맞다. 그러나 그야말로 주체성 있는 친일이었다. 현실적으로 부득이한 선에서 일본의 힘을 인정하며 그 조건 위에서 국가를 위해 최선을 다한 것은 그의 경력 전체를 일관한 태도였다.

오카모토 다카시는 『미완의 기획, 조선의 독립』(소와당 펴냄)의 '프롤로그'에서 김홍집의 죽음을 부각시켰다.

청일전쟁 직후 당시의 김홍집은 일본의 지지를 얻어 수차례 내각을 조직하고 근대화 개혁 정치에 본격적으로 착수하였다. 그 정책의 일환으로 그는 국왕과 왕비를 정부에서 분리하여 정치에 관여하지 못하도록 했는데, 이것이 왕실의 커다란 반발을 초래했다. 그리고 1895년 10월 일본이 경복궁에서 민비를 살해하는 사건을 일으키자, 김홍집은 일본의 뜻대로 이 사건을 유야무야 수습하려다가 왕인 고종의 신임을 잃고 만다.
(……) 이러한 불온한 공기 속에 민비 살해 이래로 고종과 정권으로부터 소외되어 신변의 위험을 느끼던 친러파 관료들이 결탁한다. 그들은 곧 경복궁을 탈출하여 러시아 공사관으로 피난하고 거기에서 신정부를 조직한다. 그런 뒤 김홍집 등 구정권의 요인을 죄인으로 단정하고 포박을 명령했던 것이다.
정권을 타도하는 쿠데타는 이런 과정을 거쳐 실현되었다. 상하 관민 어느 쪽에서도 지지를 상실한 것에 절망했기 때문일까? 김홍집은 담담하게 죽을 운명을 받아들였던 것이다.

김홍집(1842~1896)은 개화당 인사들과 함께 박규수의 문인이었지만 김윤식(1835~1922)과 함께 온건 개혁파로 분류되는 인물이다. 1880년 수신사로 일본에 다녀온 이래 임오군란과 갑신정변의 뒤처리 등 중요한 외교 문제를 처리하면서 일본의 요구에 당당히 맞서는 자세를 보여 마건충馬建忠에게 "조선에서 첫째가는 인물"로 평가받았다. 군

박영효(오른쪽)는 1884년에도 1895년에도 사세가 불리해지면 일본 공사관으로 쪼르르 달려갔다. 1896년 2월 11일 김홍집에게도 일본 공사관으로 달려갈 여유조차 없었을 것 같지는 않다. 그가 비록 친일 내각의 총리대신을 맡기는 했어도 나라를 등지면서까지 일본에 매달린 것은 아니었다는 사실을 여기서도 알아볼 수 있다. 그러나 고종 임금은 김홍집과 박영효의 차이를 구분할 줄 몰랐다.

이 따지자면 친일파보다 친청파라 해야 할 것이다.

청일전쟁에 승리한 일본이 그런 김홍집을 갑오개혁에 앞세운 것은 민심을 모으기 위해서였다. 박영효처럼 노골적인 친일파를 내세웠다가는 큰 반발에 부딪칠 게 뻔하기 때문이었다. 김홍집은 주어진 현실 속에서 최선의 노력을 다하는 길로 그 역할을 맡았을 것이다. 아관파천 당시 그가 피할 수도 있었던 죽음 속으로 스스로 걸어 들어갔다는 이야기가 사실 그대로인지 모르지만, 그런 이야기가 떠돌았다는 사실만으로도 그가 개인의 영달을 위해 관직을 탐하지 않은 인물로 널리 인식되었다는 사실을 알 수 있다.

1896년 2월 11일 아침 러시아 공사관으로 달아난 고종이 제일 먼저 내린 명령이 김홍집 등 당시의 대신들을 잡아 죽이라는 것이었다. 불러다 죄를 따지겠다는 것도 아니고 그냥 잡아 죽이라는 것이었다. 그래서 김홍집, 어윤중, 정병하 등이 재판도 없이 목숨을 잃었다.

고종은 김홍집 등을 공적인 죄인이 아니라 사적인 원수로 여긴 것이다. 신하에게 죄가 있더라도 그런 식으로 때려잡는 것은 법도에 없는 짓이었다. '전제군주제'라 하여 왕이 멋대로 하던 세상을 상상하는 사람들이 많은데, 유교 국가의 실상과 다른 상상이다. 물론 비상사태 아래 왕의 전결 권한은 현대의 국가 원수가 위임받는 비상대권보다 포괄적인 것이었다. 그러나 비상사태를 넘기고 나면 어떤 방식으로든 책임을 져야 하는 것이 유교 국가의 원칙이었다.

신민이 임금을 공경하는 것은 일방적 예속이 아니었다. 임금도 신하를 존중하는 태도를 지켜야 했고, 그 존중을 상징적으로 받는 것이 대신이었다. 판서급 이상의 대신의 신상에 관한 일은 절차를 엄격하게 지켜서 처리하는 데 군신 관계 균형의 원리가 있었다. '전제정치'도 아무 균형 없는 일방적 지배는 아니었다. 균형 없는 정치에는 지속 가능성이 없다.

전라 감사의 진상품을 받고 고종이 "김규홍이 나를 사랑하는구나" 했다는 『매천야록』의 기록을 앞에 소개했는데, 그것이 적어도 당시 백성들의 마음속에 비쳐진 고종의 모습이었음에는 틀림없다. 개인의 득실로 모든 것을 판단하는 필부匹夫의 모습이다.

김홍집을 죽이는 데서도 같은 모습이 나타난다. 그에게는 박영효 같은 소인과 김홍집 같은 군자가 구별이 되지 않았다. 자기가 원하는 일을 가로막는 사람은 똑같은 자기 적일 뿐이었다. 안경수, 이완용 같은 소인배라도 자기 원하는 일을 밀어주기만 하면 최고의 충신으로 여겼다. 고종은 암군이며 폭군이었다.

이태진은 『고종 시대의 재조명』(태학사 펴냄)에 실은 '고종 황제 암약설 비판' 맺음말에 이렇게 썼다.

한국사에서 고종 시대는 근대화가 시작되어야 하는 시점이었다. 따라서
이 시대를 어떻게 보느냐에 따라 한국 근현대사에 대한 인식의 방향은
아주 달라질 수 있다. 이 시대의 군주정에서 근대화의 가능성이 있거나
진행되었으면 일본의 36년간의 한국 지배는 그것을 꺾은 불법 강점이 되
고, 그 반대라면 일본의 한국 통치는 한국을 위한 것이었다는 주장이 설
득력을 얻게 된다. 고종 암군설─암약설 등은 바로 후자의 논리를 세우
기 위해 침략주의자들이 고의적으로 세운 것으로 확인되었다.

참 답답한 이야기다. "침략주의자들이 고의적으로 세운 것으로
확인되었다"고 장담하는데, 황현이 침략주의자들 말에 따라서 『매천
야록』을 썼단 말인가? 대통령이 돌대가리라고 떠든 사람이 국가 기밀
누설죄에 걸렸다는 어느 시절 우스개 생각이 난다. 고종이 암군이라는
이야기는 일본 침략을 지지하려는 목적 없이도 얼마든지 나올 수 있는
것이었다.

이태진은 고종의 평판을 보호하기 위해 제3자라 할 수 있는 외국인
의 증언까지도 있는 그대로 받아들이지 못한다. 주한 미국공사를 지낸
알렌이 1903년에 쓴 일기 한 대목의 번역문과 원문이 위 책 97~98쪽
에 나란히 실려 있다.

나는 황제가─마음이 약하므로─나에게 해가 되는 일을 승낙하리라고
는 믿지 않지만, 그러나 나는 오래 전부터 황제가 모든 일을 다 책임을

지고 처리한다고 생각하고 있지 않다(I can scarcely believe that the emperor — weak as he is — would consent to a thing that would harm me, but I have long given him up as liable to do most anything).

"weak as he is"는 역접의 뜻인데 순접으로 해석했다. 알렌 자신에게 불리한 일을 고종이 하지 말아야 하는 것이 원칙인데, 워낙 줏대 없는 인간이라서 약간은 걱정이 된다는 것이 알렌의 뜻이다. 뒷부분도 고종을 나쁘게 보는 뜻인데, 나쁘지 않은 뜻으로 해석하느라고 애를 너무 쓴 것 같다. 아래와 같이 번역해야 한다. 이것은 알렌도 고종을 암군으로 인식하고 있었다는 사실을 보여준다.

황제가 아무리 대가 약한 사람이긴 하지만 설마 내게 해가 되는 일을 승낙할 리야 없겠지. 그러나 나는 그가 어떤 짓이라도 저지를 수 있는 사람이라고 체념한 지 오래되었다.

왜 이런 무리한 번역이 나오는가? 고종 암약설을 반박해야 한다는 강박 때문이다. 고종이 암군이었다면 일본의 침략이 정당화될까봐 걱정인 모양인데, 참 이상한 걱정이다. 나는 고종이 보기 드문 암군이었다고 믿지만, 그렇다 해서 일본 침략이 정당하다고 생각할 이유는 찾지 못하겠다.

19세기 후반에 조선 왕조국가는 원리가 무너지고 기능이 떨어져 망하기 쉬운 상태에 와 있었다. 게다가 왕까지 암군이어서 국가 중흥에 공헌할 만한 양심적이고 유능한 인재들은 국가 운영의 기회를 맡기 힘들고, 더러는 죄 없이 잡혀 죽기까지 했다. 일본의 침략은 왕조의 멸망을 앞당겼을 뿐이지, 멀쩡한 나라를 망가뜨린 것이 아니었다.

조선 왕조의 멸망 자체에 대해서는 일본에게 큰 죄가 없다고 나는 생각한다. 왕조가 왕조 노릇 제대로 못하면 망하는 것이 당연한 일이고, 조선 왕조는 일본의 도움 없이도 망할 길을 오랫동안 잘 찾아왔다. 일본 제국주의 침략의 진짜 피해자는 왕조가 아니라 민족사회였다. 왕조가 왕조 노릇 못한 것은 이 피해를 막거나 줄여주지 못한 하나의 주변 조건일 뿐이었다. 대단히 큰 조건이기는 했지만 식민지화의 본질적 조건은 아니었다.

세도 정치의 종점,
을미사변

19세기 후반은 세계 어디에서나 급격한 변화의 시대였거니와, 조선은 그중에서도 가장 급박한 사정을 겪은 곳의 하나였다. 19세기 초반까지는 비록 기능이 매우 쇠퇴해 있기는 해도 세계에서 가장 오랜 역사를 가진 민족국가를 유지하고 있었다. 그런데 19세기가 끝날 때는 식민지로 전락할 위험에 빠져 있었다.

고종 즉위 직전, 1860년경이 되어서야 북경이 서양 오랑캐에게 유린당하는 것을 보며, 적어도 명—청 교체 이후로는 처음으로 비상한 상황이 닥치고 있음을 많은 사람들이 깨닫기 시작했다. 1864~1873년 세도 정치의 틀을 따르면서도 극단적 쇄국 정책과 함께 전례 없이 강한 개혁 정책을 추진한 대원군 집권은 위기에 대한 첫 국가적 대응이라 할 수 있다.

대원군의 쇄국 정책은 요즘 표현으로 출구 전략이 빈약한 정책이었다. 폭력적 수단에 의한 강압적 개혁으로는 국가의 획기적 체질 개선을 바라볼 수 없는 상황이었다. 시간이 지남에 따라 개항의 필요가 절실해지는 데 비해 개항을 위한 준비는 더뎠다. 1873년 말 대원군이 정권을 내놓은 것은 더 이상 대책이 없어서 스스로 물러선 것으로 보인다. 자기로서는 할 수 있는 데까지 개혁을 해놓았다고 생각했을 수도 있다.

대원군이 물러난 후 정권을 넘겨받은 민씨 일파는 역시 세도 정치의 틀에 따라 권력을 운용하면서 국가의 진로에 대해서는 적극적인 대책을 별로 강구하지 않았다. 대원군의 개혁 중 가장 의미가 큰 서원 철폐를 집권하자마자 뒤집어놓은 데서 단적으로 알아볼 수 있다. 강화도조약 체결 등 대외 관계의 진전이 있었지만, 사세에 떠밀려 진행된 일일 뿐, 능동적 조치를 취한 것이 거의 없다. 강화도조약 체결 직후 수신사를 일본에 보낸 후 4년이 지나서야 2차 수신사를 보낼 정도였다.

김홍집이 1880년 2차 수신사로 일본에 다녀온 뒤에야 장래에 대비하는 움직임이 일어나기 시작했다. 이때 『조선책략』이 들어와 청나라 양무파의 정책 노선이 알려지면서 자극을 받은 것으로 보인다. 이듬해 통리기무아문을 설치하고 일본과 청나라에 신사유람단과 영선사를 파견한 것이 대표적인 움직임이었다. 탐색의 방향은 양쪽이었지만, 청나라보다 열성적으로 조선에 접근해온 일본 쪽으로 기울어지는 추세를 별기군 창설이 보여준다.

민씨 정권의 부패에 대한 불만과 개화 정책에 대한 불안감이 겹쳐져 1882년 7월 임오군란이 일어났고, 이를 계기로 청나라 양무파 정권이 조선에 군대를 주둔시키고 국정을 통제하기 시작했다. 급진 개화파가 1884년 말 일본의 지원에 기대를 걸고 갑신정변을 일으켜 반전을 꾀하다가 실패한 후 청나라의 통제가 더욱 강화되었다.

    1882~1894년 조선 간섭기의 청나라 정책은 일본에 대한 상대적 우위를 지키기 위해 조선에서 변화를 억누르는 방어적 노선이었다. 시국에 관한 주견 없이 권력 유지에 만족하는 민씨 집단이 주견이 강한 대원군보다 다루기 쉽기 때문에 청나라의 선택을 받았다. 1891년 이후 민씨 세력 수령으로서 당대 으뜸의 탐관오리로 명성을 날린 민영준(후에 민영휘로 이름을 바꿈)이 그 대표적 인물이었다. 민영준은 원세개의 조종에 따라 동학혁명 진압을 위한 청나라 출병 요청을 주도, 청일전쟁의 도화선에 불을 붙인 장본인이었는데, 나중에는 일본 쪽에 붙어 합방 후 작위까지 받았다.

    청일전쟁을 통해 일본은 조선에서 최대의 경쟁자를 물리쳤다. 1895년 4월 17일 시모노세키 조약이 체결되었는데, 일본은 엄청난 조건을 요구했다. 조약을 체결하러 시모노세키에 간 이홍장이 일본 국수주의자에게 총격을 당하는 바람에 조건이 다소 완화되었다고 하는데도 당시 열강들 사이의 상식으로 납득되지 않을 정도였다. 그래서 일주일 후 러시아, 프랑스, 독일이 조건의 완화를 권하는 '3국간섭'에 나섰다. 세 나라, 특히 러시아의 이익을 위해 3국간섭이 이뤄진 것이 사실이기도 하지만, 일본의 요구 조건이 워낙 황당한 수준이었기 때문에 간섭이 성립된 것이기도 하다. 당시 일본은 이 한 차례 승전을 계기로 일거에 동아시아 지역 패권에 접근하려 한 것이다.

    청일전쟁 당시 일본은 1890년에 만들어진 의회의 운영에 어려움을 겪고 있었다. 1892년 7월 출범한 이토 히로부미 내각은 1893년 말 중의원을 해산했지만 새로 선출된 의회는 이듬해 5월 내각 탄핵 상주안을 가결했다. 1894년 6월의 사태 발생에서 8월 1일 선전포고에 이르기까지 전쟁을 서두른 것은 국내의 정치적 난관을 돌파하기 위해서였다. 전쟁을 종결함에 있어서도 여러 정파를 두루 만족시키기 위해 가혹한 강화 조건을 관철시켜야 했고, 조선의 뒤처리도 서두르게 되었다.

서두르는 과정에서 1895년 10월 8일 을미사변을 저질렀다. 일본이 청나라를 따돌린 후 조선의 '개혁'에 박차를 가하면서 국왕의 정치 개입을 억제하는 데 대한 반발로 고종 측근 세력이 러시아를 끌어들여 일본을 견제하려 시도했다. 3국간섭에서 러시아의 힘을 확인했기 때문이었다. 조선에서 성과를 거두기에 조급한 일본 강경파가 측근 동원에 능란한 왕비를 제거하고 왕을 공포에 몰아넣기 위해 일을 저질렀는데, 얼마나 엄청난 파문을 일으킬 사건인지 충분히 예상하지 못한 것 같다.

개항 이후 청일전쟁에 이르기까지 위기의식을 가진 조선인이 국가의 진로를 생각하는 데는 두 가지 방향이 엇갈리고 있었다. 청나라와의 전통적 협조 관계를 지키느냐, 이웃의 신흥 강국 일본과의 협력 관계를 만드느냐 하는 것이었다. 어느 방향이든 대다수 사람들은 조선의 국체 보존을 기본 전제로 삼고 있었다. 자기 자신이 보호되려면 자기가 속한 사회가 보호되어야 하고, 자기가 속한 사회로서 많은 사람들이 함께 인식한 것이 국가였다. 청나라와 일본 사이의 선택에서도 어느 쪽이 국가를 지키기에 좋은 길이냐 하는 것이 첫번째 기준이었다. 개화의 효율성 같은 것은 국가가 지켜진 뒤에 부차적으로 따질 문제였다.

청나라는 전통적 관계 때문에 대다수 조선인들이 경계심을 덜 품는다는 이점을 갖고 있었는데, 이것을 임오군란 이후의 간섭기 동안 많이 까먹었다. 대원군을 납치하고 부패한 민씨 정권을 옹호하는 편의주의적 태도가 환멸을 불러일으켰고, 중국 상인의 과도한 보호 등 이익에 대한 집착으로 전통적 관계에 대한 신뢰를 손상시켰다. 청일전쟁으로 완전히 쫓겨나기 전에 조선인들의 마음에서는 이미 스스로 벗어나 있었던 셈이다.

청나라가 쫓겨나는 것을 보고 많은 조선인들이 일본의 주도권을 대세로 받아들였다. 일본이 요구한 '개혁' 수행에 김홍집이 앞장선 것은 주어진 상황에서 국가를 위해 최선을 다하려는 뜻으로 이해된다. 청나라가 비운 자리를 일본이 채우고 과거에 중국에게 바랐던 것처럼 조선을 이끌어주기 바라는 마음이 많은 사람들에게 자연스럽게 일어났을 것이다.

그런데 이런 상황에서 조선 궁궐을 짓밟고 왕비를 살해한 것이다! 최소한의 신뢰를 깨뜨린 행위였다. 이씨 왕조가 시원찮으니 다른 왕조를 세워야겠다든지, 이제부터의 세상에서는 왕국보다 공화국이 적합할 테니 왕실을 없애야겠다든지, 아무 대안도 보이지 않는 상황에서 현존하는 국가의 상징을 군홧발로 뭉개버린 것이었다. 상징성의 유린을 통해 조선 사회와 조선인을 존중하는 마음이 일본에 없다는 사실이 드러났다.

조선에 대한 일본의 '야욕'은 강화도조약 이래 여러 가지 방법으로 드러나왔지만, 적어도 말만은 이웃을 돕는 '선의'를 내세워왔다. 그 가식을 꿰뚫어본 사람도 일본이 최소한의 체면만은 지켜나갈 것을 기대하며 그 현실적 힘을 존중하려 했다. 그런데 일본은 을미사변에서

이승만이 하야할 때 눈물을 흘린 사람들이 모두 이승만을 지지하던 사람들은 아니었다. 권력의 무상함을 비감해 한 사람들도 있고, 국가 주권의 상징이 흔들린다는 사실 자체를 마음 아파한 사람들도 있었다. 대원군 실각이후 '민비'가 정치에 관여한 데 대해서는 포폄의 시각이 여러 가지 있을 수 있지만, 을미사변을 통해 '명성황후'가 조선의 상징으로서 일본의 극악한 야욕을 드러낸 것은 국가와 민족을 위해 이론의 여지없이 큰 공헌이었다.

극악한 야욕을 극악한 방법으로 드러냈다. 내키지 않더라도 일본의 힘과 존재를 받아들이려던 많은 사람들에게 일본은 도덕적으로 용납할 수 없고 현실적으로 믿을 수 없는 존재가 되었다. 궁궐을 짓밟고 왕비를 살해한 자들이 못할 짓이 무엇이란 말인가!

을미사변에 자극받아 의병을 일으킨 사람들 중에는 고종과 민비를 비판적으로 보던 사람들도 많았을 것이다. 황현은 『매천야록』에서 비판적인 시각을 가차 없이 보여주었지만, 바로 그런 사람들이 의병으로 나섰다. 왕과 왕비의 존재는 국가 주권의 상징이었다. 그 존재에 대한 위협은 그들이 자기 노릇을 잘하느냐 여부와 차원이 다른 문제였다.

을미사변 석 달 후인 1896년 2월 11일 아관파천이 있었다. 을미사변 직후인 1895년 11월 28일에도 왕이 미국 공사관으로 도망하려다가 실패한 소위 춘생문사건이 있었는데 그 후 러시아 공사관 측과 긴밀하게 의논하며 준비한 결과 잠행에 성공한 것이다.

왕의 이어移御가 친일 정부를 바로 붕괴시킬 수 있었던 데는 을미사변으로 인한 인민의 분노가 큰 역할을 했을 것이다. 당시 서울에만도 1,000여 명의 일본 병력이 주둔하고 있었는데, 러시아 병력은 겨우 100여 명이었다. 12년 전 갑신정변 때는 왕을 붙잡고 있던 소수의 일본 군대를 다수의 청나라 군대가 거침없이 몰아붙였다. 그때에 비해 일본이 러시아와 정면으로 대결하기 힘든 문제도 있었지만, 조선 인민의 반일 감정을 더 이상 악화시킬 수 없는 상황이었다.

아관파천이 고종 측의 독자적 결단이냐, 러시아 측의 획책에 따른 것이냐 하는 논란이 있다. 서영희의 『대한제국 정치사 연구』(서울대학교출판부 펴냄)에 이런 대목이 있다.

아관파천에 대해 고종의 결단에 의한 것이 아니라 전·현직 러시아 공사인 베베르와 스페에르가 본국 정부의 승인을 받기도 전에 고종을 설득하여 단행한 것이라고 추정한 연구도 있으나(최문형, 2000, 「아관파천과 러일의 대립」, 『한국학논집』 34, 한양대학교), 당시 러시아 정부의 최대 관심이 만주에 있었고 조선은 완충지대로서의 가치밖에 인정하지 않았다는 사실로 미루어 볼 때 두 공사가 본국 정부의 방침을 어겨가면서까지 아관파천을 주도했다고 볼 수 있을지는 의문이다. (28쪽)

단정하기 어려운 문제이지만 내게는 최문형의 관점이 더 그럴싸하게 보인다. 전체적으로 보아 러시아가 조선보다 만주를 중시한 것은 사실이다. 그러나 노주석의 『제정러시아 외교문서로 읽는 대한제국 비사』(이담 펴냄) 중 "러시아 외교 라인의 면면"(34~36쪽)을 보면 당시 러시아의 정책 결정자에서 실무자에 이르기까지 일본에 대한 강경파와 온건파가 뒤섞여 있어서 정책 혼선이 여러 층위에서 나타나고 있었다. 그런 상황에서 조선 정부를 통째로 포섭할 기회가 나타났을 때 강경파가 상황을 주도하게 되는 것은 자연스러운 일이다.

노주석의 책에는 파천 당일 쉬페이예르(스페에르) 대리공사가 로바노프 외무장관에게 보낸 보고문이 수록되어 있다.

1896년 2월 2일 전문으로 보고한 바와 같이 신변의 위협을 느낀 고종이 밀지를 보내 수일 안에 왕세자와 함께 공사관에 피신하겠다는 희망을 밝혀 왔다. 전임 대리공사 베베르와 함께 고종의 요청을 거부하지 않고 보호하기로 할 수밖에 없었다. (……) 다음 날(2월 3일) 고종은 고맙다는 말을 전하면서 '2월 9일 저녁 공사관에 도착할 예정'이라고 했으나 이날 결행하지 않고 경비병 증원을 요청해 왔다. 공사관은 알렉세예프 극동 총독에게 긴급 요청, 2월 10일 해군대령 몰라스가 100명의 수병을 인솔하고 서울에 왔다. 고종은 2월 11일 새벽 7시 30분에 공사관에 왔다. (103쪽)

파천 이전에 공사관은 준비를 위해 극동 총독의 협조를 받고, 외무장관에게 진행 상황을 보고하고 있었던 것이다. 고종 측의 독자적 결정을 러시아가 순순히 받아줄 수 있는 부담 없는 일이 아니었다. 그러나 러시아가 아무리 일본과의 정면 대결을 꺼리고 있었다 하더라도 일본의 독주를 어느 정도 견제할 필요는 분명한 상황이었다.

설령 조선에 대해 궁극적인 야심을 가지고 있지 않더라도 조선 정부를 포섭해놓는 데는 협상 카드로서라도 매우 귀중한 가치가 있었다. 아관파천의 기획에 러시아 공사관, 특히 1885년 이래 10년 넘게 조선에 주재하며 고종의 특별한 신임을 얻고 있던 베베르의 역할이 컸을 것은 당연히 짐작되는 일이다.

왕 노릇을 거부한 고종

고종은 1896년 2월 11일부터 이듬해 2월 20일까지 러시아 공사관에 머물렀다.

애초의 파천 자체는 친위쿠데타의 성격을 가진 일이었다. 일본이 조선에 대한 영향력을 늘리게 된 것은 청일전쟁의 당연한 결과였는데, 일각에서 영향력 증대 정도가 아니라 일거에 지배권 확립을 노리는 경향이 있었고, 그로 인해 민비 살해 사건이 일어났다. 을미사변의 극단적 폭력성이 조선인들을 분격시켰을 뿐 아니라 국제사회의 비판을 일으킨 상황에서 고종은 아관파천을 통해 일본의 방침을 따르던 정부를 전복시켰다.

친위쿠데타라면 친일 정부 전복으로 소기의 목적을 달성한 셈인데, 고종은 왜 1년씩이나 공사관에 머물렀을까? 고종에게도 러시아의 힘을 조금이라도 더 빌리고 싶은 욕심이 있었겠지만, 더 중요한 것은 러시아 측이 고종의 신변 확보를 통해 정치적 이득을 취하려는 뜻이었을 것이다. 고종의 작은 이익과 러시아의 큰 이익이 합쳐져 파천 상태가 길어졌을 것으로 보인다.

획책은 누가 했던 최종 결단은 고종의 몫이었다. 개인적 결단이라면 그 의미를 이해하는 데 본인의 품성이 중요한 기준이 된다. 앞서이태진의 고종 옹호를 반박하면서 알렌의 일기가 잘못 번역되었다고지적한 일이 있는데, 알렌이 고종에게 심한 경멸감을 품고 있었다고하는 기록이 『매천야록』에도 있다.

미국 공사 안련이 가고 모간이 대신 왔다. 안련은 우리나라에 머문 지 수십 년 되었는데, 돌아갈 때 사람들에게 탄식하며 말했다. "한국 백성들이 불쌍하다. 내 일찍이 구만 리를 돌아다녔지만 상하 4,000년에 한국 황제 같은 이는 처음 보는 인종이다."

『매천야록』에는 을미사변 직후 고종의 태도에 관한 간접적이지만 강력한 시사점을 보여주는 기록도 있다.

예전에 상궁으로 있던 엄씨를 입궁시켰다. 왕후가 있을 때는 임금이 두려워하여 감히 곁눈질도 하지 못했다. 10년 전에 우연히 엄씨를 총애한 적이 있었는데, 왕후가 크게 화를 내며 죽이려 했다. 임금의 간곡한 만류로 엄씨는 죽음을 면했지만 밖으로 쫓겨났다. 이제 다시 불러들이니, 변란을 당한 지 겨우 닷새밖에 되지 않았다. 장안 백성들은 임금이 양심도 없다며 모두 탄식했다. 엄씨는 생김새가 민비와 비슷하고 권모와 지략까지도 그와 닮아 입궁한 뒤로 임금의 총애를 독차지했다. 정사에 간여하여 뇌물을 받았으니, 점점 민비가 있을 때와 같아졌다.

상처喪妻한 사람은 웃음이 나와도 변소 가서 웃는다는데, 일 터지고 닷새 만에 엄씨를 불러들였다니 왕의 자격보다 인간의 자격부터 의심스러운 대목이다. 민비의 죽음을 발표도 못한 채 왕비에서 폐하고 있던(10월 10일) 시점의 일이 아닌가. 오랫동안 고종을 가까이서 접해 본 알렌이 그 사람됨에 진저리낸 것을 이해할 수 있다.

알렌 못지않게 고종을 많이 접했던 외국인이 러시아 공사 베베르였다. 1885년 대리공사 겸 총영사로 부임한 베베르는 아관파천 당시까지 주한 외교단의 원로로서 왕실과도 가까이 지내고 있었다. 고종이 공사관으로 건너왔을 때 베베르는 이임 발령을 받아놓고 후임자 스페에르에게 업무를 인계 중이었는데, 상황이 터지자 스페에르를 다른 곳으로 보내고 그를 유임시킬 정도로 요긴한 인물이었다. 그는 고종이 환궁한 뒤에야 조선을 떠났고, 4년 후 고종 즉위 40주년 축하 사절로 다시 와서 반년간 머무르며 러일전쟁을 앞둔 외교전에서 한몫을 맡기도 했다.

러시아 국립문서보관소에 묻혀 있다가 십여 년 전부터 널리 활용되고 있는 베베르의 수기 「1898년 전후 대한제국」은 1902년 대한제국 방문 때 작성된 것으로 보인다. 아관파천 당시 상황을 베베르는 이렇게 기록했다.

민 왕후가 시해당한 후 수개월이 지나도록 고종은 일본군의 감시하에 마치 포로처럼 대궐에 갇혀 있었다. 그러나 1896년 2월 11일 새벽 7시 30분 부인용 가마 두 대에 앉아 여자 복장으로 변장하고 고종과 왕세자는 러시아 공사관으로 피신해 오는 데 성공했다. (……) 친일파 세 사람은 타

살당하였다. 전 국민적인 축제
분위기였다. 이때 러시아 공사관
경비 해군은 100명이었으나 서
울 주둔 일본 수비대는 1,000명
이 넘었다. 그러나 일본군은 이
새로운 정치 상황에 직면하자 서
울 남쪽에 있는 일본인 조계지로
이동한 분노에 찬 군중이 일본인
의 목제 가옥을 파괴하지 않을까
염려해 방어를 하였다. (노주석,
『제정러시아 외교문서로 읽는 대한
제국 비사』, 135~136쪽)

덕수궁 뒷편의 구러시아 공사관(1896년). 고종
이 러시아 공사관으로 피신한 지 석 달 후에 즉위
한 니콜라이 2세 러시아 황제가 고종에게 가장
가까운 외국 국가원수였다. 대관식 때 민영환이
전달한 친서를 필두로 고종이 니콜라이 2세에게
보낸 30통가량의 친서가 발견되었다. 대한제국
출범을 앞두고는 니콜라이 2세에게 자신을 황제
로 승인하지 않더라도 "곧바로 거절하지 말아"
달라고 간청하기도 했다. 고종이 퇴임 후에도 러
시아 망명을 생각하고 있었다는 사실이 러시아
외교문서 여러 곳에 나타나 있다.

병력에서는 러시아 측이 상
대가 안 되는 약세였지만, 일본이 그 단계에서 러시아와 정면 대결을
벌일 태세가 되지 못했을 뿐 아니라 을미사변 후 조선인의 극심한 반
일 감정이 일본군의 발목을 잡아줄 것을 예상했기 때문에 고종을 받아
들일 수 있었을 것이다. 물론 러시아 측의 어려운 사정은 베베르가 분
명히 알고 있었다.

고종이 처음 공사관으로 피신해 오셨을 때 공사관 입장은 난처했었다.
고종의 생명에 대한 염려와 또 밖에서 일본인과 한인 사이 충돌에 대한
책임은 말할 것도 없고 이전에 청국군과 일본군의 전쟁과 일본인들의 개

혁 강요로 나라는 온통 무정부적인 환란에 빠진 상태였다. 청일전쟁 후 지방세를 서울로 납입하지 않아 국고는 텅 비어 있었다. (앞의 책, 137쪽)

그러면서도 파천으로 인해 러시아가 얻게 된 기회의 가치를 강조했다.

사실 러시아는 1884년 수교 이후, 10여 년간 대한제국에서 발생한 사건에 다소 무관심했었다. 극동에서 러시아의 주 관심은 청국과 시베리아의 경제 여건을 호전시키는 것이었다. 대한제국 문제는 뒷전에 있었다. 외무성에서는 대한제국에 관심이 없다고 하였다. 때문에 공사관은 자연스럽게 대한제국의 독립을 청국과 일본에 침해당하지 않도록 순수한 조언만을 하는 것으로 국한하고 독립을 지지하였다. 고종이 러시아 공사관에 피신해 온 후 상황은 급격히 변했으며 모든 국사는 러시아 제국 국기가 게양된 러시아 공사관의 보호 아래 행해지고 있었다. (앞의 책, 136쪽)

고종이 공사관에 머무르는 동안 베베르는 불안정한 성격의 고종과 협조 관계를 잘 풀어나가기 위해 매우 조심스럽게 대한 것으로 보인다. 일본과의 협상에 따라 러시아 정책을 조정할 필요에 대비해 러시아 측이 궁극적 책임을 지지 않도록 조심할 필요도 있었을 것이다.

고종은 심성이 선량하나 성격은 유약했다. 본인은 왕의 권위와 자유 의사에 조금도 상처를 주지 않으면서 예의를 갖추고 매일 밤늦게까지 계속된 고종과의 좌담에서 이런저런 정책에 대해 충언을 드렸다. 게다가 대한제국의 모든 대신들은 공사관 건물 안에 병풍을 쳐 임시 사무실로 사용하고 있어 본인과 협의하라는 왕명을 받으면 대신들과 단둘이서 어떤 사건이든 논의할 기회가 주어졌다 (……) 어느 경우나 본인은 자주 장문의 상소로 개혁을 즉시 이행하고 실천해야 한다는 일본인의 요구를 사전에 평가하기를 피했으며 고종이 사적으로 문의한 문제 해결에만 협력을 하는 것으로 자숙하였다. (앞의 책, 136~137쪽)

이 상황이 조선인들의 눈에는 어떻게 비쳐지고 있었을까? 많은 지식인들이 『매천야록』의 기록과 비슷한 시각을 가지고 있었을 것 같다.

12월 27일(음력)에 임금이 경복궁을 나갔다. 이범진과 이윤용 등이 임금을 아라사 공사관으로 옮기고 김홍집과 정병하를 잡아 죽였지만, 유길준, 장박, 조희연 등은 달아났다.

임금은 처음부터 헌정(憲政)에 묶인 것을 싫어하여 이범진, 이윤용 등과 더불어 아라사의 힘을 빌려 김홍집 등을 제거하려 했다. 아라사인들도 우리나라에 기반을 닦으려고 엿보다가 왜국에 선수를 빼앗기자 유감스럽게 생각하며 기회를 노리고 있었다. 8월(을미사변) 이후 이범진 등이 아라사 공사관에 숨어들어 많은 뇌물을 주고 말했다. "만약 정국을 뒤엎는 데 원조한다면 마땅히 온 나라가 왜국을 섬기듯 (아라사의) 명령을 듣겠다."

아라사 공사가 매우 기뻐하며 그 청을 수락하고 군대를 파견하니, 인천에서 잇달아 입성했다. (……) 임금이 경무관에게 명하여 김홍집 등의 목을 베게 했다. 이때 김홍집은 직방(直房)에 있었는데, 사람들이 달아나라고 권하자 탄식하며 말했다. "죽으면 죽었지 어찌 박영효를 본받아 역적이라는 이름을 얻겠는가!"

이에 그는 정병하와 함께 체포되었다. 정병하도 자신이 죽을 것을 알고 외쳤다. "대신인 우리를 어찌 마음대로 죽일 수 있겠는가. 재판을 받은 뒤에 죽게 해주시오." 그러자 김홍집이 돌아보면서 말했다. "어찌 말이 많은가. 나는 마땅히 죽겠네."

일본이 주도한 갑오개혁은 메이지유신을 모델로 한 것이었고, 그 가장 중요한 지향점의 하나가 입헌정치였다. 입헌정치가 당시의 우국지사들에게도 상당한 설득력을 가진 명분이었음을 황현이 갑오개혁을 "헌정"이라고 요약해 표현한 데서 알아볼 수 있다. 고종이 근대적 입헌정치를 싫어한 것은 후에 독립협회와의 갈등 속에서도 거듭 나타나는 일이거니와, 전통적 군주정치의 기준으로도 용납되지 않는 자의적 '통치'를 원했던 것으로 황현은 보았다.

하루는 임금이 조희연에게 노하여 군부대신 자리에서 물러나게 하려고 하자 여러 각료들이 그는 아무 죄가 없다고 주장했다. 임금이 더욱 노하여 말했다. "대신 하나도 물리치지 못한다면 어찌 임금 노릇을 할 수 있단 말인가?" 그러고는 옥새를 집어던지며 말했다. "짐은 임금이 아니니 경들이 이것을 가져가라."

대신들이 벌벌 떨며 감히 아무 말도 못했는데, 어윤중이 천천히 일어나 물러서면서 말했다. "성인이 말하길 '임금은 신하를 예로써 부리고, 신하는 임금을 충으로써 섬긴다'고 했습니다. 폐하께서 신들을 이렇게 대하시니, 장차 신들은 어떻게 폐하를 섬기겠습니까. 바라건대 노여움을 푸시고 굽어 살피시어 공의를 펴소서." 임금이 잠자코 있었다.

민주공화정에 익숙한 현대인들은 전통 시대의 군주가 일방적 통치권을 가졌던 것처럼 상상하는 일이 많다. 그러나 옛날 사람들이 모두 바보였던 것은 아니다. 규모가 큰 사회에서 오랫동안 지속된 질서는 나름대로 균형 잡힌 구조 속에서 긴장을 소화시키는 메커니즘을 가지고 있었다. 정권이 바뀌었다고 해서 임기에 관계없이 자리를 싹쓸이하는 오늘날의 행태를 '제왕적'이라고 손가락질하는데, 진짜 제왕들에게 매우 실례되는 얘기다. 옛날의 임금들은 그렇게 자의적으로 신하들을 대하지 못했다.

1890년대의 조선에서 고종이 자기 마음대로 안 되는 일이 있다고 옥새를 집어던지는 짓을 하기에 이른 것은 유교 정치의 원리가 오랜 시간에 걸쳐 무너져온 결과였다. 충과 예 사이의 균형 관계를 당당히 내세운 어윤중 같은 사람이 오히려 예외적인 존재가 된 상황을 황현은 개탄한 것이다. 황현도 어윤중도 벌벌 떨고 있던 대신들도 올바른 정치 원리가 어떤 것인지는 모두 공부를 통해 똑같이 알고 있었다. 그러나 그런 원리를 실천에 옮기는 사람이 드문 세상이 되어 있었다.

갑오개혁과 아관파천을 거치는 동안 조선의 정치에 참여한 사람들 중에 정통파 관료의 비중이 계속 떨어져갔다. '개화 관료'라 하여 과거를 거치지 않고 외국어나 기술을 갖고 채용된 사람들, 그리고 왕에게 맹목적 충성을 바치는 친위 세력의 비중이 커졌다. 왕 자신이 전통적 덕목을 존중하지 않았기 때문에 이 변화가 빠르게 일어났고, 전통적 덕목을 대치할 근대적 덕목이 갖춰진 것도 아니었기 때문에 사회 전체의 도덕적 긴장이 줄어드는 '도덕적 공동화' 현상이 진행되었다.

아관파천으로 벼락출세를 한 김홍륙이란 자가 있었다. 함경도 출신으로 소싯적에 연해주에 다니며 러시아어 익힌 밑천으로 궁내관이 되어 통역을 맡고 있었는데, 파천 기간 동안 고종과 베베르 사이의 통역을 전담하며 권세가 하늘을 찔렀다. 그러나 대한제국 출범 후 러시아와 관계가 소원해지자 설 땅을 잃었다. 1898년 여름 비리가 적발되어 유배 가게 되었는데, 떠나기 전에 고종과 황태자의 커피에 아편을 넣어 독살하려 했다는 혐의로 처형당했다.

서영희는 『대한제국 정치사 연구』에서 이 이른바 '독다' 毒茶 사건을 하나의 의옥疑獄으로 보았다. 고종이 김홍륙에게 누명을 씌웠다는 것이다. 독다 사건 반년 전 이재순의 김홍륙 살해 음모 사건도 고종의 지시에 따른 것으로 본다. 합당한 관점이라고 생각된다. 유배 가는 것이 억울해서 임금의 독살을 시도했다는 얘기는 너무 황당하다.

어윤중이 조희연을 옹호할 때는 옆에서 벌벌 떨고만 있던 대신들도 어윤중의 말이 맞다는 것은 알고 그렇게 나서지 못하는 것을 부끄럽게 생각하는 사람들이 꽤 있었을 것이다. 그러나 아관파천을 지낸 후 대한제국을 세울 무렵의 조정에서 누가 어윤중과 같은 말을 했다면 그게 무슨 뜻인지 알아듣지도 못하는 대신들이 태반이었을 것 같다. 아관파천은 조선의 조정이 고종의 수준에 맞춰 하향 평준화를 이루는 결정적 계기였다.

3

조선은 어떻게 사라져갔는가

(대한제국기)

지금 유엔에 192개 국가가 가입해 있다. 남극 대륙을 비롯한 약간의 특수 지역을 제외한 지구상의 육지 모두가 이 192개 국가의 영토로 나뉘어 있다. 전 세계가 배타적이고 평등한 주권을 가진 국가들로 분할되어 있는 것이다. 그리고 아주 약간의 예외를 빼고는 각 국가의 영토가 하나씩의 덩어리를 이루고 있다.

이것은 20세기 후반에 빚어진 상황이다. 100년 전에는 주권국가의 영토보다 이민족의 지배를 받는 식민지가 더 많았다. 그리고 200년 전에는 '국가'라 부를 만한 정치 조직을 가지지 않은 지역과 주민이 더 많았다. 300년 전에는 유럽에조차 오늘날 통용되는 국가의 개념이 적용될 만한 곳이 몇 안 되었다.

국가는 고대 세계에서 만들어진 제도다. 외적 규범에 따라서가 아니라 내적 필요에 의해 만들어진 제도다. 국가의 요건을 결정하는 일반적 기준도 없었다. 다만 같은 문명권 안에 여러 개 국가가 존재하는 상황이 되면 상호 교섭을 원활히 하기 위해 다소간의 프로토콜이 형성되었지만, 각 국가의 내부 구조에 큰 영향을 끼치지는 않았다.

자연 발생적 정치 조직으로서 국가의 기본 기능은 국내 질서의 유지였다. 그런데 근대로 접어들면서 유럽에서 국제 경쟁의 주체로서 기능이 더 큰 국가들이 나타났다. 14세기 후반 흑사병으로 인한 인구 격감을 계기로 기존 질서가 크게 흔들리고 여러 방면의 급격한 변화가 일어나면서 지역 간의 경쟁이 심화된 결과였다.

항해 활동, 식민지 획득에서 산업화에 이르기까지 지역 간 경쟁이 장기화되고 일상화되면서 경쟁에 적합한 정치 조직 형태가 우승열패의 과정을 통해 좁혀졌다. 그것이 민족국가를 틀로 하는 '근대국가'였다. 특히 19세키 산업화 단계에서 국가의 기능이 극대화되어 '국가주의' 시대를 열었다.

19세기는 원자론의 시대이기도 했다. 19세기 벽두에 돌턴이 발표한 원자론은 자연 정복을 꿈꾸는 자연과학 숭배의 절정을 가져왔다. 똑같은 원자들의 조합 속에서 물질의 궁극 원리를 찾아냈다는 환상이 정치 사상까지 휩쓸었다. 사회를 독립적 개인의 물리적 조합으로 보는 자유주의의 득세와 함께 국제 관계도 세계를 배타적 주권국가들의 물리적 조합으로 보는 만국공법 체제가 대세가 되었다.

19세기 후반 산업화의 확장 과정에서 인류 역사상 미증유의 경쟁 열기가 전 세계를 휩쓰는 가운데 승패의 결정적 열쇠는 근대국가의 효율성에 있었다. 독일처럼 급조된 국가라도 근대적 효율성을 갖추면 강자가 되었고, 러시아처럼 오래된 국가라도 그러지 못하면 약자가 되었다. 유럽 어느 나라보다 더 오래된 동아시아 국가들에게도 같은 상황이 닥쳤다.

전근대국가에 비해 근대국가는 '공동사회' Gemeinschaft보다 '이익사회'Gesellschaft의 성격을 강화한 것이다. 공동사회의 원리를 고도로 구현한 유교 정치 질서는 이익사회로의 전환에 특히 강한 저항을 일으키지 않을 수 없었다. 이 점에서 중국과 한국보다 일본이 적응에 유리한 입장이었다. 일본에도 이익사회화에 대한 저항이 있었지만 인접국들에 비해 적었기 때문에 동아시아 지역에서 근대국가 건설의 선두 주자가 될 수 있었다.

공동사회 성격의 국가에서는 권위와 권력의 분리가 관념상 용납되지 않았다. 아무리 군주가 무능하고 조정이 부패했더라도 군주와 조정을 통하지 않는 개혁 시도는 최악의 범죄, '대역'大逆이었다. 공화제도 입헌제도 긴 세월을 통해 농업 사회의 안정과 번영을 보장해준 문명의 원리에 어긋나는 것이었다. 이에 비해 천황의 권위와 막부의 권력 사이의 분리를 경험해온 일본에서는 전통의 저항이 덜했다.

중국과 한국의 권위주의적 유교 정치 질서에는 주기적 왕조 교체가 불가피했다. 도덕적 권위가 군주에게 집중되어 있었기 때문에 권위의 재생산이 힘들었고, 권위의 발판 위에 권력이 운용되었기 때문에 권위의 손상이 권력의 쇠퇴로 이어질 수밖에 없었다. 한 왕조의 권위와 권력이 쇠진하면 왕조 교체를 통해 권위와 권력을 일신하는 과정을 거쳤다.

19세기의 청나라와 조선은 왕조의 말기 상황에 빠져 있었다. 조선이 청나라보다도 더 심했다. 사회에 위기가 닥쳤을 때 엘리트 계층은 사회의 보전을 위해 노력을 일으키기 마련이고 이런 노력의 대부분이 '근왕'勤王의 방향으로 나타나게 되어 있었다. 그런데 군주와 측근 세력은 이 노력을 권력 사유화의 심화에 이용하기만 했다.

'서세동점'의 모습으로 닥쳐온 세계적 '근대화'의 물결 앞에 동아시아 전통의 흐름은 큰 굴절을 피할 수 없는 상황이었다. 수십 년 만의 큰 홍수 앞에 논밭을 지킬 수 없는 것과 마찬가지였다. 그런데 논밭이 떠내려가더라도, 복구 노력에 힘을 잘 모으는 사회는 피해를 최소화할 수 있는 반면, 개인의 이해관계에만 매달려 힘을 모으지 못하는 사회는 훨씬 더 큰 피해를 입게 된다.

개인주의를 억제하는 유교 정치의 전통은 한국 사회에 닥친 충격을 완화하고 극복을 쉽게 해줄 수 있는 문화적 자원이었다. 이 전통을 앞장서서 짊어지는 것이 유생층과 그에 기반을 둔 관료층이었다. 조선 망국의 날까지도, 그 이후에도 이 전통을 짊어지고 있던 사람들이 있었다. 그들의 뜻이 의병과 자결보다 더 효과적인 형태로 나타날 수 없었던 것은 그 뜻을 집약해 구현해야 할 왕조 체제가 퇴화해 있기 때문이었다.

1905년 보호조약을 맺을 때 의정부 8대신 중 확고히 반대한 것은 한규설 하나뿐이었다. 당시 대신의 대부분은 정상적 유교국가에서 고급 관리가 필요로 하는 교양을 갖추지 못한 사람들이었다. 고종 즉위 전, 안동 김씨 세도 정치하에서도 이런 인물들을 대신으로 줄줄이 늘어앉힌다는 것은 생각할 수 없는 일이었다. 고종 치세를 통해 조선 정부의 탈유교화가 꾸준히 진행된 결과였다.

유교 자체에 절대적 가치가 들어 있다고 주장하는 것이 아니다. "부자가 망해도 3년 먹을 것이 있다"고 하지 않는가. 500년 동안 조선 크기의 나라가 그만한 안정을 지켜왔다는 것은 인류 역사상 드문 일이다. 남들이 부러워할 만한 질서의 인프라를 조선 사회가 가지고 있었던 것이다. 이 인프라가 조선 시대를 통해 유가 이념으로 표현되어왔기 때문에 망국에 임해서도 한국 사회를 보호하는 역할을 유가 이념에서 기대하는 것이다.

유가 이념보다 더 일반적이고 현대인에게 익숙한 표현으로는 '엘리트 계층의 도덕성'이라 할 수 있다. 완력이든 재력이든 정보력이든 남들보다 힘을 더 가진 유력 계층일수록 사회를 보호하는 데 책임감을 느끼는, 공익을 중시하는 태도를 가지는 것은 억지로 강제되는 도덕이 아니라 건강한 사회의 자연스러운 추세다. 소속한 사회가 보전됨으로써 가장 큰 혜택을 얻는 것이 유력 계층이기 때문이다.

유력 계층 구성원들이 공익을 중시하는 도덕성을 잃고 사익에만 매몰됨으로써 자원이 낭비되고 신뢰가 무너지면 그 속에서 모든 사람이 함께 겪는 손해가 개인의 이익보다 더 크다. 극소수의 사람들만이 아주 약간의 이익을 볼 뿐이다. 개인의 합리적 선택이 집단의 손실을 초래하는 '죄수의 딜레마' 현상이다. 조선 사회를 지탱해온 질서의 인프라가 죄수의 딜레마를 면하게 해줄 수 있는 자원이었다.

100년 전의 망국보다도 더 심각한 문제는 한국 사회가 아직도 죄수의 딜레마에서 빠져나오지 못하고 있다는 것이다. 소수 집단의 이익을 위해 국토를 황폐하게 만드는 4대강 사업, 결선투표제 도입과 비례대표제 확대 등 누구나 필요를 인정하는 대의민주주의 개혁의 방치, 그야말로 소수 집단에게조차 이익이 안 될 남북 대결 정책 집착 등, 대한제국 지도부를 방불케 하는 퇴행적 행태가 지금도 펼쳐지고 있다.

식민지가 되었다는 '결과'보다 식민지가 되던 '과정'을 더 세심하게 살필 필요가 있다. 그때고 지금이고 사회의 장래를 결정하는 일차적 요인은 힘 있는 사람들의 행동양식이다. 그때고 지금이고 힘 있는 사람들 중에 공익을 중시하고 사회를 보호하려 애쓴 사람들이 있다. 그런데 그런 사람들의 노력이 지금 왜 충분한 성과를 거두지 못하는가, 그때의 사정과 지금의 사정을 나란히 살핌으로써 깨우칠 수 있을 것이다.

위기에 처한 사회를 구하는 데는 적극적 자기희생으로 의병과 독립운동에 나서는 사람들의 몫도 있지만, 스스로를 보통 사람으로 여기며 소박한 원칙과 자연스러운 상식을 지키려는 사람들의 몫이 더 크다. 이민족의 지배를 피하고 싶어 하던 그 많은 사람들의 소망이 어째서 어그러졌는가? 국가 부채가 자꾸 늘어나고, 자연 환경이 파괴되고, 민족 문제 해결이 지체되는 일을 피하고 싶어 하는 오늘날의 많은 사람들에게는 100년 전의 실패를 면밀히 따져볼 필요가 있다.

외세 줄서기의 천태만상

조선 국왕을 황제로 격상시키려는 움직임은 을미사변 당시 친일 개화정권에서도 있었다. 이 움직임은 영국, 미국, 러시아 등 각국 공사의 반대 의견을 감안한 고무라 일본 공사의 권고에 따라 중단되었다.

일본 측의 조선 칭제 추진은 청나라와의 사대 관계 청산을 분명히 하는 데 일차 의미가 있었고, 다음으로는 메이지유신의 모델에 따라 "군림하되 통치하지 않는" 입헌군주의 위상을 유도하는 뜻이 있었다. 정치의 중심이던 국왕을 배제함으로써 좋게 생각하면 개화 정책 추진을 순조롭게 하자는 것이었고, 나쁘게 생각하면 일본의 영향력 내지 지배력에 대한 저항을 없앤다는 뜻이었다. 각국 공사들이 이에 반대한 것은 칭제 자체보다 칭제를 통해 일본의 영향력이 너무 빨리 커지는 것을 꺼린 것이었다.

고종이 러시아 공사관으로부터 환궁한 몇 달 후 그 주변에서 칭제 추진 움직임이 일어난 것은 물론 일본 측 칭제 추진과 다른 의도였다. 고종은 전제군주의 위상을 더 강화하고 싶어 했다. 1897년 8월 광무 연호를 세우면서부터 칭제를 공론화하여 두 달 후 황제 즉위식을 거행했다. 이때 일본이 앞장서서 황제 칭호를 승인한 것은 일단 사대 관계 청산이라는 한 가지 목적은 이뤄지는 것이므로, 입헌군주제라는 또 한 가지 목적은 서서히 추구해나가겠다는 뜻이었다.

대한제국 건립은 조선 정부의 자주적 의지에 따라 이뤄진 것이었다. 그리고 정책 수립과 추진에도 임오군란(1882) 이후 청나라와 일본의 간섭과 주도에 따르던 데 비하면 제약이 덜했다. 1897년 2월의 환궁부터 1904년 2월의 러일전쟁 발발까지 7년간이 시대 변화에 대한 고종 측의 주체적 반응을 제일 폭넓게 살펴볼 수 있는 시기다.

이 시기에 청나라는 극심한 침체와 혼란에 빠져 조선을 돌아볼 여유가 없었고, 조선에 대한 일본의 야욕을 러시아가 어느 정도 견제하고 있었다. 조선에 대한 러시아의 관심은 일본에 비해 극히 미약한 것이었기 때문에 아관파천 등 유리한 상황을 소극적으로 이용하는 데 그쳤다. 러일전쟁에 걸리게 될 이해관계도 조선이 아니라 만주를 둘러싼 것이었다.

7년간의 소강 상태에 임하는 조선 정부의 자세는 대한제국 건립으로 시작했다. 고종 개인에게는 위신을 높이고 절대 권력을 쥐고 싶은 욕심이 있었을 것이다. 그러나 아무리 명목상의 칭제라 하더라도 개인의 욕심만으로 되는 것이 아니다. 고종은 칭제를 통해 국민의 근왕勤王 분위기를 최대한 불러일으켰다.

청일전쟁, 을미사변, 아관파천 등 외세에 극심하게 시달리는 상황을 겪는 동안 조선 조야朝野에는 근왕 분위기가 크게 일어났다. 왕이 왕 노릇 잘하고 못하고를 따지기에 앞서 왕이 왕 자리 지키는 것이

나라를 지키기 위해 절박한 과제로 인식된 것이다. 개화의 필요성을 인식하는 사람들도 을미사변처럼 황당한 사태를 겪고는 나라 지키는 일을 더 절박하게 여기게 되었다. 동도서기東道西器의 뒤를 잇는 구본신참舊本新參의 구호가 힘을 얻었다.

고종의 칭제에는 정통 성리학을 고수하는 일부 보수파를 제하고는 큰 반대가 없었다. 그러나 칭제에 찬성하는 사람들 가운데 칭제의 실제 의미에 대한 생각에는 큰 편차가 있었다. 고종과 그 친위 세력이 황제권의 절대화를 노골적으로 추구하는 데 대해 많은 사람들이 크고 작은 의구심을 품고 있었고, 그 의구심이 표현된 가장 큰 통로가 독립협회였다.

독립협회에서 상징적 역할을 맡은 인물이 서재필(1864~1951)이었다. 갑신정변 후 미국에 망명했던 서재필은 1895년 말 귀국해 이듬해 4월 『독립신문』을 창간했고, 『독립신문』을 통해 제창한 독립문 건립 운동을 계기로 7월에 독립협회가 결성되었다.

서재필이 『독립신문』을 통해 주장한 '자주독립'과 '충군애국'이 독립협회의 기본 강령이 되기는 했지만, 독립협회는 출범하면서부터 넓은 범위의 당시 유력계층의 정치적 욕구를 표현하는 수단이 되었다. 정치 참여 집단과 민간의 유력계층이 모두 이 운동에 합류했고, 안경수, 이완용 등 친러 정부 고관들이 초기에 조직을 이끌어서 당시 협회 수뇌부는 고급 관료 친목 모임 같은 성격도 가지고 있었다.

당시의 고관들이 독립협회에 적극 참여한 데는 두 가지 큰 이유가 있었다. 하나는 정부의 지지 기반을 넓히는 것이었고, 또 하나는 고종의 친위 세력에 대항하는 힘을 얻는 것이었다. 러시아 공사관에 머무는 동안 고종은 이범진을 필두로 하는 친위 세력에게 절대적 신뢰를 주며 조정 대신들을 경시하는 경향을 보였다.

친위 세력 성장은 임오군란 때부터 왕실이 거듭해서 위험을 겪는 가운데 계속되어온 현상이었는데, 아관파천에 이르러서는 공식 정부를 압도하는 지경에 이르렀다. 앞에 언급한 김홍륙처럼 출신과 자격이 정상적 관리 등용에 적합지 않은 사람들이 임금과의 사적 관계를 통해 권력을 얻게 된 것이었다. 서영희는 『대한제국 정치사 연구』에서 이 집단의 성격을 이렇게 요약했다.

이처럼 광무 연간 권력의 핵심에 진출한 근왕 세력의 정치적 부침은 매우 극단적이었다. 원래 아무런 정치적 기반 없이 정계에 진출한 이들로서는 오로지 황제의 신임만이 그 지위를 보장받는 유일한 근거였으므로, 황제의 총애에 따라 어느 날 갑자기 부상한 인물이 다시 황제의 신임을 잃고 곧바로 실세하는 일도 빈번히 일어났다. 따라서 황제의 총애와 지근거리 확보를 두고 근왕 세력 내부에서도 치열한 권력 투쟁이 벌어졌다. 이들에게 같은 하위 계층 출신으로서의 횡적인 연대 같은 것은 존재하지 않았고, 오로지 황제와의 수직적인, 그러면서도 사적인 연관 관계만 존재하였다. 황제의 최고 신임을 받았던 이용익과 이근택의 대립도 바로 그러한 근왕 세력 내부의 암투를 보여주는 것이었다. (96쪽)

김홍륙은 한때 고종의 절대적 신임을 받고 무소불위의 권력을 휘두르다가 몰락한 인물인데, 그를 제거하는 과정에서 독다 毒茶 사건이라는 희한한 수법을 사용한 것이 눈에 띈다. 비리가 적발되어 귀양 갈

참이었던 그를 서둘러 처치할 필요가 있었던 것은 알지 말아야 할 것을 너무 많이 아는 사람이었기 때문이 아니었을지.

김홍륙에 이어 고종의 절대적 신임을 받은 김영준도 희한한 뒤끝을 보여줬다. 그는 무고誣告 전문가였다. 1899년 경무사로 있을 때 대신들을 죽이고 정권을 손에 넣자고 동료인 시종 신석린에게 제안했다가 응하지 않자 신석린을 체포하고 당시의 고관 태반을 역모 사건으로 옭아 넣으려 했다. 이 고변은 효과를 일으키지 못했지만 고종은 그를 두둔했다. 충성심으로 인한 잘못이니 처벌할 수 없다는 것이었다.

김영준은 이듬해 고종의 신임을 등에 업고 내관 강석호를 무고하다가 이번에는 관직을 빼앗겼다. 강석호가 미국 공사관과 짜고 공화제 추진을 획책한다는 무고였다. 고종이 공화제라면 원수처럼 여기는 점을 노린 것인데, 강석호는 조정 대신들처럼 만만한 상대가 아니었던 모양이다. 김영준은 그러고도 부족해서 친미파와 친러파 사이에 갈등을 일으키려는 음모를 또 추진하다가 붙잡혀 처형당했다.

김영준의 발호 과정에서 친일파, 친러파, 친미파 등 외세 줄서기 현상이 눈에 띈다. 이것은 개항 초기의 친일-친청 대립과 다른 양상이었다. 1880년대의 친일-친청은 메이지유신을 모델로 하는 급진파와 양무운동에 동조하려는 온건파 사이의 정책 대립이었는데, 청일전쟁 이후의 외세 결탁은 권력 투쟁의 수단으로 쏠렸다.

아관파천으로 친일 정부가 전복되고 중요 인물 몇이 살해당한 후 고종의 자의적 통치를 견제할 수 있는 국내 정치의 메커니즘이 사라졌다. 고종의 절대 권력을 견제할 수 있는 힘은 외세뿐이었다. 조정의 대신들에게도 고종의 변덕 앞에 신분보장의 길은 어느 외세든 골라서 스

폰서로 삼는 것뿐이었다. 국익을
위해 외교관들과 접촉하는 경우도
없지 않았지만 개인적 이해관계가
더 일반적인 동기였다.

열강의 외교관들은 이권 확
보를 위해, 그리고 자국에 유리한
정책을 이끌어내기 위해 인맥 관
리에 나섰다. 외국 공사들을 영수
로 하는 당쟁이 벌어지는 판이었
다. 상황에 따라 수시로 줄을 바꾼
다는 점이 전통 시대 당쟁과 달랐
을 뿐이다.

러시아가 일본을 견제해주는 일시적 소강 상태
속에 고종이 권력의 사유화에만 매진하자 모처
럼 넓은 범위의 조선인들이 독립협회를 통해 정
치적 표현에 나설 기회를 가졌다. 그러나 독립협
회의 너무나 넓은 스펙트럼 속에서 조직력을 발
휘해 급진적이고 투쟁적인 노선을 이끈 것은 박
영효가 대표하는 친일파 집단이었다. 독립문 현
판을 쓴 이완용이 친서양적 고종 친위 세력에서
친일파로 변신하는 계기도 독립협회 활동을 통
해 만들어졌다.

외세 줄서기 현상은 독립협
회에서도 나타났다. 창립 초기의
협회에는 여러 성향의 개화파만이 아니라 보수파까지 참여하여 '독
립'을 내세운 기념사업을 함께 벌였으나 대한제국 건립 후 정치 활동
이 활발해지면서 친러파와 친일파 사이의 노선 투쟁이 나타나기 시작
했다. 고종은 칭제 지지 운동을 이끌어내는 통로로서 협회를 이용하다
가 협회의 정치 활동 강화에 따라 거리를 두기 시작했다.

1898년 2월 구국운동 선언을 계기로 독립협회는 황제에 종속되
지 않은 유일한 정치조직으로서 두드러진 존재가 되었다. 그에 따라
친정부적 인사들은 협회에서 탈퇴하거나 뒷전으로 물러서고 정부를
비판하는 경향이 강해졌다. 정부에 불만을 가진 민심이 독립협회에 크

게 모이던 상황을 황현은 이렇게 기록했다.

당시 장안의 군사와 백성들은 정부에 대해 이를 갈았지만 일어설 만한 기회를 잡지 못했다. 그러다가 독립협회가 공의를 지킨다는 소문을 듣고 서로 뒤질세라 달려왔다. 고관에서 민간에 이르기까지 비분강개하며 뜻을 이루지 못한 자들이 많이 모여들어 막강한 세력을 형성하자 윤치호가 일곱 대신들을 공격했고, 고영근도 조병식, 민종묵, 유기환, 이기동, 김정근을 오흉이라 지목하고는 여섯 차례나 상소하여 죽이라고 청했다. 또한 많은 사람들이 대궐을 지키며 땅이 울리도록 큰소리로 외쳤으며, 종로에 커다란 목책을 설치하고 단결하여 흩어지지 않았다. 임금이 엄한 비답(批答)과 온화한 말로 타이르며 여러 차례나 해산하라고 명했지만 끝내 듣지 않았다. 변란의 조짐이 이미 뚜렷이 나타났다.

독립협회에는 정부에 불만을 가진 여러 부류 사람들이 모였는데, 그중 강한 조직력을 가진 것이 친일파였다. 특히 일본에 도망가 있던 박영효의 추종자들이 협회의 소장 간부층에 대거 침투해 협회를 강경 노선으로 이끌어갔다. 1898년 말 독립협회가 공화제를 추진한다는 익명의 투서를 계기로 독립협회가 고종의 해산 명령을 받기에 이르렀거니와, 독립협회에는 분명히 시정 개혁 운동 차원을 넘어서는 정체政體 변혁 운동의 요소가 나타나고 있었다.

대한제국 건립은 권력 사유화의 절정이었다. 의정부가 유명무실해지고 궁내부가 비대해진 것이 그 단적인 징표였다. 이런 권력 사유화는 유교 정치의 원리에 용납되지 않는 것인데, 오랜 세도 정치를 통해 정치의 공공성이 약화된 끝에 대원군 납치(1882)에서 민비 살해 (1895)에 이르는 외세의 격렬한 개입까지 겹쳐져 조선의 정치에서 유교적 질서가 말살된 상황을 보여준 것이다.

중국과 일본의 엇갈린 행로

유럽인은 16세기 초부터 동인도제도를 중심으로 아시아 지역에서 활동을 시작했지만, 18세기 말까지 유럽과 아시아 사이의 물동량은 그리 크지 않았다. 유럽에서 아시아로 제일 많이 가져온 것은 아메리카에서 캐낸 은이었고, 아시아에서 유럽으로는 향료, 비단, 차, 도자기 등 사치품을 실어갔다.

18세기 후반 산업혁명의 진행에 따라 직물 등 유럽 공산품과 면화, 고무 등 산업 원료를 대량으로 실어오고 실어가기 시작하면서 물동량이 많아졌다. 인도와 동인도제도의 지배권이 강화되면서 플랜테이션이 확대되고 유럽 제품의 소비 시장도 커졌다. 19세기에 접어들면서는 교역의 확장과 지배 영역의 확대를 계속해서 필요로 하는 상황이 되었다. 그래서 동아시아 지역의 비교적 안정된 상태의 사회들에도 점점 강한 자극을 가하게 되었다.

산업혁명 전까지 교역의 규모는 유럽인이 조달하는 은의 분량으로 제한되었다. 유럽에서는 동아시아에 가져가 팔 물건이 별로 없었기 때문이다. 그런데 유럽인의 아시아산 사치품 수요는 은 채광의 확대가 따라갈 수 없는 수준으로 빠르게 커졌다. 그래서 유럽인들은 무력을 써서라도 유럽 상품의 시장 확대에 나서지 않을 수 없었다. 대량 생산으로 생산비를 절감한 유럽 공산품은 문턱만 없앨 경우 큰 경쟁력을 발휘할 수 있었다.

아편전쟁 이후 유럽 상품의 중국 시장 진출이 확대되었지만, 200년간 계속되어온 중국의 수출 초과가 억제되는 정도로, 중국 경제에 결정적인 파탄을 불러오지는 않는 상태가 19세기 말까지 계속되었다. 제2차 중영전쟁 후 1860년대에 시작된 양무운동은 확대된 교역 수입을 발판으로 진행되었다.

양무운동을 시대 변화에 적응하려는 능동적 개혁 노력으로 평가하기도 하지만 비판적으로 보는 시각도 많이 있다. 1884년 청불전쟁과 1894년 청일전쟁 패배가 증명하는 것처럼 근본 목적인 '자강'自强에 실패했다는 기능적 비판이 있고, 물질만 알고 정신을 알지 못했다는 양계초梁啓超류의 이념적 비판도 있다. 봉건적 지배 체제에 집착한 매판 사업이라는 비판도 여러 각도에서 나왔다.

이중에는 양무운동에 대해 당시의 상황을 충분히 고려하지 않거나 결과만 놓고 보는 비판이 많다. 1860년대 중국인의 위기의식은 1890년대와 같을 수 없는 것이었다.

오랑캐에게 황도를 유린당하는 일이 전통 중국에서 흔한 일은 아니라도, 아주 있을 수 없는 일은 아니었다. 진짜 있어서 안 될 것은 태평천국(1850~1864)이었다. 제국의 영토를 분점하고 인민을 장악하는 내부의 적, 이것이 가장 무서운 '심복지환'이었다. 한차례 휩쓸고 지나가는 외부 오랑캐의 침공은 그에 비하면 가벼운 걱정거리였다. 물론 오랑캐가 중국 왕조를 무너뜨리고 정복 왕조를 세운 일도 있었다. 그러나 1860년대까지 서양 오랑캐들은 통상 확대를 꾀하고 재물을 탐하는 '외부의 적'일 뿐이었다.

태평천국만이 아니라 여러 곳에서 반란이 꼬리를 물고 일어나고 있었다. 반란의 원인 중 서양 세력 진출과 관련된 요소들이 전혀 없지는 않았지만, 기본적으로는 세운 지 200년 넘은 왕조의 노쇠 현상이었다. 양무운동의 당면 목표는 내부 불안을 극복하는 왕조의 '중흥'이었다. 그 목표에 집중하기 위해 외부와의 대결은 최대한 미루려고 애썼다.

양무운동의 지도자 증국번(曾國藩, 1811~1872), 좌종당(左宗棠, 1812~1885)과 이홍장(李鴻章, 1823~1901)은 모두 태평천국 진압 과정에서 두각을 나타낸 인물이었다. 1870년 증국번에 이어 북양北洋대신으로 청나라 대외 정책의 칼자루를 쥘 때, 이홍장은 열강들의 도움으로 태평천국을 진압한 관계가 계속되기를 바라고 있었다. 열강과의 대립을 피하는 것이 이홍장의 금과옥조였기 때문에 일만 있으면 매국노의 오명을 뒤집어쓰곤 했다.

1880년대에 접어들며 제국주의가 고조됨에 따라 이홍장의 북양대신 업무가 힘들어지기 시작했다. 중요한 조공국인 베트남과 조선이 불안하게 되었다. 이홍장은 프랑스와 마주친 베트남에서 너무 쉽게 물러서며 좌종당에게 "천고에 더러운 이름을 남길 것"이라는 비판까지 받았다. 그 대신 조선에 대해 강한 집착을 보인 것은 일본에게까지 밀릴 수는 없다는 생각이 절박했기 때문이다.

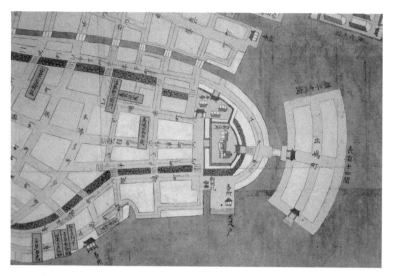

200여 년간(1641~1853) 일본과 서양의 접점을 지킨 데지마(出島)와 나가사키 항구. 개항기 이전 중국은 서양과의 교역량이 너무 많아서, 조선은 너무 적어서 19세기의 변화에 적응하는 데 어려움을 겪었다. 너무 많지도 않고 너무 적지도 않았던 것이 일본의 성공에는 중요한 조건이 되었다.

    1870년대 청나라의 군비 증강은 대외용이 아니라 대내용이었다. 열강에게 배우고 구입한 군사력으로 내부 반란에 대비하는 것이었다. 1880년대의 군비 증강은 그보다 한 등급 위였다. 일본을 의식한 것이었다. 1874년 일본군의 대만 원정 때부터 품은 경계심이 1876년 강화도조약 이후 조선 사정을 둘러싸고 갈수록 깊어졌다. 일본은 결국 청일전쟁 승리 후 서양 열강의 존중을 받고 동맹 상대로서 동아시아 지역의 헤게모니를 쥐게 되는데, 그것이 바로 청나라가 절대 막고 싶은 상황이었다.

    1894년의 청일전쟁으로 근대 세계에서 두 나라의 운명이 드러났다. 이홍장이 이끈 청나라 양무 정책은 원래 무리한 욕심을 내지 않는 안전 위주의 노선이었는데도 최소한의 목표도 이루지 못한 처참한 실패로 끝나고 말았다. 청나라의 구체제로는 시대 변화에 적응할 길이 없다는 인식 위에 변법운동, 의화단, 입헌운동, 혁명운동 등이 어지럽게 뒤얽혀 전개되기 시작했다.

1854년 페리 제독의 함포외교 앞에 문을 열 때, 40년 후 일본이 청나라를 격파할 힘을 키우는 길이 열리는 것이라고 생각한 사람은 아무도 없었을 것이다. 그 나라가 50년 후 러시아를 이길 것을 상상한 사람도 없었을 것이다. 개항은 당시 일본인들에게 기회 아닌 위기였을 뿐이다.

페리 제독의 일본 개항이 미국 입장에서 급한 일은 아니었다. 일본은 네덜란드 동인도 회사와 오랫동안 거래 관계를 유지해 왔고, 갑자기 교역을 크게 늘릴 상품이 떠오른 것도 아니었다. 지나는 길에 있으니까 편의상 문을 열어놓은 것일 뿐, 크게 바라는 것이 없었다. 개항 이후에도 일본에 대해 열강의 별다른 전략적 접근이 없는 상태에서 십여 년이 지난 후 메이지유신이 일어났다.

19세기 말까지 일본이 중국이나 한국보다 '개화'에 성공한 것은 분명한 사실이다. 이 성공에는 여러 가지 요인이 얽혀 있었는데, 무엇보다 중요한 것이 시간 여유가 주어진 점이었다. 중국은 1840년에 서양 열강으로부터 본토 침략을 당하기 시작했고, 한국은 개항 6년 후인 1882년부터 외국군의 주둔이 시작되었다. 그런데 일본에는 그처럼 강한 외세의 작용이 없었다.

특히 개항에서 유신에 이르는 14년간 일본은 거의 아무런 외부 위협을 겪지 않았다. 1863~1864년 조슈長州와 사츠마薩摩 번이 독자적으로 벌인 적대 행위조차도 영국 등 서양 세력으로부터 제한된 범위의 반응밖에 불러일으키지 않았다. 이 14년간 일본, 특히 유신의 주역이 될 웅번雄藩들은 극히 어지러운 행보를 보였다. 침략의 야욕을 가진 외세가 없었기 때문에 누릴 수 있었던 여유였다.

또 한 가지 일본이 '개화'에 유리했던 점은 중국과 조선 같은 중앙집권 체제가 없었다는 것이다. 중앙집권의 '권'이란 권력만이 아니라 권위도 뜻하는 것이다. 조선과 청나라에서는 개혁을 위한 노력의 대부분이 권력과 권위의 중심축인 왕조로 집중되었는데, 두 나라 다 왕조의 기능이 퇴화 단계에 이르러 있어서 좋은 성과를 거둘 수 없었다. 일본에서는 '개화'의 과제 앞에서 권력과 권위의 새로운 체제를 만들 수 있었다. 새로운 체제를 만들어내는 혼란스러운 과정에 외세의 과도한 작용이 없었던 것이 일본 성공의 결정적 조건이었다.

메이지유신의 출발점인 1868년의 '대정봉환'大政奉還 후에도 혼란스러운 상황은 이어졌다. 20년이 지난 후 '대일본제국 헌법' 제정(1889)을 전후해서야 근대 일본의 국체國體가 안정된 모습을 드러냈고, 그 5년 후 청일전쟁의 승리로 일본의 '성공'이 확인되었다. 그때까지도 일본은 조선과 청나라처럼 외세의 강한 압력을 받지 않고 있었다.

개항 후의 조선에게는 청나라와 일본이 시대 변화에 대한 대응방식의 모델이었다. 1881년 신사유람단과 영선사를 두 나라에 보내 상황을 파악하는 시점에서부터 일본 모델을 더 중시하는 추세가 일어나고 그런 추세가 갑신정변의 발판이 되었다.

그런데 문제는 모델의 올바른 선택만으로 행복한 결과가 보장되지 않는 상황이었다는 데 있다. 두 가지 문제가 있었다. 하나는 조선의 중앙집권 체제가 일본보다 더 큰 관성을 가지고 급진 노선의 실행에 제약을 주었다는 것이다. 또 하나는 일본과 달리 조선에게는 강한 침략 의욕을 가진 외세가 작용하고 있었다는 사실이다. 일본 자신이었다.

조선의 마지막 지킴이,
의병

개항기로부터 망국에 이르는 과정에서 조선인의 한 갈래 반응으로 '위정척사'衛正斥邪가 있었다. 변화의 필요성을 외면하고 전통 체제에 집착하는 극단적 보수 성향으로, 흔히 부정적 인식의 대상이 되는 태도다.

"옳은 것을 지키고 그른 것을 내치는" 태도를 부정적으로 보는 까닭이 무엇일까. 두 가지 이유가 있다. 하나는 19세기 후반의 조선에서 변화의 필요성이 절대적인 것이었는데, 이 필요성을 외면한 것을 어리석음으로 보는 것이다. 또 하나는 정사의 구분을 앞세우는 태도가 독선과 독단에 빠지기 쉽다는 것이다.

변화의 필요성은 분명히 있었다. 그러나 그 필요성을 절대적인 것으로 볼 때는 변화의 방향과 방법을 극단으로만 보게 된다. 간접적인 방향이나 온건한 방법은 절대적 필요성을 충족시키지 못하는 것으로 보이기 때문이다.

치료의 필요성에 대한 서양 근대 의학과 동양 전통 의학의 자세에 차이가 있다. 서양 근대 의학은 잘못된 현상이 있으면 그 현상을 직접 바로잡는 대증 치료에 집중하는데, 동양 전통 의학에서는 잘못된 현상의 배경 원인을 먼저 살피는 원인 치료를 중시하고, 치료 과정을 견뎌내기 위한 원기元氣 배양을 앞세운다.

조선 말기의 위정척사파 중에는 정말로 시대 변화를 전혀 이해하지 못하고 "이대로!"만 외친 수구파도 있었을 것이다. 그런 사람들은 어느 시대 어느 사회에나 존재하게 마련이고, 머릿수가 많건 적건 역사의 흐름에 별 의미 없는 존재다. 중요한 것은 위정척사파 가운데 '합리적 보수'라 할 만한 자세가 있었음을 현대인이 간과하기 쉽다는 점이다.

19세기 후반 조선에는 내우와 외환이 겹쳐져 있었다. 꼴통 수준의 진짜 '수구'가 아니고는 변화의 필요성을 외면할 수 없는 상황이었다. 그런데 변화 대처에도 내우를 앞세우느냐 외환을 앞세우느냐 하는 차이가 있었다. 내부 문제를 먼저 처리해서 자세를 바로잡은 뒤에 외부 문제에 대응하자는 것을 보수 노선으로, 외부 문제 대응에 필요한 기준에 따라 내부 문제의 접근 방향을 정하자는 것을 진보 노선으로 볼 수 있다.

무엇이 필요하냐에 앞서 무엇이 옳고 무엇이 그른 것이냐를 더 중시하는 것은 '보수'로서 의미 있는 정치적 태도다. 다만 옳고 그름을 따지는 기준이 얼마나 '합리적'이냐 하는 문제가 따른다. 그 기준이 지나친 독단과 독선에 빠지면 '수구'가 된다.

조선 후기의 성리학이 극단적 정통론에 집착해 사회의 생산성과 건강을 해친 것이 바로 독단과 독선 때문이었다. 같은 공자의 가르침을 따르는 사람끼리 '사문난적'으로 몰아붙인 것이 이 극단성의 표현이었다. 같은 유학이라도, 심지어 같은 성리학이라도, 주자의 학설과 조금만 어긋나는 것이 있으면 이단으로 몰아붙이는 풍조가 만연했다.

같은 유학 내에서도 그토록 배타적이었는데, 외래 사상인 서학을 이단과 사학으로 본 것은 당연한 일이었다. 그러나 조선 후기의 서학 비판 중에는 공자의 가르침이 아니라 해서 무조건 멸시하고 적대시하기보다 합리적으로 접근한 자세도 찾아볼 수 있다.

서학서를 널리 섭렵한 이익(1681~1763)은 『칠극』七克을 보고 "그 비유가 적절해 우리 선비들이 밝히지 못한 점을 밝힌 것이 있으므로 극기복례克己復禮에 도움이 된다"고 평했다. 그리고 서학 전반에 대해서는 그럴싸한 논설이 많으나 궁극적인 정당성을 갖추지 못했다는 논평을 남겼다. 이단異端이기는 하지만 사학邪學까지는 아니라고 본 것이다.

이익의 제자 중 신후담(1702~1761)과 안정복(1712~1791)은 서학을 사학으로 규정했다는 점에서 스승보다 비판적이었다. 그러나 두 사람 사이에도 태도의 차이가 있다. 안정복의 『천학고』(天學考, 1785)와 『천학문답』(天學問答, 1785)에 비해 신후담의 『서학변』(西學辨, 1724)은 훨씬 합리적인 자세를 보여준다.

서학의 천당-지옥설에 대해 안정복은 불교에서 훔쳐온 것이라 하여 바로 사학으로 몰아붙이는데, 신후담은 천당의 유혹과 지옥의 공포로 사람의 행동을 농락하면서 이利를 앞세운다는 점을 비판한다. 본성의 선악을 접어놓고 득실에 따라 행동을 결정하게 만든다면 이익을 좇는 도도한 추세에 천하가 휩쓸려버릴 것을 걱정한 것이다.

의병의 역사적 의미가 경시되는 것은 결과만 쳐다보는 우리 사회의 천박한 풍조 때문이다. 망국을 막지 못했으니 '실패'한 행위로 보는 것이다. 예법을 너무 중시해서 전투력을 떨어뜨렸다는 비판도 마찬가지다. 의병은 다른 무엇인가를 지키기 위한 수단이 아니었다. 의병 현상 자체가 전통의 발현으로서 지킴 받을 대상이었다. 여러 계층이 의병 운동에 힘을 모았지만, 사대부의 나라를 지키려는 사대부의 노력이 의병의 뼈대였다. 예법이 전투력보다 중요한 것은 당연한 일이었다.

물론 이익이나 신후담 같은 상대주의 관점은 절대주의적 정통론이 우세하던 조선 후기 사상계에서 소수파였다. 그리고 1801년 신유박해 와중에 터져 나온 '황사영 백서 사건'을 계기로 서양에 대한 주류 사상계의 시각이 더욱 경화된 것도 사실이다. 그러나 19세기 후반으로 들어와 내외의 위기가 심화되어가는 상황에서는 정통 성리학도 극단적 순혈주의에 머물러 있을 수 없게 되었다.

조선 말기 성리학의 대가 이항로(1792~1868)를 따른 화서학파는 당대 위정척사론의 본산이기도 했다. 김평묵, 유중교, 최익현 등 위정척사론을 이끌고 의병 활동에 큰 역할을 맡은 인물들이 이 학파에서 나왔다. 이항로의 학설은 주리론主理論으로서 존왕양이尊王攘夷를 춘추대의春秋大義, 즉 최고의 도덕적 명제로 삼는 것이었다. 조선 후기 정치와 학술을 지배해 온 서인−노론 계열이 주기主氣 쪽으로 기울어졌던 경향과 대비되는 자세였다. 기정진, 이진상 등 같은 시기의 거유들이 모두 주리론에 접근했던 것은 왕권의 쇠미가 심각해진 상황을 반영한 것으로 이해된다.

『한국민족문화대백과사전』 "의병" 조에는 조선 말기 의병의 신분 구성에 관해 "의병 전쟁의 주도 세력은 지방 유생과 농민"이었다고 설명했다. 그러나 순수한 농민들의 봉기는 '의병'보다 '민란'이나 '농민항쟁'으로 규정되기 쉽다. 지도층이 주도하는 항쟁이라야 '의병'으로서의 명분을 명확히 표현하고 또 인정받을 수 있는 것이다.

따라서 의병이란 위기에 처한 체제 지도층의 대응 방식이다. 조선은 유교 국가였기 때문에 유생들이 의병의 주체로 나섰다. 유생 의병이 길을 열어놓은 뒤에야 해산된 구식 군대도 의병에 합류할 수 있었고, 신돌석 같은 평민 의병장도 나올 수 있었다. 의병의 요건인 '의리'를 제공한 것은 유생층이었다. 항쟁이 장기화되면서 다른 계층에서 지도자들이 나타나는 것은 새로운 지도층의 형성으로 보아야 할 현상이다.

유교 질서는 무력 사용을 억제하여 전쟁을 천자만이 주재하는 것을 원칙으로 했다. 제후는 천자의 위임을 받아 주재했다. 임금의 명령 없이 민간에서 무력을 일으키는 것은 명분에 관계없이 무조건 잘못된 일이었다. 의병이란 천하 질서가 비상한 위기에 처했을 때만 정당화될 수 있는 현상이었다. 조선에서는 병자호란 때 의병이 나타난 후 1895년에 와서야 다시 의병이 나타났다.

궁궐이 짓밟히고 왕비가 살해당한 을미사변은 250년 만에 의병을 일으킬 계기를 만들어주었다. 국왕과 조정이 잘하고 잘못한 것을 따지는 것은 국왕과 조정이 지켜진 뒤에 가능한 일이었다. 아관파천으로 친일 정부가 전복되자 일부 의병이 무기를 내렸고, 1년 후 고종이 환궁하자 거의 모든 의병이 해산했다. 국왕과 조정이 주권을 회복한 상황에서는 의병의 명분이 해소되기 때문이었다.

1905년 을사조약으로 대한제국의 주권이 전면적으로 침해되자 의병이 다시 일어났다. 그리고 2년 후 강압에 의한 고종 퇴위와 뒤이은 군대 해산을 계기로 의병 활동은 전국적, 전사회적으로 확대되었다. 1908년 초 1만 의병이 양주에 집결해 서울 입성을 시도할 때 절정에 올랐던 의병 운동은 이후 일본군의 토벌로 위축되었지만, 일부가 해외로 빠져나가 독립군의 기반이 되었다.

우리 사회에서 의병의 역사적 의미가 충분히 인식되어오지 못했다고 나는 생각한다. 두 가지 이유가 있는 것 같다.

첫째, 의병의 존재가 국면 전개를 좌우하는 결정적 요인으로 작용하지 못했다는 것이다. 이 점에 있어서 역사를 결과 위주로만 보는 풍조를 반성할 필요가 있다. 광복군과 독립 운동은 일본 패전과 민족 해방에 어떤 작용을 했는가? 직접 작용한 효과는 미미했다. 그래서 해방 후 민족사회의 진로가 외세에 휘둘리게 된 것이다. 그러나 현실에의 작용은 적었더라도 민족사회의 의지를 대표한 상징성이 있기 때문에, 그리고 그 상징성을 우리 사회가 어느 정도 인식했기 때문에 그나마 최소한의 정체성은 지킬 수 있었던 것이다. 그마저도 없었다면 일본 패전에 임해서도 홋카이도나 오키나와처럼 일본에 귀속되지 말란

법이 없었을 것이다.

둘째, 의병 운동의 위정척사 사상이 시대 변화의 방향을 알아보지 못했다는 인식이다. 의병 지도자들이 개화에 반대하는 생각을 많이 드러낸 것은 사실이다. 그러나 이것은 전술 전략 차원에서 불가피한 일로 이해해야 한다. 투쟁 대상인 일본 식민주의가 개화를 명분으로 내걸고 있었고, 한국의 국가와 사회에 대한 침해가 근대화의 과정을 통해 이뤄지고 있었기 때문이다. 전술 전략을 넘어서는 철학 차원에서는 근대화를 핑계로 사리사욕을 꾀한 사람들보다 변화의 필요를 더 절실하게 느낀 의병들이 있었다.

의병장 유인석(1842~1915)은 『우주문답』宇宙問答이란 글을 남겼다. 정치, 사회, 학문, 종교, 윤리, 교육 등 문명 전반에 걸친 40개 주제에 관한 문답 형식의 이 글에는 당대 어느 개화론자 못지않은 넓고 깊은 식견이 담겨 있다. 이항로의 학파를 이어받아 의병 지도자 이전에 사림 지도자로 숭앙받던 유인석의 '근대적 석학'으로서 면모를 보여주는 글이다.

의병에 나선 유생들이 당시 한국의 대표적 지식인들이었다는 사실을 깊이 생각할 필요가 있다. 직접 나선 숫자는 많지 않았지만 훨씬 더 많은 사람들이 그들과 같은 마음을 가지고 있었다. 한국의 전통을 등에 짊어지고 있던 집단이었다. 그들 중에는 시대에 따른 변화의 필요를 절실하게 생각하는 사람들도 많았다.

그런데 일본 식민주의가 '개화'의 어젠다를 선점해버린 것이었다. 『우주문답』에 이런 대목이 있다.

비록 구법(舊法)이 나라를 망쳤다고 주장하지만 망국은 개화가 행하여진 뒤의 일이었다. 구법을 행하여 망국하였다고 가정하더라도 어찌 개화하여 망국한 것만큼 심하였겠는가. 만일 나라 안의 상하대소인(上下大小人)이 모두 수구인(守舊人)의 마음과 같이 하였더라면 나라는 혹시 망하지 않았을지 모르고, 또 망하였더라도 그렇게 빨리 망하지는 않았을 것이다.

변화를 받아들이더라도 내 자세를 바로 갖춘 뒤에 받아들여야 한다는 것이 당시 지식인들의 일반적인 생각이었을 것이다. 그런데 개화를 특허 낸 일본을 상대로 싸우면서 개화 자체에 대한 반감을 키운 사람들도 많았을 것이다. 양심적 지식인들이 개화를 외면하게 만듦으로써 전통과 변화의 순조로운 연결을 차단한 것이 타율적 근대화의 피해 중에서도 가장 근본적인 것이라고 나는 생각한다.

고종만을 위한 나라, 대한제국

몇 해 전 『교수신문』에 대한제국의 성격에 관한 일련의 논설이 실렸고 이것이 정리되어 『고종황제 역사 청문회』(푸른역사 펴냄)란 제목으로 출간되었다. 이태진의 『고종 시대의 재조명』(태학사 펴냄)에 대한 김재호의 비평과 이에 대한 이태진의 반론에서 시작된 한차례 논전이었다. 이 책 중에서 왕현종의 논평 한마디가 가장 핵심을 찌르는 것으로 보였다(이하 『고종황제 역사 청문회』에서 인용).

> 고종의 절대화만 강조하는 민족주의적 시각으로는 역사적 구조 변화의 동인과 주체를 다각도로 분석하기에는 부적절하기 때문이다. (51쪽)

"부적절"하다는 말이 참 적절하다. 고종이 정치를 잘한 것이라면 일본의 침략이 부당한 것이었다고 하는 이태진의 전제는 고종의 정치가 엉터리였다면 일본의 침략이 정당화될 수 있다는 이야기인가. 침략의 정당성을 고종의 정치 수준에 연계시킨다는 것은 그야말로 부적절한 일이다.

왕현종은 대한제국의 근대적 성격을 부정하는 김재호의 시각에
대체로 동의하면서도 '내재적 발전론'을 부정하는 '식민지 근대화론'
에 대해서는 '근대화 지상주의'라 하여 반대하는 입장을 밝혔다.

세계적 차원의 근대화 지상주의는 결국 자민족의 억압과 민중적 삶의 해
체를 위한 수단에 불과하다는 사실을 깨달아야 한다. (52쪽)

김재호는 이에 대해 내재적 발전론이 오히려 근대화 지상주의라
고 반박했다.

'내재적 발전론'은 식민지화 이전에 왜곡되지 않은 근대화가 진행되고
있었으며 제국주의에 의한 왜곡과 좌절이 없었다면, 그리고 지금이라도
그러한 왜곡을 바로잡는다면 제대로 된 근대화가 가능하다고 보고 있다.
(……) 근대가 추구할 지상의 가치가 아니라면 왜 그렇게 고투했겠는
가? 왜곡되지 않은 그 근대란 도대체 어떤 얼굴을 하고 있는 것인가?
(56~57쪽)

일리 있는 지적이다. 내재적 발전을 주장하려는 의지는 근대화를
바람직한, 또는 불가피한 진로로 보는 관점에서 나오는 것이다. 그런데
김재호가 말하는 '근대화'는 유럽식 근대화에 한정되어 있는 것 같다.

근대 경제 성장을 통해서 농업사회에서 산업사회로 변했으며 도시화가

진행되고 사람들의 생각이 세속화되며 새로운 계급이 등장하는 등 인류 역사에서 전례 없는 거대한 변화가 진행됐다. 우리가 현재 익숙하게 알고 있는 사회가 형성되기 시작한 것이다. (55쪽)

넓은 의미에서 '근대화'란 중세 사회의 해체에 따른 모든 대안을 뜻하는 것이라고 나는 생각한다. 유럽식 근대화는 그중 하나의 모델일 뿐이다. 경제 성장, 산업화, 도시화, 세속화, 계급 재편성 등은 유럽식 근대화를 집약적으로 표현하는 현상들이다.

유럽식 근대화가 근대 세계를 지배했기 때문에 이를 유일한 근대화의 길로 생각하는 경향이 있었지만, 요즘 프랭크의 『리오리엔트』나 아부-루고드의 『유럽 패권 이전』처럼 다른 종류의 근대화 노선에 대한 탐구가 늘어나고 있다.

내재적 발전론자 중에도 유럽식 근대화만을 근대화로 생각하는 사람들이 있다. 그러나 나는 개항기 이전의 조선, 그리고 중국과 일본에서도 유럽식이 아닌 근대화가 "왜곡되지 않은" 상태에서 진행되고 있었다고 생각한다. 물론 지금 왜곡을 바로잡는다 해서 그 노선이 그대로 되살아날 수는 없다. 이질적 방식의 근대화에 이미 휩쓸려버렸기 때문이다. 그러나 세 나라의 실제 근대화 속에는 자기 식의 근대화가 어느 정도 섞여 있었던 것 아닐까? 근대화에 저촉되는 '인습'으로 규탄받아온 요소들을 탈근대 상황에서 되돌아보면 자기 식의 근대화로 인정할 만한 것들이 그중에 있는 것 같다.

넓은 의미의 근대화라면 어차피 필연적인 것이니 '지상주의'라는 말이 붙을 여지가 없다. 산업화를 중심으로 하는 유럽식 근대화라는 좁은 뜻의 '근대화'에 대한 태도가 '지상주의' 여부를 따질 대상이다. 식민지 근대화론자들은 대개 근대화 지상주의자들이다. 이 논쟁에도 참여한 이영훈의 경우 아주 분명하다.

인간 사유의 역사에서 근대란 무엇인가? 이 어려운 질문에 부닥칠 때마다 나는 사회과학과 역사학의 오랜 전통에 따라 자연과 사회의 분리, 정치와 경제의 분리 또는 공과 사의 분리 등과 같은 명제로 평범히 만족하고 있다. 이러한 상식으로서의 근대에 비추어볼 때 앞과 같은 근본주의적인 성리학의 교의체계는 근대가 아니다. (96~97쪽)

재작년 『뉴라이트 비판』(돌베개 펴냄) 작업 때도 기발한 착상을 평범한 상식처럼 천연덕스럽게 내놓는 이영훈의 화법이 참 신기했는데, 마주칠 때마다 깜짝깜짝 놀라게 한다. 자연과 사회, 공과 사가 근대에 와서야 분리된 것이라고? 단어만 이어놓는다고 다 말이 되는 것이 아니다. "상식과 전통은 결국 어느 위대한 지성에 의해 무너지기 마련"이라며 이태진을 야유하는데, 그 야유를 본인에게 돌려주고 싶다.
　김재호의 근대화에 대한 시각은 이와 차이가 있다.

이른바 '식민지 근대화론'은 근대 경제 성장이 식민지기에 개시됐다고 주장하는 것일 뿐이다. 이러한 주장을 비난하면서 말문을 막는 것이 능사가 아니라 추계가 잘못됐다는 것을 반증하면 된다. 근대 경제 성장을 통해서 비로소 야만에서 문명의 세계로 진입하게 됐다고 주장하는 것이 아니다. 세계사에서 근대가 문명의 얼굴만 보여주었던가. 식민지 시대를

이해하기 위해 최소한의 객관적 사실을 확보하기 위해 노력하고 있을 뿐이다. (56쪽)

한국, 중국, 일본 등 동아시아 지역에서는 서세동점 오래전부터 '탈중세'라는 의미의 근대화가 진행되고 있었다. '자본주의 맹아'라는 이름이 적합한지에는 의문이 있지만, 탈중세의 내재적 변화가 일어나고 있었던 것은 분명한 일이다. 그런데 산업화를 중심으로 하고 변화 속도가 매우 빠른 유럽식 근대화가 동아시아 제 사회의 완만한 근대화에 충격을 가해 교란시킨 것이다.

유럽식 근대화의 두드러진 특징 하나가 국가 기능의 확대였다. 영주들이 맡고 있던 주민 관리를 국가가 직접 하게 되고, 경제 성장, 산업화, 도시화에 따라 관리 업무의 폭이 엄청나게 늘어났다. 게다가 교통의 발달과 산업 구조의 변화에 따라 격증하는 대외 관계도 국가의 책임과 권한이 되었다. 이렇게 확대된 국가 기능을 소화하기 위해서는 고차원의 제도화가 필요하게 되었다. 유럽식 근대국가는 입헌정치와 권력 분립 등의 수단으로 통치자의 자의성을 줄이면서도 국가 권력 자체는 절대화하는 경향을 보였다.

동아시아 국가들, 특히 중국과 한국의 유교 질서는 군주와 평민 사이에서 중간 권력의 성장을 억제하는 데 핵심적 원리가 있었다. 임금 이외의 어떤 실력자도 재산과 무력을 어느 수준 이상 쌓지 못하게 하는 이 질서는 성장보다 분배에 역점을 둔 사회주의 성향 체제였다. 급격한 사회경제적 변화를 억제하는 힘을 가진 질서이므로 중세 사회 해체의 조건이 형성된 뒤에도 느린 속도의 탈중세 과정을 겪게 된다.

중국의 경우에는 11세기경부터 경제 성장, 산업화, 도시화, 세속화 등 탈중세 현상들이 나타나기 시작해 19세기까지 완만하게 진행되고 있었다. 조선에서도 17세기 이후 탈중세 현상이 분명해졌다. 그런데 중국이나 조선에서는 국가가 탈중세 현상을 촉진하기보다 억제하는 역할을 맡았다. 19세기까지 두 나라에서 왕조의 위기는 있을지언정 문명 전복의 위기는 겪지 않은 채로 변화가 완만하게 계속되고 있었다.

17세기 이전의 유럽에서는 국가의 기능이 동아시아 지역보다 약했는데, 18세기에서 19세기에 걸친 근대화의 과정을 통해 강력한 근대국가들이 출현했다. 19세기 들어 이 근대국가들이 열강의 모습으로 동아시아에 나타나자 질서만을 아끼며 변화를 억제하고 있던 동아시아 사회는 그 폭력성 앞에 맞설 길이 없었다. 국가의 보호가 충분치 못한 상태에서 동아시아 사회의 질서는 열강의 이해관계에 따라 무너져갔다.

유교 질서의 관성이 비교적 약하던 일본이 열강을 본받기 위해 첫번째 한 일이 유럽식 근대국가 수립이었다. 반면 청나라는 열강의 부강을 본받기 위해 양무운동을 벌이면서도 국가 체제의 근본적 변화를 거부했다. 청일전쟁 참패 뒤에야 변법운동이 나타났다.

조선도 청나라의 영향 아래 국가 체제 변화를 바라보지 못하고 있다가 청일전쟁 후 일본의 입김 속에 갑오개혁으로 제도의 전면적 변화를 시작했다. 갑오개혁에 임하는 일본의 태도는 침략의 야욕을 앞세우기보다 근대적 국가 운영 체제를 조선에 우선 세워놓는 데 주력한 것으로 보인다.

이태진은 "꼭두각시 내각을 급조해 총리대신에게 통치 전권을 부

1900년 착공해 1910년 준공된 덕수궁 석조전. 1896년 2월부터 1년간 러시아 공사관에 피신해 있던 고종은 공사관에 인접한 경운궁으로 환궁했고, 그곳에서 대한제국을 열었다. 황제다운 거처를 마련하기 위해 석조전을 착공했으나 완공 전에 황제 자리에서 쫓겨났다. 그래도 순종이 창덕궁으로 옮겨갔기 때문에 고종은 '덕수'(德壽)라는 궁호를 받아 경운궁을 지킬 수 있었고, 망국되던 해에 준공된 석조전에서 1919년 죽을 때까지 황제다운 여생을 누릴 수 있었다.

여코자 했다"고 일본의 의도를 부정적으로 보지만(30쪽) 박영효보다 김홍집을 밀어준 것은 꼭두각시 아닌 내각을 만들려고 애쓴 태도로 생각된다. 김동노가 『근대와 식민의 서곡』(창비 펴냄) 89~92쪽에서 "갑오개혁의 자율성"을 논한 데서 당시의 실상을 보다 더 면밀히 살필 수 있다.

아관파천으로 일본의 통제력을 무력화시킨 후 대한제국을 만든 것은 고종의 독자 노선이었다. 대한제국의 국가 구조에는 갑오개혁의 개혁 방향이 많이 반영되었다. 다만 결정적 차이는 군주의 절대 권력이었다. 대한제국의 모든 권력은 황제 1인에게 집중되었다. 「대한국 국제」로 명문화되어 나타난 황제 전제 체제가 대한제국의 제1원리였다.

1인 전제 체제는 동아시아의 전통적 군주제가 아니다. 전통적 군주제는 군주를 정점에 두기는 하지만 여러 가지 형태의 균형과 견제가 작용하는 것이다. 조선 후기 정치의 퇴행은 권력의 사유화를 중심으로 한 것이었는데, 대한제국의 1인 전제 체제는 이 권력 사유화가 극한에 이른 현상이었다.

이것은 또한 근대국가의 틀이 될 수도 없는 체제였다. 이태진은 고종이 서양의 개명군주를 지향한 것이라고 하는데, 개명군주는 18세기 후반 절대왕정에서 근대국가로 넘어가는 과정의 과도기적 현상이었다. 그리고 성공한 개명군주에게는 실력을 갖춘 지지층이 있었다. 고종의 주변에는 그의 권력에 기생하는 친위 세력만 있을 뿐, 자기 기반을 가지고 그와 함께 국가를 책임질 세력이 없었다. 전통적 정치 세력인 학자─관료 계층이 정치력을 잃었기 때문에 고종의 자의적 움직임에 견제가 없었을 뿐이다.

대한제국의 구조적 문제점은 김동노의 『근대와 식민의 서곡』에 잘 요약되어 있다.

> 중요한 것은 국가가 공적인 실체로서 중앙 집권화된 경우에는 국가가 국민으로부터 거두는 모든 조세는 공적인 용도로만 사용하게 되어 있는 반면, 왕실과 정부가 분리된 상황에서 왕실이 거두어들인 수익을 공적인 용도로 쓸 것인지 혹은 사적인 용도로 쓸 것인지는 군주의 개인적 판단에 따라 결정된다는 사실이다. (……) 따라서 대한제국 시기에 왕실과 정부의 분리는 국가의 공적 성격을 약화시키는 결과를 가져왔으며 왕권(왕실)의 강화를 국가의 강화로 연결하기에는 무리가 있어 보인다. (115~116쪽)

갑오개혁은 청국의 경쟁을 따돌린 일본이 한껏 여유를 가지고 조선의 개혁을 차분히 유도한 노선이었다. 침략의 야욕은 바닥에 깔려 있더라도 이 여유 덕분에 야욕을 지나치게 앞세울 필요 없이 비교적 원론적인 개혁 방향을 내세울 수 있었다. 고종은 아관파천으로 일본의 영향력을 차단하고 자신의 절대권력을 뒷받침하는 대한제국을 만들었다.

대한제국이 갑오개혁의 개혁 내용을 많이 이어받았다는 점을 평가하기도 하는데, 나는 수긍하기 힘들다. 고종과 친위 세력의 기획력에 한계가 있기 때문에 세부 사항까지 모두 다 바꾸지 못했던 것이지, 핵심 요소는 고종의 입맛에 따라 바꾼 것이다. 정부와 왕실의 분리는 갑오개혁에서 국가의 공공성 확립에 목적을 둔 것이었는데, 대한제국에서는 전통 왕조보다도 공공성을 더 약화시키는 데 이용되었다. 아관파천과 대한제국 설립은 기본적으로 반동 쿠데타의 성격을 가진 것이었다.

고종의 마지막 짝사랑,
러시아

표트르 대제(1672~1725) 때 제국의 틀을 잡았다고 하지만, 러시아는 서유럽 사람들에게 터키 제국과 별 차이 없이 머나먼 곳의 광대하고 불가사의한 나라였다. 18세기에 서유럽에서 근대를 향한 여러 가지 변화가 현란하게 펼쳐지는 동안 러시아에는 서방의 귀족 문화가 겨우 궁정 주변에 도입되고 있을 뿐이었다. 19세기 초 나폴레옹의 군대가 중부 유럽을 휩쓸 때까지도 러시아는 폴란드, 리투아니아, 스웨덴, 터키 등 인접국 외에는 거의 아무런 대외 관계가 없는 은둔의 나라였다.

나폴레옹의 몰락에 주역을 맡아 유럽의 구원자로 갑자기 화려하게 등장하면서 러시아의 유럽 문명 수입이 활발해졌다. 19세기 초까지 러시아가 중세적 농노제를 지키고 있었던 기본적 이유는 한냉-건조한 기후 때문에 농업 생산성이 낮은 데 있었다. 19세기 들어 새로운 기술과 품종을 들여오면서 급속도로 생산성이 높아졌다. 이에 따라 사회경제적 변화가 집약적으로 진행되어 1861년 농노 해방에 이르렀다.

변화가 집약적으로 일어난 만큼 러시아는 사회적으로도 사상적으로도 극심한 혼란을 겪었다. 19세기가 끝날 때까지도 러시아의 산업화 수준은 중부 유럽과 비교도 안 될 만큼 뒤처져 있었다. 그러나 18세기 후반에서 19세기에 걸친 농업 생산력의 빠른 발전은 변화를 위한 동력을 제공했다.

덩치가 큰 다민족–다종교 국가로서 러시아는 종족보다 영토를 중시하는 특이한 국가주의 성향을 가진 나라였는데, 이것이 나폴레옹 전쟁의 승리로 더욱 강화되었다. 한편, 서방과의 접촉이 늘어나면서 유럽 근대 문명을 선망하게 된 러시아에서는 유럽의 확실한 일원이 되기 바라는 풍조가 일어났다. 슬라브주의(러시아주의)와 유럽주의 사이의 문화적 대립이 러시아 사상계의 바닥 흐름으로 깔려 있는 가운데, 19세기 후반에는 사회주의, 무정부주의, 허무주의 등 강렬한 정치사상이 새롭게 형성되는 지식인층 사이에 도입되고 자라났다.

크리미아 전쟁(1853~1856)으로 서유럽 세력과 큰 충돌을 겪으면서 러시아의 변화가 가속되었다. 농노 해방을 앞두고 알렉산더 2세 차르의 널리 알려진 말이 있다. "농노들이 밑에서부터 스스로 해방시키러 나오기 전에 농노제를 위에서부터 철폐해버리는 편이 낫다." 알렉산더 2세는 18세기 후반에 유행했던 계몽 전제군주를 지향했다. 그는 의회는커녕 자문을 위한 귀족 대표회의 같은 회의체조차 절대군주권에 저촉되는 것으로 보았다.

농노가 국민이 되면서 러시아가 근대적 국민국가에 접근하기는 했지만, 정치사회적 불안이 크게 일어났다. 예전의 농노들은 귀족과 지주들에게 이렇게 말했다고 한다. "당신네는 우리를 소유합니다. 그러나 땅은 우리가 소유합니다." 농노 시절에 당연한 것이던 경작권 대신 근대적 소유권을 얻기 위한 조건은 매우 가혹했다. 러시아는 지주의 온정을 바라던 농노들 대신 자기네에게 유리한 정책을 차르에게 요구하는 국민으로 가득한 나라가 되었다. 그리고 그중에는 차르 체제에 기대를 접는 사람들이 늘어나기 시작했다.

알렉산더 2세(1855~1881)는 농노 해방만이 아니라 지방의회(zemstvo)와 선출직 치안판사 설치 등 차르 전제 권력에 저촉되지 않는 범위에서라도 근대적 개혁에 노력을 기울인 개명 전제군주였다. 그의 암살을 계기로 러시아 정부는 개혁적 보수의 길을 버리고 반동적 보수의 길로 치우쳤다. 이에 따라 지방의회에 근거를 둔 개혁파에서도 차르 체제를 부정하는 경향이 늘어갔다.

알렉산더 3세(1881~1894)와 니콜라이 2세(1894~1917)는 군사력과 산업의 근대화만을 생각하고 정치와 사회의 근대화는 생각하지 않았다. 그래서 농촌에는 정책적으로 방기된 상태에서 사회경제적 문제들이 쌓여가고 있었다. 18세기 후반 이래 서방에서 도입되어 생산성을 향상시켜준 농업 기술은 노동력을 절감하는 특성을 가진 것이었다. 농노 해방은 이 특성을 제도적으로 뒷받침함으로써 농업 노동력의 수요를 크게 줄였다. 그런데 산업과 도시로의 인구 이동이 그리 많지 않았기 때문에 19세기 말의 러시아 농촌에서 인구 과잉 문제가 심각해졌다.

1900년경, 1억이 넘는 러시아 인구 중 중등 교육을 받은 사람이 약 100만 명, 1퍼센트가 안 되는 비율이었고, 대학 교육을 받았거나 받고 있던 사람은 다시 그 10분의 1 숫자였다. 초등 교육을 받은 사람도 500만 명이 안 되었다.

러일전쟁 당시 러시아의 인구는 일본의 3배가 넘었고 영토는 30배에 달했다. 게다가 러시아는 근대화의 본산인 유럽의 대국이었다. 다윗과 골리앗의 싸움처럼 보인다. 그러나 실제로 당시 두 나라의 근대화 수준에는 별차이가 없었다. 시베리아 철도도 완성되지 못한 단계에서 극동 지역의 전쟁이라면 러시아가 크게 유리한 조건을 가지지 못한 싸움이었다.

엄청난 천연자원을 가진 러시아의 철강 산업이 자급자족 수준에 도달한 것이 1890년대였다. 1897년에야 통화의 금본위제를 확립하고 외국 자본을 본격적으로 유치하기 시작한 것을 보면 서방의 자본과 그에 따른 서방 기술의 도입이 원활하지 못했음을 알 수 있다. 1900년의 러시아는 귀족층과 소수의 신지식인 계층이 유럽 문화와 문명에 친숙하다는 점을 제하고는 같은 시기의 일본보다도 근대화에 뒤진 상태였다.

러일전쟁을 앞둔 러시아의 상황은 이런 것이었다. 1850년대의 일본 개항 이래 러시아는 다른 유럽국과 달리 일본과 직접 부딪치는 위치에 있었지만 청일전쟁 때까지는 대체로 원만하게 관계를 풀어가고 있었다. 1895년의 3국간섭이 갈림길이었다. 일본의 대륙정책을 견제하면서 만주 지역에 영향력을 확대시키는 이 정책은 비테 재무상이 이끄는 기술관료 집단의 동방 중시 노선에 따른 것이었다.

만주를 동서로 가로질러 블라디보스토크를 시베리아와 연결하는 동청東淸 철도 건설권을 1896년 러시아가 따낼 때까지도 러시아에 대한 일본의 적대감은 그리 크지 않았다. 1898년 일본이 원하던 요동반도에 러시아가 진출해 만주를 남북으로 가로지르는 철도 부설권을 따내고 1900년 의화단 사건을 계기로 만주에 러시아군이 대거 주둔하게 되면서 러일전쟁에 이르게 되는 심각한 갈등이 시작되었다.

만주에서 러시아가 약간의 우선권을 가지는 대신 조선은 완전히 일본에게 맡긴다는 '신사 협정'이 1896년 2월의 아관파천 당시 일본 정부에서도 러시아 조정에서도 양국 간의 절충점으로 인식되고 있었다. 러시아에게 조선은 사석捨石이지, 요석要石이 아니었고, 아관파천은 사석의 가치를 늘려준 행운일 뿐, 요석으로 바꿀 계기는 아니었다. 그래서 파천 석 달 후에 베베르-고무라 각서와 야마가타-로바노프 교섭이 이뤄질 수 있었던 것이다.

러시아의 극동 진출이 부동항 획득에 큰 목적이 있었던 것처럼 생각하고, 따라서 부동항을 제공할 수 있다는 점에서 한국이 러시아에게 큰 전략적 가치를 가지고 있었던 것처럼 이야기하기도 한다. 그러나 부동항이라도 어느 바다로 나가는 항구냐에 따라 가치의 차이가 있다. 1900년경의 러시아에게 서해 진출은 동해 진출보다 비교가 안 되게 큰 가치를 가진 방향이었다. 다른 유럽 열강들과 마찬가지로 러시아에게도 중국 진출에 극동 정책의 초점이 놓여 있었던 것이다.

청일전쟁을 몰고 온 갈등 중에서는 조선에 대한 영향력 문제가 제일 큰 요인이었다. 그러나 러일전쟁에서 한국 문제는 부수적인 요소였다. 영국과 미국이 일본을 지원한 것도 중국에 대한 러시아의 영향력 증대를 꺼린 때문이었다. 서양 열강들의 입장에서 볼 때 중국을 표적으로 놓고 러시아와 일본은 특별한 지리적 이점을 가진 나라들이었는데, 경쟁 상대로 러시아를 더 꺼렸기 때문에 일본을 지원했던 것이다.

1895년 청나라의 경쟁을 따돌린 후 일본의 조선 침략에는 더 이상 큰 장애가 없었다. 을미사변이라는 자충수로 인해 10년 가까이 진출 방식에 제약을 가졌을 뿐이다. 청나라와 일본 다음으로 가까운 거리에 있던 러시아에게조차 한국은 중국 진출이라는 큰 과제의 주변 요소였을 뿐이다. 다른 서양 열강들은 더 말할 것도 없는 입장이었다. 대한제국이 던져주는 이권이 있으면 입맛이 당기는 대로 넙죽넙죽 받아먹을 뿐이지, 그 이권을 지키고 키우기 위해 부담을 무릅쓰고 달려들 대상이 아니었다.

고종의 대한제국은 중립화를 통해 일본의 야욕을 봉쇄한다는 환상을 오랫동안 추구했다. 그 환상을 실현시켜줄 주체로 어느 나라보다 러시아를 쳐다봤다. 일본에게 요긴한 한국을 일본에게 양보하는 대신 만주에서 일본의 양보를 얻는 것이 대한제국에 얽매이는 것보다 러시아의 국익에 더 유리한 길이라는 당연한 사실을 직시하지 못한 것은 이것이 고종의 개인적 환상이기 때문이었을 것이다.

고종이 개명군주를 지향했다는 주장이 있는데, 러시아의 차르를 모델로 한 것으로 볼 수는 있겠다. 그러나 알렉산더 2세 같은 개혁적 개명군주는 아니고 알렉산더 3세나 니콜라이 2세 같은 반동적 전제군주가 모델이었던 것 같다.

러일전쟁을 향한 길

1900년 무렵 세계 제1의 강국은 단연 영국이었다. 19세기 유럽 성장의 중심축인 기계 공업 위주 산업화를 18세기 말 앞장서 시작함으로써 획득한 우위가 19세기 초 나폴레옹 전쟁을 계기로 확고하게 굳어져 19세기를 '대영제국 영광의 세기'로 만들었다.

영국의 생산력에 대한 심각한 경쟁은 1870년대 이후 독일제국에 의해 비로소 나타났다. 19세기의 산업화는 석탄과 철광의 분포에 따라 벨기에 지역을 거쳐 독일 지역으로 확산되어갔는데, 1871년 독일제국의 성립으로 산업의 힘이 국가의 힘과 결합할 계기를 맞은 것이다. 독일은 산업화의 후발국이었지만 선행 주자를 벤치마킹할 수 있는 후발국의 이점을 활용하면서 영국의 생산력과 군사력을 빠른 속도로 추격해갔다.

20세기로 접어들면 영국과 독일을 중심으로 한 양극화가 뚜렷해지지만, 1890년대까지는 영국에 대한 도전자로서 독일의 위치가 아직 확연하지 않았다. 영국의 오랜 라이벌 프랑스, 그리고 신흥 강국 러시아가 독일과 나란히 어깨를 겨루고 있었다.

후진국이면서 큰 덩치를 가진 러시아가 1890년대까지 영국에게 몹시 신경이 쓰이는 상대였다. 크리미아전쟁(1853~1856) 때 산업화에 뒤진 나라이면서도 만만찮은 저력을 보인 러시아였다. 서유럽 국가들이 바다를 통해 식민지 쟁탈전을 벌이는 동안 러시아는 독점 장악한 시베리아 평원을 통해 이슬람권과 중국에 배후로부터 접근하고 있었다.

중국은 16세기 초 유럽인이 인도양에 진출할 때부터 세계 최대의 보물 창고였다. 중국과의 교역은 오랫동안 유럽 상인들에게 최고의 사업이었다. 아편전쟁(1839~1842)은 침략이 아니라 이 사업을 늘리는 데 목적을 둔 것이었다.

제2차 중영전쟁(1856~1860)의 목적은 그보다 적극적인 것이었다. 이 시점에서는 유럽의 산업화가 많이 진행되어 있었고, 플랜테이션 등 식민지에서 산업 원료를 확보하는 방법도 발달해 있었다. 이제 중국에 대해서도 사치성 상품의 반출에 그치지 않고 근대 산업의 원료 획득과 상품 판매를 위한 종속적 위치를 요구하게 되었다.

유럽인이 추구하는 중국과의 경제적 관계가 19세기를 지내면서 변화를 겪는 동안 중국의 거대한 경제적 가치는 줄어들지 않았다. 유럽에서 먼 위치 때문에, 그리고 중국의 강력하고 안정된 정치 조직 때문에 그 가치를 바로 활용할 수 없었지만, 유럽의 산업화가 진행되어 나갈수록 중국의 잠재적 경제 가치는 더욱더 커지고 있었다.

제2차 중영전쟁 때까지 중국 진출에 앞장선 것은 해상 활동력을 가진 나라들이었다. 포르투갈이 16세기 초 이 해역에 진출한 이래 네덜란드, 영국, 프랑스 등 해상 세력들이 중국 교역에 앞장서왔다. 그런데 1858년 러시아가 청나라와 아이훈 조약을 맺으면서 경쟁이 새로운 단계에 접어들었다.

당시까지 북대서양에서 중국 해안까지 항해하는 데는 반년이 걸렸다. 1869년 수에즈 운하가 개통되고도 3개월이 걸렸다. 시베리아 횡단 육로는 해로보다 유리한 새로운 가능성을 보여주고 있었다. 러시아가 1891년 착공한 시베리아 철도가 만주를 가로지르는 동청 철도와 연결되어 1903년 페테르부르크에서 블라디보스토크까지 여객 운송을 시작했을 때 운행 시간이 열흘 안쪽이었다.

러시아는 1913년까지 시베리아 철도에 15억 루블을 투입했다. 10여 년간 군사비보다 더 큰 금액을 이 철도에 투입한 것이다. 당시까지 어느 유럽 국가도 하나의 사업에 이렇게 큰 투자를 한 일이 없었다. 유럽의 내륙국이던 러시아를 동아시아 진출의 선봉으로 만드는 사업이었다. 유럽과 극동 사이에 물자와 병력을 몇 주일 내에 옮길 수 있다는 것은 같은 이동에 몇 달이 걸리던 다른 열강들과 비교할 수 없는 전략적 이점이었다.

시베리아 철도 건설이 절반쯤 진행됐을 때 러시아에 더욱 유리한 상황이 중국에서 전개되었다. 청일전쟁의 타결에 독일, 프랑스와 함께 개입한 3국간섭(1895)이었다. 이것을 계기로 러시아는 이듬해 동청 철도 부설권을 청나라로부터 얻어냈다. 만주를 가로질러 치타와 블라디보스토크를 연결하는 동청 철도는 러시아 국경 내로 연결되는 본선보다 거리를 크게 단축시켜줄 뿐 아니라 중국 중심부로의 진입로도 마련해주는 일석이조의 쾌거였다.

1898년 여순을 조차하면서는 하얼빈에서 여순에 이르는 동청 철도 지선을 깔아 중국 중심부로 향한 길이 만들어졌다. 이 지선은 러일

러시아는 유럽의 동쪽 끝, 미국은 유럽의 서쪽 끝에 있는 나라였다고 볼 수 있다. 러시아는 동쪽으로, 미국은 서쪽으로 대륙을 개척해 각자 태평양에 이르렀다. 19세기에 서부 개척을 시작한 미국보다 17세기에 시베리아를 가로지른 러시아가 훨씬 앞선 출발이었다. 그러나 19세기 말에 이르러 미국이 '태평양 세력'으로 일어선 반면 러시아는 일본에게 가로막힌다. 미국의 대륙횡단 철도가 러시아의 시베리아 철도보다 30년 앞섰다는 사실이 이 차이를 가져온 중대한 요인으로 지적된다.

전쟁 후 일본에게 넘어가 남만주 철도라는 이름으로 만주 경영의 핵심인 만주 철도 사업의 출발점이 된다.

영국은 청일전쟁 전까지 열강의 중국에 대한 침략을 억제하는 역할을 맡고 있었다. 다른 열강에 대한 상대적 우위를 지키기 위한 방어적 전략이었다. 영국인 로버트 하트가 1863년부터 청나라 총세무사를 맡아 청나라 재정을 관리해줬고(하트는 1907년까지 그 자리를 지켰다), 청나라와 열강 사이의 분쟁에도 영국이 앞장서서 조정 역할을 맡았다.

그러나 청일전쟁 무렵부터 영국은 일본에게 손길을 돌렸다. 청나라의 자위 능력이 한계에 이른 것으로 보았고, 만만치 않은 상대로 자라난 독일, 지정학적 이점을 가진 러시아가 오랜 숙적 프랑스와 힘을 합쳐 밀고 들어오는 것을 막기 위해 일본과 손잡기로 결정한 것이었다. 청일전쟁 개전 직전인 1894년 7월 영국이 일본과의 불평등조약을 개정해준 것이 일본과 새로운 관계의 출발점이었다.

이 단계에서 영국 금융자본의 역할에 주목하는 연구자들이 있다. 이때는 산업자본주의가 금융자본주의로 넘어가는 시점이었고, 영국의 우위가 산업 분야보다 금융 분야에서 더 확고한 상황이었다. 영국의 금융자본 중에는 몇 세대 사이에 대륙에서 건너온 유대인들이 큰 비중을 차지하고 있어서 유대인을 박해하는 러시아에 적대감을 품고 일본을 적극 도왔다고 하는 설명이 나온다.

전체적 흐름을 결정할 만큼 큰 요인이었는지는 모르지만 부분적 요인으로라도 작용했을 개연성은 있다. 실제로 러일전쟁 때 일본이 로스차일드가로부터 많은 전비를 융자받았기 때문에 일본이 큰 배상금을 얻지 못한 채로 전쟁이 종결되자 "재주는 일본이 넘고 돈은 로스차일드가 벌었다"는 취지의 풍자가 떠돌았다고 한다.

이 시기 러시아 정책의 한 중요한 측면을 대표한 사람이 세르게이 비테(1849~1915)였다. 비테는 1889년 철도청장을 지내면서 시베리아 철도 건설 계획을 세우고, 1891년부터 1903년까지 교통장관과 재무장관 등의 위치에서 철도 건설과 산업화를 지휘했다. 일본과의 전쟁을 불사하는 호전적 극동 정책에 반대하다가 실각했으나 러일전쟁 전황이 불리하자 강화회담 대표로 다시 기용되었고 수상에 임명되었다. 포츠머스 회담에서 최대한 러시아에 유리한 협상을 이끌었고, 수상으로서 제국의회(Duma) 설치와 입헌정치 시행 등 중요한 개혁의 방향을 세웠다.

경력 자체에 드러나는 것처럼 비테는 러시아 근대화의 지도자였다. 그는 일본과의 대립을 최대한 피하려 했다. 일본을 영국 편으로 몰아붙이지 않으면서 군사적 수단 아닌 경제적 수단을 통한 만주 진출을 꾀했다. 그러나 차르의 의중에 영합하는 소위 궁정파는 러시아를 일본과의 전쟁으로 몰고 갔다.

일본은 1889년 2월 헌법 발포를 전후해 징집 제도 실시, 지방 제도 개편 등으로 근대국가를 궤도에 올렸다. 이후 몇 년 동안 경제 불황과 정치 혼란 속에서도 군비 증강을 꾸준히 계속한 결과 청일전쟁으로 도약의 계기를 맞았다. 메이지 헌법에서 군을 천황 직속으로 하여 정부로부터 독립시켜놓은 점이 후에 군국주의로의 흐름을 막지 못한 구조적 문제로 지적되는데, 헌정 출범 당시에 청나라와의 대결을 준비해야 했던 상황으로는 군부의 독립이 불가피한 일이었다고 볼 수 있다.

청일전쟁의 결과는 일본에게 대박이었다. 3국간섭으로 요동반도를 게워냈지만 대만을 획득하고 조선에 대한 영향력을 확립했다. 배상금 2억 3,000만 량은(그중 3,000만 량은 요동반도 포기의 보상) 당시 청나라 공식 세입의 3배였고 일본 국가 세입의 4배였다. 산업 발전과 군비 증강을 여러 해 동안 나란히 추진할 재원이 마련된 것이었다.

현실적 이득 못지않게 중요한 소득이 국격 향상이었다. 함포외교 앞에서 맺은 불평등조약의 개정이 메이지유신 이래 국가적 과제였는데, 이제 열강의 일원으로 인정받으면서 조약 개정의 길이 활짝 열렸다. 이로써 일본은 열강의 침략 대상의 위치를 벗어나 열강의 협력을 받을 수 있는 위치에 올라선 것이다.

1900년 의화단 사건 때는 북경에 진주하는 연합 8개국의 대열에 2만 여 병력으로 당당히 참여했다. 이 대규모 병력 동원으로 일본은 중국 쟁탈전에서 자기네 유리한 입장을 서양 열강들에게 과시했다. 이

때 러시아는 10만 병력을 만주에 투입했는데, 일본은 러시아군과 대조되는 엄정한 군기를 지킴으로써 열강의 신뢰를 얻는 데 힘썼다. 일본은 신뢰를 잃어가는 청나라를 대신해 "동아시아의 헌병"으로 열강의 인정을 받았다.

러시아는 영국과 미국의 촉구에 응해 1902년 봄에 만주로부터 철군을 시작했으나 이듬해 초 비테의 실각 후 철군을 중단하고 오히려 여순의 요새화 등 더 적극적인 조치를 취하기 시작했다. 이에 따라 러시아 견제에 뜻을 같이하는 영국과 미국이 일본을 지지하는 분위기가 강화되었다.

러일전쟁에서 영일동맹의 중요성은 널리 인식되어 온 것인데, 이삼성은 『동아시아의 전쟁과 평화』(한길사 펴냄) 2권에서 여기에 미국까지 넣어 "영―미―일 제국주의 카르텔"을 이야기한다. 영국처럼 드러난 입장은 아니라도 미국이 음양으로 일본에 도움을 준 사실을 부각시킨 것은 좋은 관점이라고 생각된다.

미국은 유럽의 변경에서 출발해 대륙을 개척해나간 끝에 태평양에 이르렀다는 점에서 러시아와 대칭되는 위치에 있던 나라였다. 러시아가 17세기 말에 이미 태평양에 도달한 데 비해 미국의 출발이 크게 늦었지만 19세기 말에는 '태평양 국가'로서의 위상에서 미국이 앞서 있었다. 최초의 아메리카 대륙횡단 철도가 1869년 개통된 것이 결정적 차이를 가져왔다. 19세기가 끝날 무렵 미국은 하와이를 편입하고 필리핀과 괌을 경영할 만큼 활발한 해군력을 태평양에 펼치고 있었다.

당시의 미국에게 필리핀과 괌은 그 자체로 큰 경제적 가치가 있는 식민지가 아니었다. 미국의 시선도 그 끝은 중국에 꽂혀 있었다. 프랑스가 베트남에, 영국이 인도에, 러시아가 연해주에 중국을 향한 전진 기지를 두고 있던 것처럼 미국도 태평양 건너편에 전진 기지를 필요로 했던 것이다. 그 전진 기지 확보에 현지인의 반발로 어려움을 겪고 있던 미국은 중국 진출에 독자 노선을 추구하기보다 적합한 파트너를 찾고 있었다.

당시의 열강들은 중국이라는 미증유의 거대한 사냥감을 놓고 어떤 접근 방법이 적당할지 모색하고 있었고, 그 과정에서 제국주의적 태도로 동맹과 연합을 되풀이하고 있었다. 3국간섭에 프랑스와 독일이 참여했지만 동맹 수준의 확고한 공조가 아니었다. 서로서로 견제하며 일시적 균형을 이루고 있던 상황이 의화단 사건에 이은 러시아의 만주 진출로 깨졌다. 러시아는 여러 나라의 질시 대상이 되고 몇 나라가 일본을 그 대항마로 선택했다.

고종의 대한제국은 아관파천 때 러시아의 힘을 빌려 일본을 견제했던 방식으로 상황을 계속 풀어나가기 바랐다. 관심을 보이지 않고 개입을 피하려 하는 열강을 끌어들이기 위해 이 나라 저 나라에 이권을 퍼주기 바빴다. 특혜를 가지고 친위파의 충성을 확보하려 한 고종의 행태가 그대로 확대 복사된 정책이었다.

그러나 열강에게 한국은 중국 문제를 풀어가는 과정의 한낱 주변 요소일 뿐이었다. 반면 일본은 적으로 삼느냐 편으로 삼느냐에 따라 득실이 크게 갈리는 중요한 상대였다. 일본의 미움을 사면서까지 매달릴 만한 큰 이권을 한국에서는 찾을 수 없었다. 유일하게 일본을 적대할 만큼 적극적 태도를 보인 것은 러시아에서 비테를 실각시킨 베조브라조프 등 궁정파 세력이었다.

오적의 죄인가,
고종의 죄인가?

'을사오적'이란 말에는 마녀사냥 내지 희생양의 의미가 다소 곁들여진 것이 아닌가 하는 생각이 든다. 당시 침략을 막고자 하는 사람들이 고종과 대한제국 자체를 부정하기 힘들기 때문에 조정의 대신 몇 사람에게 상징적인 책임을 집중시킨 것으로 보인다.

이 대신들의 그 후 행적을 보면 국가와 임금에 대한 충성은 차치하고 "인간이 어찌 저럴 수 있었을까?" 싶은 파렴치한 면모를 보인 자들이 있다. 그러나 1905년 당시에는 고종에게 적어도 충성하는 척이라도 하며 그 눈치를 보던 사람들이었다. 그들은 고종에 의해 그 자리에 임명된 자들이었고, 고종의 뜻을 정면으로 거스르지 않고 있던 사람들이었다. 을사조약 체결에서 그들이 매국 행위를 했다 하더라도 그 역할은 고종의 대리인 노릇을 크게 넘어서는 것이 아니었을 것이다.

과연 그들은 어떤 사람들이었나? 당시 대한제국 의정부에는 참정 한규설을 위시해 8명의 대신이 있었다. 참정대신 한규설(1848~1930), 외부대신 박제순(1858~1916), 내부대신 이지용(1870~1928), 군부대신

을사조약 체결 당시 의정부 8대신 중 확고한 반대자는 참정대신 한규설 하나뿐이었다. '5적'의 이름을 겨우 면한 이하영과 민영기도 친일의 길에서 뒤질 것이 없었는데, 을사조약 하나만은 수당이 적다고 사보타지를 한 것인지. 면밀히 살펴보니 당시 한국 지식층의 분위기가 의정부 대신들과 비슷한 것은 결코 아니었다. 국가와 민족을 아낄 줄 모르고 제 이익만 생각하는 사람들이 희한하게 의정부에 모여 있던 것이었다. 이 사람들을 의정부에 모아놓은 것이 누구였던가?

이근택(1865~1919), 법부대신 이하영(1858~1919), 학부대신 이완용(1858~1926), 탁지부대신 민영기(1858~1927)와 농상공부대신 권중현(1854~1934)이다.

　이들의 경력을 살펴보면 우선 정통 관료의 비중이 적다는 점과 대외 관계 종사자의 비중이 크다는 점이 눈에 띈다. 정통 관료에 제일 가까운 것은 문과 출신의 박제순과 무과 출신의 한규설이었다. 이지용은 흥선대원군의 형 이최응의 손자인 종친이었고, 민영기는 여흥 민씨 척족이었다. 이완용은 문과 출신이지만 일찍부터 대외 관계에만 종사했다. 이하영은 '미국통'으로, 권중현은 '일본통'으로 등용된 인물이었고, 이근택은 임오군란 때 충주에 피신해 온 민비에게 잘 보여 고종의 측근으로 자라난 인물이었다.

　이들 중 다섯 명이 '을사오적'의 이름을 받았다. 반민족문제연구

소의 『친일파 99인』(돌베개 펴냄)에서 이들의 행적 가운데 두드러진 것을 뽑아본다.

이완용은 원래 영어를 익히고 '미국통'으로 활동하다가 아관파천 때 친러파 정부에 참여해 정치적 위상을 키웠다. 독립협회 회장을 맡았으나 대한제국 건립에 독립협회를 이용하는 목적을 넘어 깊이 개입하지는 않았다. 러일전쟁에서 일본의 승산이 분명해지자 일본에 협조적인 태도를 취해 을사조약 체결 당시 의정부 내에서 주도적인 역할을 맡고, 합병조약 때는 총리대신으로서 주동적 역할을 맡았다. 대부분의 친일파가 일본에 일방적으로 손을 내밀고 매달린 것과 달리 이완용은 일본 쪽에서 필요로 해서 손을 뻗쳐 온 편이었다.

권중현은 개화파 중 일본통으로 평판을 누리고 있다가 1888년 일본 시찰을 계기로 친일 활동을 꾸준히 하게 되었다. 1897년 황제 즉위를 청하는 상소에 앞장선 공으로 대신의 반열에 올랐다. 1907년 군부대신직에서 물러난 후로는 적극적인 활동이 없었다.

이지용은 을사오적 중에서도 가장 더러운 소문을 많이 일으킨 인물이다. 탐관오리로서 악명도 쟁쟁했고, 너무 앞선 신여성이던 그 아내 홍 씨가 일본인들과 놀아나며 일으킨 엽기적 스캔들이 『매천야록』에도 적혀 있다. 을사조약에 앞서 1904년 2월의 한일의정서도 그가 외부대신 서리로서 저지른 일이었다. 을사오적이 일본의 뇌물을 받았다는 말도 떠도는데, 다섯 사람이 다 사전에 뇌물을 받은 것 같지는 않지만 이지용이 받은 것은 분명하다.

이근택은 임오군란 때 왕실에 줄이 닿은 인물인데 대한제국 설립 무렵부터 중용되기 시작했다. 재정─외교 분야의 이용익과 나란히 군사─경찰 분야를 맡아 고종의 가장 큰 신임을 오랫동안 받은 친러파 기수였다. 러일전쟁 개전 직후 이용익이 납치되다시피 일본에 끌려간 반면 이근택은 친일로 돌아섰고, 친일파 중에도 악질 친일파로 이름을 날린 사실이 『매천야록』 여러 기사에 나와 있다.

김윤식의 문인인 박제순은 친청파로 경력을 시작했고 1902~1904년 간에도 주청 공사직을 지냈다. 한규설의 전기에는 박제순이 마지막까지도 "이미 이 사람의 뜻은 정해져 있습니다. 힘이 미치지 못하면 죽을 따름이지요" 하며 조약 반대의 뜻이 굳건했다고 한다. 그가 마지막 회의에서 무슨 이유로 뜻을 바꿨는지는 어느 자료를 봐도 석연하지 않다. 한규설이 축출된 후 참정대신 자리를 물려받았고 합방 후까지 계속 일제에 협력했으나 특별히 두드러진 행동은 없었다.

이렇게 다섯 사람이 '을사오적'이다. 8인의 대신 중 3인이 이 오명을 피했으나, 그중에서 친일을 끝내 거부한 사람은 한규설 하나뿐이었다. 한규설은 합방 때 작위 수여 대상이었으나 본인이 거부했다. 이하영과 민영기는 을사조약 한 가지 일에만은 앞장서지 않았지만, 어느 친일파 못지않게 일제에 열심히 협력했다.

이지용이 회의를 끝내고 나오면서 "나는 오늘 병자호란 때의 최명길이 되고자 한다. 국가의 일을 우리가 아니면 누가 하겠는가?" 일갈했다는 이야기가 『매천야록』과 정교의 『대한계년사』에 나와 있다. 당시의 친일파도 나름대로 자기 합리화에 애썼음을 알겠다. 그러나 너무 얄팍하다. 최명길에게는 벌어져 있는 전란으로부터 구해줘야 할 백성이 있었고, 청나라에 항복해서 잃는 것은 명나라와의 관계뿐이었다. 명나라와의 관계도 물론 중요한 것이었지만, 비현실적 정통론으로 나라를 망치는 것과는 댈 것이 아니었다. 1905년의 상황을 1636년의 상황에 갖다 대다니, 정말로 두꺼운 낯가죽이다.

이지용과 함께 『매천야록』에서 많이 씹힌 것이 이근택이다. 그런데 이근택의 처신은 이지용처럼 확실하게 이해되지 않는다. 그에 관한 『매천야록』 기사를 뽑아본다.

이근택은 일본군 사령관 하세가와 요시미치와는 형제의를 맺었고, 이토 히로부미에게 의탁하여 의자(義子)가 되었다. 머리를 깎고 양복을 입었으며 일본 신발까지 신고 일본 수레에 앉아 항상 일본군의 호위를 받으며 출입하였다.

한 취객이 그의 수레를 당기며 흘겨보고 말하기를 "네가 왜놈이라 하는 이근택인가. 오적의 괴수로 그 영화와 부귀가 이에서 그치는가." 하니 이근택이 크게 노해서는 그를 결박 지워서 경찰서로 보냈다. 그 취객은 모진 고문으로 기절하였다가 밤이 깊어 깨어나서 말하기를 "네놈은 반드시 나를 죽일 것이다. 나 또한 명백히 욕질을 하였으니 죽어도 통쾌하다. 저들의 손에 죽느니 스스로 죽자." 하고 드디어 의복을 찢어 목을 매어 자결했다고 한다.

이근택의 아들은 한규설의 사위다. 한규설의 딸이 시집올 때 계집종 하나를 데리고 왔는데, 세상에서 말하는 교전비라는 것이다. 이때 이근택이 대궐에서 돌아와 땀을 흘리며 숨찬 소리로 아내에게 억지로 맺은 조약에 대해 이야기했다. "내가 다행히도 죽음을 면했소." 계집종이 부엌에 있다가 그 말을 듣고는 부엌칼을 들고 나와 꾸짖었다. "이근택아. 네가 대신까지 되었으니 나라의 은혜가 얼마나 큰데, 나라가 위태로운 판국에 죽지도 못하고 도리어 '내가 다행히 살아났다'고 하느냐? 너는 참으로 개나 돼지보다도 못하다. 내 비록 천한 종이지만 어찌 개, 돼지의 종이 되고 싶겠느냐? 내 힘이 약해서 너를 반 토막으로 베지 못하는 것이 한스럽다. 차라리 옛 주인에게 돌아가겠다." 그러고는 뛰어서 한규설의 집으로 돌아왔다. 그 계집종의 이름은 잊어버렸다.

이근택은 임오군란 때 충주에 피신해 온 민비에게 매일 신선한 생선을 바쳐 점수를 땄다고 한다. 열여덟 살 때의 일이다. 그러고도 미관말직을 겨우 얻어가지고 있다가 민비가 죽은 후 어느 일본 상점에서 민비의 것으로 보이는 수대(繡帶)가 눈에 띄어 거금으로 사다가 고종에게 바치면서 총애를 받게 되었다고 한다.

이런 에피소드들이 100퍼센트 사실일 것 같지는 않다. 이근택이 당시 벼락출세의 전형으로 지목된 인물이어서 그럴싸한 에피소드들이 따라붙게 된 것 같다. 마찬가지로 임오군란 때 민비와 인연을 맺었던 이용익과 함께 다년간 고종의 심복 중의 심복 노릇을 했다.

미천한 신분 때문에 어차피 선비들의 입방아에 오르기 쉽던 그는 친러파 치안 책임자로 일할 때도 위악적 태도로 "더럽고 악랄한 놈"이란 악명을 자청했을 것 같다. 『매천야록』에 적힌 정도의 행태는 욕을 일부러 사서 먹음으로써 의도하는 방향의 처신을 쉽게 하기 위한 책략으로도 이해할 수 있다. 절의를 분명히 드러낸 인물인 한규설이 그와 사돈을 맺었다는 사실을 보더라도 겉보기만으로 판단해버릴 인물이 아니라는 느낌이 든다.

그래서 이근택의 '변절'이 고종의 밀명에 따른 것이 아니었을까 하는 생각이 드는 것이다. 고종은 술수와 책략에 사족을 못 쓰는 임금이었다. 을사조약 같은 중대한 상황 앞에서 그가 양다리 걸치기를 시도하지 않았으리라고 상상하기 힘들다. 한편으로는 밀사들을 통해 조약 체결이 자기 뜻이 아니었다고, 국권 회복을 도와달라고 열강들에게 읍소하지만, 다른 한편으로는 믿을 만한 충복을 친일파에 들여보내 정보도 수집하고 조그만 이익이라도 놓치지 않으려 애썼을 것이다.

"5적"이란 이름이 굳어져 있지만, 사실 당시의 8대신 중에 '7적'이 있었다. 대한제국 신하 노릇을 온전히 한 대신은 한규설 하나뿐이었다. 이들을 대신으로 임명하는 데 일본의 강압도 더러 작용했지만, 궁극적으로는 오랜 기간에 걸친 고종의 선택이 남긴 결과였다.

을사조약과 경술국치 앞에 목숨을 스스로 끊은 사람들도 있었고 의병과 독립군으로 나선 사람들도 있었다. 그렇게 드러난 행동을 하지 않아도 자기 자리에서 피눈물을 흘린 사람들은 수없이 많았다. 그런데 1905년 11월에 국사를 앞장서서 맡고 있던 8인의 대신 중 7인이 을사조약 체결을 피할 수 없는 일로 받아들이면서 사태의 진전에서 개인적으로 얻을 수 있는 이득을 사양 없이 받아들였다. 대한제국 의정부는 당시의 국민들 또는 지식인 계층과 다른 분위기로 구성되어 있었던 것이다.

한밤중에 조약이 날인된 후 일본인들이 군인들을 이끌고 물러간 뒤에야 연금 상태에서 풀려난 한규설을 둘러싸고 대신들이 한바탕 방성통곡을 터뜨렸다고 한다. 통곡 중에 그들의 마음속에 어떤 생각들이 떠오르고 지나가고 있었을까 궁금한 마음을 금할 길 없다. 자기 옆의 동료 대신이 자기 자신과는 꽤 다른 생각을 하고 있으리라는 사실을 함께 일해오면서 각자 잘 알고 있었을 텐데.

죽음의 품격

커오면서 일본인의 '침략성' 얘기를 많이 들었다. 임진왜란과 식민 지배의 경험 때문에, 그리고 대동아전쟁을 일본이 일으킨 사실 때문에 우리 사회에는 일본의 침략성이 크게 각인되어 있는 것 같다. 그러나 역사를 차분히 들여다보면 특정 시점의 문화적 조건 때문에 공격성이 크게 나타나는 상황이 이해되면서 민족성 자체의 편향성을 생각할 필 요는 줄어든다. 19세기 말에서 20세기 초에 걸친 일본의 조선 침략을 봐도 그런 생각이 든다.

제국주의 시대는 약육강식의 정글이었다. 모든 국가가 먹느냐 먹 히느냐 양단간 선택을 강요받는 시대였다. 메이지유신으로 근대국가 를 이룩한 일본도 마찬가지였다. 팽창 없는 근대화의 길은 새로 근대 화를 시작하는 국가에게 주어지지 않았다.

19세기 말의 전 세계 열강들에게 최대의 침략 대상은 중국이었 다. 일본이 짧은 시간 내에 열강의 대열에 올라설 수 있었던 것은 무엇 보다 중국 대륙을 침략하는 데 유리한 위치 덕분이었다. 중국 침략은 일본이 제국주의 국가로 자라나기 위한 필연의 길이었다. 그리고 그 길에 한국이 있었다. 한국을 어떤 식으로든 끌어들여놓는 것이 대륙 침략에 유리한 위치를 제대로 살리기 위해 일본에게 꼭 필요한 일이었다.

한국을 무력으로 병탄하자는 주장은 충분한 무력을 갖추기 전부터 일어나 합방이 실현될 때까지 계속되었다. 이보다 온건한 주장이 합방 직전까지 이에 맞서 펼쳐졌다. 어느 사회에나 존재하는 무단武斷파와 문치文治파의 갈등으로도 볼 수 있는 일이다.

초기의 갈등은 무단파의 거두 사이고 다카모리가 서남전쟁(1877)으로 몰락하면서 일단락되었다. 당시 문치파는 정한征韓의 필요 자체를 부정한 것이 아니라 대외적 침략에 앞서 내부 정비가 먼저 필요하다는 입장이었다. 제1차 세계대전 전까지 일본이 치른 대외 전쟁은 1894년의 청일전쟁과 1904년의 러일전쟁 두 차례뿐이었다. 당시의 열강치고는 전쟁을 덜 치른 편이다. 내실을 중시하는 문치파 노선이 대체로 관철된 셈이다.

한국을 어떻게든 일본에 유리한 자세로 만들어야 한다는 것은 그 기간 내내 문치파도 인정한 과제였다. 조선 정부를 메이지유신과 같은 길로 이끌어 일본과 협력하는 관계를 맺자는 온건 노선에서부터 조선을 정벌해 속국으로 만들자는 강경 노선까지 여러 노선이 엇갈렸다. 결국 합방은 강경 노선에 가까운 귀착이었지만, 문치파 주장도 가미된 타협적 노선이라 할 수 있다.

청일전쟁을 계기로 조선에 대해 압도적인 영향력을 확보했을 때 갑오개혁을 유도한 것은 일단 온건 노선이었다. 그 과정에서 왕비 살해 사건이 일어난 것은 무단파의 불만이 분출된 것이다. 이 사건으로 아관파천이 촉발되어 영향력의 지속적 행사가 막힌 것을 계기로 강경 노선의 문제점이 부각되었다. 그 결과 일본의 대對조선 정책은 당분간 문치파의 온건 노선을 기조로 하게 되었다. 이 온건 노선을 대표한 것이 이토 히로부미였다.

러일전쟁을 계기로 일본은 아관파천 이래의 교착 상태를 벗어나 한국에 대한 전면적인 영향력을 다시 확보했다. 이때의 온건 노선은 보호국화 정책이었다. 갑오개혁을 통해 조선을 근대국가로 육성하려던 계획은 '광무개혁'으로 인해 무위로 돌아갔다. 진도가 너무 처진 조선을 일본이 원하는 방향으로 끌고 가기 위해서는 아무리 온건 노선이라 하더라도 10년 전보다 강압적인 방법을 쓰지 않을 수 없었다.

'광무개혁'이라고 따옴표를 쓰는 것은 전혀 '개혁'같아 보이지 않기 때문이다. 몇 가지 개혁적 요소를 가리키며 '광무개혁'의 개혁성을 주장하는 이들도 있지만, 내가 보기에는 본질을 갖춘 개혁이 아니다. 실용적 목적을 위해 피상적 변화 몇 가지를 체계성도 없이 진행시킨 것일 뿐, 시대적 요구에 대한 투철한 인식이 보이지 않는다.

대한제국의 반동성은 무엇보다 황제권의 전제화에 나타난다. 일본의 온건 노선이 조선 왕권의 제도화를 위해 노력한 측면에는 평가할 만한 의미가 있다. 권력 사유화는 대외 관계에 앞서 조선 국내의 체제 문제로서 극복해야 할 과제였다. 이 문제의 극복에 일본이 노력한 것은 조선의 향후 진로를 조선 자신이 자발적으로 나아가도록 하려는 목적이었다. 군주권의 축소가 침략의 목적을 위한 것이었다는 주장도 있지만, 무조건 침략을 하려면 이런 노력을 할 필요 없이 더 쉬운 길이 많이 있었다. 아직 일본이 군국주의에 빠져들기 전의 일이었다.

온건 노선이건 강경 노선이건 한국을 일본 마음대로 움직이게 하는 데 목적이 있는 이상 똑같은 침략 노선으로 보자는 주장은 과정을 무시하고 결과만을 보는 태도다. 물리적 힘으로 강제하는 강경 노선과 한국 쪽의 자발성을 가능한 한 키워내려는 온건 노선 사이에는 큰 차이가 있다.

19세기 말부터 20세기 초까지 상황에서 한국의 진로는 일본의 존재와 의지를 고려하지 않고 결정될 수 없었다. 개항기 이전까지 중국의 의지를, 그리고 해방 이후 미국의 의지를 고려하지 않을 수 없었던 것과 마찬가지다. 강대국의 의지를 고려하더라도 주동적 판단에 따른 자발적 대응이라면 이쪽 사회의 발전을 위한 선택의 기회를 찾을 여지가 있다.

절제 없는 자유가 개인에게 주어질 수 없는 것과 마찬가지로 절대적 '민족자결'이란 불가능한 것이다. 어느 국가라도 주어진 여건 속에서 제한된 선택의 범위를 가진다. 한국은 수백 년 동안 중국의 힘을 주어진 여건으로 받아들여왔다. 청일전쟁으로 중국의 힘이 무너진 상황에서 새로운 국제 질서를 받아들여야 했다. 그리고 한국을 둘러싼 국제 질서에서는 일본의 힘이 두드러지게 나타나고 있었다.

갑오개혁 당시의 '친일' 내각은 이런 인식을 바탕으로 성립되었다. 일본의 영향력을 어느 정도는 받아들이지 않을 수 없음을 인정하면서 받아들이는 방법과 범위를 조절해나가야 할 형편이었다. 그런데 고종과 민비는 러시아와 미국에 의지해 일본의 영향력을 원천적으로 거부하려 했고, 이에 대한 반발로 을미사변이, 다시 이에 대한 반발로 아관파천이 일어났다. 러시아의 견제로 일본의 영향력이 봉쇄된 데 고종은 만족하고 권력의 사유화에만 일로매진해서 대한제국을 세웠다.

일본은 러일전쟁을 통해 한국에 대한 영향력을 다시 확보하면서 10년 전 갑오개혁 때의 '지도' 방식에 비해 강압적인 '통제' 방식으로 기울지 않을 수 없었다. 1904년 8월의 제1차 한일협약으로 고문顧問정치의 방식을 시도했다. 그러나 고종이 겉으로만 이에 응하는 시늉을 하면서 일본의 통제를 피하려고 온갖 획책을 했기 때문에 외교권을 공식적으로 박탈하는 을사조약과 더욱 강압적인 통감統監정치를 추진하지 않을 수 없게 되었다.

일본의 통제를 피하려는 고종의 노력에 주권 수호의 뜻이 있는 것으로 보일 수도 있다. 그러나 주권 수호를 하더라도 합당한 방법이 있고 그렇지 못한 방법이 있다. 전형적인 고종의 수법 한 가지는 의정부 대신들을 자주 갈아치우는 것이었다. 일본은 대한제국의 정책 결정이 황제 아닌 의정부에서 공개적으로 이뤄질 것을 요구했다. 고종은 대신을 자주 바꿈으로써 의정부의 활동이 연속성을 가지지 못하게 하고 대신들이 자기 눈치를 보게 만들었다. 이것은 무엇을 위해서라도 합당한 방법이 아니다.

대한제국을 운영하는 동안 고종은 방대한 비자금을 조성했다. 그 규모가 어떤 것이었는지는 전공자가 아닌 나로서 판단하기 어려운 것이지만, 돈과 관계되는 사업이라면 가리지 않고 궁내부로 끌어들인 것을 보면 비자금 조성에 그야말로 전력을 기울인 것 같다. 이 비자금으로 밀사들을 움직여 열강들, 특히 러시아에 도움을 청하는 것이 고종에게는 일본의 영향력을 견제하는 최선의 방책으로 여겨졌던 모양이다. 이권으로 유혹하면 열강을 원하는 대로 움직일 수 있다는 환상을

저격한 사람이 조선의 애국 청년이란 말을 들은 이토 히로부미의 "어리석도다" 한마디가 전해진다. 조선을 식민지로 만드는 대신 보호국으로 지키는 것이 이토가 마지막 몇 년을 바친 일이었다. 그가 조선의 황제와 대신들에게서 안중근의 '동양평화론'만 한 경륜을 접한 일이 있었을까? '동양평화론'이 육혈포 탄환의 형태로밖에 나타나지 못한 것이 안중근에게도, 이토에게도, 그리고 모든 조선인과 일본인에게도 비극이었다.

그는 끝까지 버리지 못한 것으로 보인다.

1905년 11월 을사조약 체결을 위해 천황의 특사 자격으로 한국에 왔던 이토 히로부미는 이듬해 3월 초대 통감으로 부임했다. 그가 1909년 6월 통감직을 그만둘 때는 합방 방침이 구체화되고 있을 때였다. 조선 통감 자리는 그 한 사람을 위한 것이었던 셈이다.

일본의 국가 최고 원로인 이토가 조선 통감 자리를 맡은 것은 특이한 일이었다. 온건 노선을 대표하는 이토가 무력 합방을 피하려는 마지막 노력을 기울이기 위해서였다. 통감 자리를 떠난 몇 달 후 하얼빈에서 자신을 저격한 것이 조선 청년이라는 말을 듣고 "어리석도다" 말했다는 데도 나름대로 이유가 있었다. 한국이 변화를 자발적으로 받아들일 기회를 최대한 만들어주기 위해 통감 자리에서 강경 노선을 가로막고 있는 것이 그가 인생의 마지막 몇 해를 바친 일이었다.

고종이 "술수와 책략이라면 사족을 못 쓰는 임금"이라고 적었었다. 그렇다. 들여다볼수록 고종이 편집증 같은 정신질환을 가졌던 게 아닌가 하는 생각이 든다. 지금 한국의 정치인들 중에도 꼭 안 해도 될 거짓말을 그저 거짓말하는 보람 때문에 하는 사람들이 있는데, 고종은 무슨 일에건 드러난 거래 관계에 만족하지 못하고 뭐든 이면계약을 맺어야만 직성이 풀리는 사람이었던 것 같다.

민비가 살해당한 닷새 후에 엄 상궁을 불러들인 일을 놓고 황현은 "양심도 없는 사람"이란 극단적 표현을 썼다. 아무리 '야록'이라지만 선비의 몸으로 그런 표현을 임금에게 쓴다는 것이 보통일이 아니다. 1907년 7월 퇴위 압력 아래 박영효를 궁내부대신에 임명하는 장면에 대해 황현이 뭐라 했을지, 그에 관한 논평을 찾아볼 수 없어 아쉽다.

박영효는 갑신정변 때 일본에 망명했고, 10년 후 갑오개혁 때 일본 군대에 업혀 돌아와 총리대신에까지 올랐으나 민비 암살 음모 혐의로 다시 일본에 망명했다. 일본에 있으면서도 추종자들을 통해 독립협회의 움직임을 조종했고, 1900년에는 고종 폐위 음모가 발각되어 궐석재판에서 사형을 선고받았다. 고종이 그를 불구대천의 원수로 여겨 절대 용납하지 않으려 한 것은 온 나라가 아는 사실이었다.

그런데 헤이그 밀사 사건이 터져 안팎의 양위 압박에 몰리자 고종은 박영효를 궁내부대신에 임명했다. 자기 황제 자리를 지켜주려는 세력이 아무도 없는 상황이 되자 일본에 연줄이 많은 박영효에게 매달린 것이다. 박영효는 그 한 달 전 일본 당국 몰래 입국했는데, 그것부터 고종의 밀명에 따른 것으로 보인다. 박영효 또한 황제와의 협력을 통해 지위를 확보할 뜻이 있었던 듯, 궁내부대신을 맡은 며칠 후 그가 관련된 쿠데타 첩보에 따른 군사행동이 있었다. 양위식 전날이었다.

고종 양위의 직접 원인은 헤이그 밀사 사건이었다. 그러나 고종을 황제 자리에 두고는 언제 어떤 짓을 저지를지 아무도 마음을 놓을 수 없을 만큼 불신이 쌓여 있었기 때문에 그의 황제 자리를 지켜주려는 사람이 없었다. 고종의 은혜를 누구보다 많이 받은 외국인 알렌도 고종에 대해 "나는 그가 어떤 짓이라도 가리지 않고 저지를 수 있는 사람이라고 체념한 지 오래되었다"고 일기에 적은 일이 있었다.

일본이 1905년 11월 강압을 통해 을사조약을 맺은 것은 나쁜 짓이었다. 1907년 7월 고종을 강제로 퇴위시키고 제3차 한일협약, 즉 정미7조약을 맺은 것도 나쁜 짓이었다. 그런데 두 가지 일 모두 일본 측에서는 저지르지 않으려고 상당히 애를 쓴 사실이 있었다. 그런 짓까지 않고도 일본의 국익을 확보하려고 이토 히로부미는 노력했다.

이토는 가급적이면 덜 강압적인 방법을 찾아내려고 여러 단계에서 노력했다. 일본 내에는 그의 온건 노선을 비판하는 세력이 있었고, 고종은 그들에게 계속 이토 노선을 공격할 꼬투리를 만들어줬다. 이토도 물론 조선보다 일본의 국익을 생각하는 사람이었지만, 가능한 한 온건한 방법을 취하는 쪽이 장기적 효과가 좋다고 믿었다. 할 수만 있다면 조선을 식민지로 만들기보다 보호국으로 관리하는 쪽을 그는 원했다.

하나의 왕조로서 조선은 망해가고 있었다. 국가가 망하는 가장 뚜렷한 지표의 하나가 권력 사유화다. 하나의 국가 체제가 노쇠 현상을 일으킬 때 외부로부터 가해지는 위협은 쇄신을 촉구하기도 하고 파탄을 촉진하기도 한다. 개항기 이후 조선에 대한 외부의 위협을 대표한 것은 일본의 야욕이었다. 이 위협을 이겨내기 위해 많은 사람들이 많은 노력을 기울였고, 그 노력이 주효했다면 일본에서도 온건 노선이 득세할 많은 계기가 있었다. 그런데 고종은 그 와중에도 극단적 권력 사유화에만 매진하며 뜻있는 사람들의 노력을 무색하게 만들었다.

조선 말기의 방문자 중 최고의 지성인으로 꼽히는 영국의 비숍 여사는 조선 각지를 돌아다닌 끝에 연해주에 가서 그곳에 정착한 조선인들의 당당한 모습을 보고 탄복했다. 서로 도와가며 질서를 지키고 생업을 키워나가는 그 모습이 국내 조선인들의 비참한 모습과 너무나 대비되어 같은 민족인 줄 알아보기가 힘들다고 했다.

고종보다 훨씬 뛰어난 인물이 왕으로 있어서 훨씬 더 대응을 잘했다고 하더라도 19세기 말 조선에 닥친 시련을 완벽하게 막아낼 수는 없었을 것이다. 그러나 한 사람의 죽음에도 숭고하고 비천한 품격의 차이가 있는 것처럼 한 국가의 멸망에서도 그 사회의 격조가 나타난다. 의로운 죽음에는 미래를 위한 밀알의 가치가 있다. 조선 왕조 멸망의 책임을 고종 한 사람에게 물을 일은 아니지만, 왕조 멸망에 임해 민족사회를 비참한 상태에 몰아넣은 책임은 그가 회피할 수 없을 것이다.

근대화의 길

중세를 벗어나는 길

문명 간 교섭이 근세에 들어와 폭발적으로 늘어난 것에 비교해보면 근세 이전의 문명권들은 서로 격리되어 있었던 것처럼 보인다. 그러나 그 시대에도 어느 정도의 교섭은 있었다. 한자 문명권, 기독교 문명권, 이슬람 문명권, 힌두 문명권 등 유라시아와 북아프리카에 자리 잡고 있던 사회들은 상당한 범위의 기술적 요소들을 시간이 지남에 따라 나눠가지게 되었다. 아메리카와 오스트레일리아의 주민들이 격리되어 있던 것과는 다른 상황이었다.

조그만 지역 안에서 대부분의 소비재를 자급자족하던 중세적 경제 체제에서 벗어날 필요도 여러 지역에서 나란히 나타났다. 어느 정도 시점과 형태의 차이는 물론 있었지만, 생산성 향상과 인구 증가를 위한 기본적 기술 조건을 공유하게 되었기 때문이다.

중세 체제에서 벗어나는 발전 방향은 여러 가지가 열려 있었다.

그 모두를 '근대화'의 가능성으로 볼 수 있다. 유럽에서 산업혁명을 계기로 촉발된 산업화 중심의 근대화가 현실에서는 전 세계 근대화의 중심축이 되었지만, 그것은 근대화의 여러 모델 중 하나일 뿐이며, 근대화의 의미가 그 형태에 제한될 근본적 이유는 없다.

현실 역시 세밀히 살펴보면 산업화에 성공한 나라들 사이에도 상당한 성격 차이가 있다. 정치 제도와 사회 제도 중에 산업화의 능률에 일견 저해되는 요소들이 나름대로 자리를 지켜온 것이 무엇보다 눈에 띈다. '산업화형 근대화'를 중심축으로 공유하기는 하지만 각자의 문화적 기반 위에서 나름대로 모색해온 근대화 노선과 접목시킨 것이기 때문에 각자의 특성을 가지게 된 것이다.

에릭 홉스봄은 일본 메이지유신의 본질이 "서양을 그대로 따라가는 것이 아니라 일본의 전통이 살아남을 길을 찾은" 데 있다고 했다.(『The Age of Extremes』, p. 203) 일본만이 아니라 유럽의 원조 근대국가들에게도 모두 어느 정도 적용할 수 있는 관점이다. 영국, 프랑스, 독일, 모두 영국다운, 프랑스다운, 독일다운 존재로 살아남기 위해 근대화를 수행한 것이라고 볼 수 있다. 물론 시간이 지남에 따라 고유의 특성이 약화되고 하나의 표준에 수렴되는 경향이 있다. 그러나 완벽한 수렴이란 없고 어느 정도의 접근만이 있을 뿐이다.

인구 밀도가 중세 체제의 한계에 접근한 사회들은 모두 새로운 질서와 원리를 모색하고 있었다. 공통된 당면 과제의 하나가 시장의 확대였다. 지역별 전문화로 시장이 커지고 상품 종류가 늘어났다. 농민 1인당 식량 생산량 증가에 따라 상공업과 서비스업 등 직종과 종사자가 많아졌다. 새로운 직종들을 바탕으로 도시가 발전했고, 이에 따라 상품 유통량은 더욱 늘어났다. 중세 말기에 이른 모든 사회에서 펼쳐진 상황이었다.

중국에서는 송나라 때부터 중세 체제를 벗어나는 시장 확대 현상이 뚜렷이 나타나기 시작했다. 당나라와 송나라의 국가 성격이 무력武力 국가와 재정財政 국가로 대비되는 까닭이 여기에 있다. 송나라의 국가 기능은 경제 운용으로 중점을 옮긴 것이었다.

송나라 이후 근세 중국에는 중세의 오호십육국이나 오대십국 같은 긴 혼란기가 없었다. 황제의 조정이 천하를 통제하는 상태가 큰 단절 없이 계속되었다. 시장은 계속 확대되고 상업은 발달했지만 중앙 정부의 존재가 그 배경 조건으로 작용했다. 중앙 정부는 부득이한 변화를 받아들이되, 체제에 급격한 변화를 가져올 요소들을 억제했다. 군사 기술의 민간 연구 금지, 해양 활동 통제 등이 대표적인 예다.

명나라 초까지 대부분의 과학기술 분야에서 세계 최고 수준을 확보하고 있던 중국은 주어진 상황에 만족하고 있었다. 15세기에서 16세기에 걸쳐 중국인은 세계 어느 인구 집단보다도 안온한 상황을 누렸다. 당시의 중국 정책이 발전을 억제하는 방향이었다고 한다면, 그것은 안온한 상황을 지키기 위한 것으로 이해할 수 있다.

15세기의 유럽은 훨씬 불안정한 상태였다. 유럽 주민의 3분의 1 이상을 죽인 것으로 추정되는 14세기 후반의 흑사병은 인구의 지각 변동을 가져왔다. 유럽 질서의 본산이던 교황청의 권위와 권력은 쇠퇴해갔고, 수십만 내지 수백만 인구 규모의 작은 정치 조직들이 유럽 전역에 할거했다. 그리고 전성기에 이른 오스만제국이 기독교 세계를 동쪽으로부터 압박하고 있었다.

15세기 말 이후 대항해 활동은 생존을 위한 발버둥이었다. 터키로부터 지중해 제해권을 빼앗아올 수 없었기 때문에 대서양으로 나갔다. 항해의 가장 큰 목적은 이슬람 세력에 막혀 있던 동방교역의 새 길을 뚫는 것이었다.

항해 활동을 통해 늘어난 유럽의 부는 소수에게 집중되었다. 빈부의 극심한 격차가 온갖 새로운 활동을 위한 동력이 되었고, 급격한 변화를 억제하는 중앙 정부가 유럽에는 없었다. 할거한 국가들은 날로 격화되는 경쟁의 주체로서 변화를 촉진하는 역할을 맡았다.

기술 중에도 시대적 필요에 부합해 날이 갈수록 집중적으로 발전한 것이 산업 기술과 군사 기술이었다. 생산력 발전이 전쟁의 대형화를 불러오고 전쟁의 대형화가 대량 생산 기술의 발전을 촉진하는 피드백 현상이 일어났다. '부국강병'이란 이름의 이 피드백 현상 속에서 산업혁명이 일어났다.

중세 체제를 넘어서는 데는 여러 가지 길이 있었고, 각 사회는 각자의 조건에 따라 적합한 진로를 모색하고 있었다. 유럽 한 모퉁이에서 산업혁명이 시작된 것도 그런 모색의 한 갈래였다. 지금까지 근대화에 관한 연구가 '유럽형' 근대화에 편중되어온 것은 그 유형이 결국 세계를 휩쓸었기 때문이다. 그러나 프랑크의 『리오리엔트』나 아부-루고드의 『유럽 패권 이전』 같은 고찰 방향이 다른 유형 근대화의 의미를 보여주기 시작하고 있다.

산업혁명은 강한 공격성을 보였다. 대량생산 체제 확장에 필요한 급격한 시장 확대가 외부를 향하는 움직임이기 때문이다. 그리고 산업화에 따른 1인당 생산량의 증대가 급속한 인구 증가를 몰고 왔기 때문

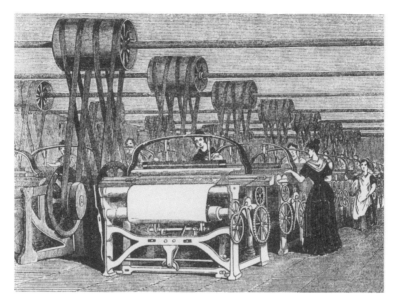

근대적 공장이 만들어지기 전까지 이렇게 많은 사람들이 모여 하나의 작업에 치열하게 몰두하는 일은 전쟁뿐이었다. 공장의 운영 원리는 전쟁의 작전 원리와 닮은 것이다. 주먹의 힘 대신 돈의 힘이 사람들을 움직이게 하는 광경이다.

에 다른 진로들보다 강한 경쟁력을 가질 수 있었다.

산업혁명이 궤도에 오르자 인접 지역에서는 그 뒤를 따르지 않을 수 없었다. 따르지 않으면 약육강식의 경쟁을 견뎌낼 수 없었다. 영국에서 시작해 서유럽을 거쳐 중부유럽으로 산업혁명은 마치 암세포가 번지듯이 퍼져나갔다. 19세기 중엽까지 산업화를 이룩한 유럽 국가들은 근대화의 선진국으로서 국제무대의 열강이 되었다. 미국, 러시아와 일본이 그 대열의 꽁무니에 따라붙었다.

산업화는 지역 간의 착취−피착취 관계를 형성했다. 피착취 지역을 식민지로 확보하는 산업화 선진국들 사이의 경쟁이 19세기 말에는 제국주의로 나타났다. 산업화의 확장이 자발적 경쟁보다 무력에 의한 강제로 진행되는 단계에 접어든 것이다. 식민지가 된 사회들에게는 산업화의 종속적 위치가 강요되었다. 제국주의 시대의 '세계 체제'였다.

자발적 경쟁을 통해 산업화를 받아들인 나라들은 전통이 일거에 무너지지 않고 점진적 변화를 겪을 수 있었다. 반면 식민지가 된 피착취 지역의 사회에서는 전통이 근대화의 장애물로만 여겨져 파괴 대상이 되었다. 보존 가치를 정복한 나라가 결정했기 때문이다. 그래서 자기 사회에 적합한 길을 찾을 기회를 잃고 산업화 구조 속의 불리한 위치만을 떠맡게 되었다. 그것이 식민지의 가장 큰 불행이었다.

농업 사회의 토지소유권

소유권 개념은 문명과 함께 생겨난 것이다. 그래서 문명 초기에는 '원시공산제'가 존재했으리라고 인류학자들이 추정하는 것이고, 실제로 미개사회에는 소유권 개념이 미약하다는 사실이 확인되어 왔다.

농업 문명이 발달하면서 소유권 개념도 자라나지만 농업 사회 단계에서는 뚜렷한 한계가 있었다. 소유권 강화가 사회 질서를 위협하는 수준에 이르지 못하도록 억제하는 압력 때문이었다. 농업 사회에서 가장 중요한 재산인 농지의 경우가 명백한 예다.

농지는 경작하는 농부가 있음으로써 가치를 발휘할 수 있는 재산이다. 따라서 농부는 자기가 경작하는 땅의 주인이 아닐 수 없다. 대지주가 소작인을 마음대로 갈아치울 수 있는 절대적 소유권은 인구가 늘어나 노동력이 넘쳐나게 되는 중세 말기의 일이다. 개간할 땅이 넉넉히 있는 데 비해 노동력이 아쉬운 것이 초기 농업 사회에서는 보통이었다. 권력을 가진 사람이 경작하는 사람들의 입장을 존중하지 않을 수 없었다. 춘추전국 시대 중국 기록을 보면 영주들이 제일 두려워한 것이 백성이 떠나가는 것이었고, 제일 바란 것이 백성이 모여드는 것이었다.

그렇다 해서 농부가 경작지에 대한 배타적 소유권을 주장할 처지도 아니었다. 농지의 획득과 유지에 권력의 도움이 필요했다. 그래서 권력자와 경작자가 호혜적 공생관계를 맺게 되고 토지는 공유의 대상이 된다. 이 공유는 절대적 소유권의 평면적 분할이 아니라 부분적 소유권의 중층적 결합이다.

권력과 생산력의 공생관계가 농업 사회 질서의 본질이다. 권력과 생산력이 일 대 일로 만나면 공생관계의 효율성이 높다. 그런데 권력에는 경쟁이 일어나기 마련이고 이에 따라 소유권의 배타성 문제가 제기된다. 권력 내부에서 몫을 다투는 중간 권력이 배타적 성향을 보이기 때문이다.

규모가 큰 사회에서는 최고 권력자가 말단의 문제를 모두 직접 보살피기 힘들기 때문에 중간 권력이 만들어져 권력 자체의 중층화 현상이 일어난다. 생산자 위에 소영주 계층, 그 위에 대영주 계층, 그리고 그 위에 왕이 자리 잡는 것이다. 권력의 중층화는 두 가지 문제를 일으킨다. 하나는 권력의 유통 구조가 복잡해서 비용이 많이 들게 되는 것이고, 또 하나는 중간 권력 사이의 경쟁으로 소유권의 배타성 문제가 제기되는 것이다. 두 가지 문제는 동전의 양면처럼 뒤얽히면서 사회 전체의 부담을 크게 만든다.

중국에서 기원전 10세기를 전후해 '왕토王土' 사상이 자리 잡은 것은 중간 권력의 구조적 문제에 대한 대응이었다. 모든 땅을 최고 권력자의 소유로 선포함으로써 중간 권력의 경쟁에 한계를 설정한 것이다. 왕의 지배권과 농부의 경작권을 직접 결합시키면서 중간 권력의 주체적 역할을 배제하고 보조적 기능만 허용한 관념이다.

왕토사상은 동아시아 문명권에서 오랫동안 중앙집권 체제를 받쳐주는 하나의 관념으로서 중요한 역할을 맡았다. 물론 이 이념이 언제나 완벽하게 실현된 것은 아니다. 그러나 그 실현을 위한 노력이 계속되었기 때문에 유럽 등 다른 지역에 비해 중앙집권력과 안정성이 뛰어난 정치 체제를 발전시킬 수 있었다.

동아시아 지배층에게는 "백성과 이익을 다투는 것"與民爭利을 수치스럽게 여기는 도덕적 전통이 있었다. 권력, 학식 등 경쟁에 유리한 조건을 가진 계층의 경제 활동을 억제함으로써 불공정 경쟁을 원천적으로 가로막은 관념인데, 또한 중간 권력층의 역할에 한계를 둔 의미도 있었던 것이다.

동아시아의 중앙집권적 정치 체제는 중간 권력의 비용을 줄이고 토지 소유권을 둘러싼 분쟁을 최소화한다는 점에서 권력자와 생산자 양쪽을 다 이롭게 해주었다. 이런 좋은 체제를 만들어낸 것이 동아시아 사람들이 다른 곳 사람들보다 꼭 똑똑해서가 아니라 농업 사회가 일찍 발달하고 인구 밀도가 조밀해져서 갈등을 최소화할 필요를 더 많이 느꼈기 때문이었다. 인간의 소유욕에 적절한 한계를 설정하는 것이 이 체제의 핵심 원리였다.

농업 사회 후기로 넘어오면서 내부 압력이 늘어나 변화 방향이 모색된 것은 유라시아 대륙 어디에서나 일어난 일이다. 변화의 중심축이 소유권 강화에 있었던 것은 자연스러운 일이다. 이제 권력자의 경쟁 못지않게 생산자 사이의 경쟁도 치열해졌다. 최고 권력자를 중심으로 한 중앙집권적 질서가 개인을 직접 보호해주는 힘이 약해지면서 각자가 자기 안전과 번영을 스스로 확보하기 위해 각개약진에 나서면서 들고 나온 무기가 소유권이었다.

농업사회의 붕괴 – 인클로저 현상

인류 역사상 가장 큰 사건으로 약 1만 년 전의 농업혁명과 약 200년 전의 산업혁명을 나란히 꼽는다. 농업혁명을 통해 인류는 지구상의 수많은 종의 하나로부터 문명의 주인공이라는 특별한 위치로 자리를 옮겼다. 인간의 존재 양식을 바꾼 사건이었다. 그런데 산업혁명 역시 인간의 존재 양식을 또 한 번 바꾼 사건이라고 할 수 있다.

산업혁명이 처음 일어난 곳은 영국이었다. 19세기 초 이래 100년 넘게 '해가 지지 않는 나라'로 군림한 영국의 패권은 산업혁명을 먼저 이룩했다는 이점을 바탕으로 한 것이었다. 패권의 출발점인 나폴레옹과의 대결에서 영국의 승리는 무엇보다 생산력의 우위에 원인이 있었다. 경제적–군사적 경쟁에서 산업화의 위력을 단적으로 보여준 첫 사례였고, 이후 그런 사례는 19세기를 통해 계속 나타났다.

산업혁명 이전의 영국은 별 볼 일 없는 변방국이었다. 그런데 18세기 후반의 산업혁명 성과로 19세기 초에 유럽의 강자로 떠올랐고, 19세기 후반에는 세계의 중심이 되었다. 다른 나라 아닌 영국이 이런 어마어마한 일을 해낸 까닭이 어디에 있었을까?

중세 유럽에서는 토지 소유 관념이 약했다. 농지 대부분은 장원이나 마을의 공유지로, 주민들은 그 땅에 경작을 하거나 가축을 풀어놓을 권리를 관습에 따라 누렸다. 집 곁의 텃밭 정도가 개인 소유지였다. 중세 후기부터 공유지에 울타리를 쳐서 영주의 개인 소유지로 만드는 추세가 나타났는데, 이 현상을 '인클로저'enclosure라고 불렀다. 중세 체제의 완만한 해소 과정이었다.

그런데 14세기 후반 흑사병 유행으로 인구가 격감하면서 인클로저 현상이 가속되었다. 일손이 달리고 임금이 급상승하면서, 게다가 식량 수요의 감소로 곡식 값이 하락하면서 영주들이 종래의 관행대로는 수입을 유지할 수 없게 되자 황무지와 농지에 싸잡아 울타리를 쳐서 양을 키우려들었다. 주민들의 관습적 권리를 침탈하는 현상이었지만 인구가 크게 줄어든 판국이라서 저항이 적었다.

인클로저 현상이 조세를 부과할 농지와 군대에 징집할 농민을 줄이고 유랑민 증가로 치안을 해친다는 점에서 국왕과 교회에게도 손해를 끼쳤다. 그래서 국왕과 교회는 1489년 이래 인클로저 억제 법령을 여러 차례 발포했다. 그러나 인클로저 현상은 계속 확대되었고, 1549년 이후 이에 반발하는 농민들의 소요 사태가 자주 일어났다.

농민 소요와 반인클로저 법령은 17세기 초반까지 계속되었다. 영주와 지주들이 인클로저를 추진하고 국왕과 농민들이 저항하는 형국이었다. 잉글랜드 내전(1641~1651)에서 의회파가 근왕파를 제압하면서 상황이 바뀌었다. 영주와 지주층을 대표하는 의회는 국왕의 통제를 벗어나 인클로저 현상의 확대를 거들었다. 영주와 지주들이 개인적으로 추진하던 종래의 인클로저와 구분해서 17세기 후반 이후 의회의 입법을 발판으로 한 인클로저 현상을 '의회 인클로저' Parliamentary Enclosure라 부른다.

의회의 권력 장악으로 인클로저의 고삐가 풀린 1650년대에는 인클로저의 내용이 또한 바뀌고 있었다. 양모 가격 상승이 끝나 목장의 수익성에 한계가 왔고, 인클로저의 채산성 향상을 위해 대규모 경작에 적합한 농법과 품종들이 개발되기 시작했다. 이때 큰 역할을 맡은 것이 감자였다.

엥겔스가 말한 바 있다. 철과 함께 인류의 혁명에 가장 큰 역할을 한 물건이 감자라고. 16세기 중엽 신대륙으로부터 유럽에 도입된 감자는 18세기 중엽까지 유럽 전역에서 중요한 작물로 자리 잡았다. 19세기에는 유럽인의 식량에서 10퍼센트가 넘는 비중을 차지했다.

식량으로서 감자의 첫번째 장점은 수확량이 많다는 것이다. 같은 면적 농지에서 곡식에 비해 두 배 내지 네 배의 식량을 얻을 수 있다. 노동력도 덜 든다. 농업 인구의 비율이 줄어드는 산업화 과정을 감자의 존재가 뒷받침해준 것임을 엥겔스는 지적한 것이다.

중세 말기까지도 인구의 절반 이상이 식량 생산에 매달려 있어야 했다. 그런데 산업화의 진행에 따라 농업 인구의 비율이 10퍼센트대까지 떨어진다. 중세에는 농가 한 집에서 두 집 먹을 식량을 생산했는데, 산업화된 사회에서는 다섯 집 이상 먹을 식량을 생산하게 되는 것이다. 농업기술의 발전과 새로운 농법의 개발에 따른 변화도 있었지만, 변화의 큰 부분을 감자가 맡아주었다.

유럽의 대부분 지역에서 감자 재배의 확대가 늦어진 것은 전통적 농법에 맞지 않기 때문이었다. 곡물 재배와 가축 사육이 맞물려 행해지던 공유지의 큰 밭에 감자가 끼어들 틈이 없었기 때문에 자투리땅이나 텃밭에서 조금씩 재배했다. 18세기 후반 식량 부족 사태가 자주 벌어지면서야 감자 재배가 크게 늘어나기 시작했다. 그런데 영국에서는 인클로저 현상 때문에 감자 재배의 확대가 더 먼저 이뤄졌다. 그리고 감자의 존재가 인클로저 확대를 더 쉽게 만들어주기도 했다.

'의회 인클로저'는 18세기 들어 대규모로 진행되기 시작했다. 개인 차원의 종래 인클로저에 비해 농촌 주민들에 대한 배려가 제도화되기는 했지만 그 배려가 대개 충분하지 못했다. 작은 규모의 농지를 할당받은 주민들은 울타리 설치 등 인클로저에 따르는 비용을 감당하기 어려운 경우가 많았다. 그래서 영국의 토지 소유가 대륙 국가들에 비해 대지주에게 집중되는 결과가 되었다.

마르크시스트 역사가들은 인클로저 현상을 계급투쟁의 대표적 사례로 제시해 왔다. 영주와 대지주들이 유산 계급을 형성해 땅을 적게 가지거나 안 가진 사람들의 권익을 침탈했다는 것이다.

봉건 체제의 초기 단계에서는 토지에 소유 대상으로서 별 의미가 없었다. 영주의 소유 대상은 농지와 농민이 결합된 장원이었다. 경작하고 관리할 사람 없는 땅 자체에는 큰 가치가 없었다. 농민들도 장원이나 마을의 구성원으로 참여해서 관습적 권리를 누리는 것이 생존을 위한 기본 조건이었고, 배타적 소유권을 필요로 하지 않았다. 물질과의 관계보다 인간 관계가 더 중요한 세상이었다.

중세 말기에 이르러 봉건 관계 해체의 도화선 역할을 한 것이 토지 소유권이었다. 토지는 봉건 관계의 매체로서 통치자와 피통치자의 공유물이었다. 물이 잡아먹는 물고기와 잡혀 먹히는 물고기의 공유물인 것처럼. 그런데 인구 밀도가 어느 수준에 이르자 토지 소유에 대한 경쟁이 일어나기 시작했고, 그 경쟁 양상은 칼자루를 쥔 영주-지주 집단에게 유리하게 펼쳐졌다.

자본 체제의 폭력성

자본 체제capitalism란 구조와 운용에 자본이 중심적 역할을 맡는 사회 경제 체제다. 자본이란 생산의 요소 중 노동력을 제외한 것을 가리키는 것이라는 등 경제학에서 정의를 시도하지만, 그런 엄밀한 정의보다 "권력의 성격을 띨 만큼 규모가 큰 재산" 정도로 대충 생각하는 것이 다양한 역사적 상황을 두루 살펴보는 데 더 무난할 것 같다.

문명 발생 이전의 권력은 신체적 완력에서 출발했다. 사회의 규모가 커지고 사회 관계가 복잡해지면서 권력의 구성 요소가 다양해졌다. 사람들의 믿음을 모을 수 있는 인품, 현명한 판단을 내릴 수 있는 지혜, 사람들에게 혜택을 나눠줄 수 있는 재력 등이 여러 가지 방식으로 조합되어 상황에 적합한 권력의 형태를 빚어냈다.

이 요소들을 정신적 힘과 물질적 힘으로 크게 나눌 때, '야만'에 대비되는 '문명'의 의미는 정신적 힘에 있다. 물질적 힘에만 의존하는 "만인의 만인에 대한 투쟁" 상태에서 문명의 질적 발전은 물론, 문명

사회의 양적 규모도 제한된다. 평면적 대결에 쏠리고 패배자의 입장이 배제되는 물질적 힘의 속성이 많은 사람들이 "함께 사는 길"을 가로막기 때문이다.

물질적 힘이 완전히 통제되는 완벽한 문명사회가 존재할 수도 없다. 문명이 어느 수준 이상 발전한 사회에서 정신적 힘과 물질적 힘은 긴장된 평형상태를 이룬다. 사회의 번영이 적정 수준을 넘어서면 물질적 힘이 득세하고, 그로 인한 파괴가 어느 수준에 이르면 정신적 힘이 다시 주동적 역할을 찾는 과정이 되풀이된다.

봉건 체제를 이런 관점에서 살펴보자. 충성과 보호를 교환하는 봉건 계약 관계는 기본적으로 힘의 균형 위에 이뤄지는 것이지만, 이 균형은 수시로 흔들릴 수 있는 것이다. 조그만 상황 변화로 인해 관계 자체가 뒤집히지 않도록 붙잡아주는 것이 이성적 판단이나 도덕적 의무감 등 정신적 힘이다. 그런데 안정된 관계가 오래 유지되는 가운데 계약 주체들의 물질적 힘이 어느 수준 이상 축적되면 합리적 판단이 투쟁적인 쪽으로 옮겨가면서 도덕적 의무감의 억제를 벗어나 분쟁을 일으키게 된다.

중국에서는 춘추전국 시대를 지나는 동안 봉건 체제가 무너져갔다. 새로운 질서 원리를 제자백가 사상가들이 모색한 결과, 물질적 힘을 중시하는 법가 사상과 정신적 힘을 중시하는 유가 사상을 절충한 관료 체제의 원리 위에 천하국가가 만들어졌다. 중간 권력층을 관료의 위상에 묶어놓는 관료 체제는 농업 사회에서 저비용 고효율의 권력 체제로서, 대규모 정치조직이 오랫동안 안정된 상태를 유지하는 발판이 되었다.

관료 체제의 중국에서 문文이 무武보다 우대받은 것은 체제 유지의 근거로 정신적 힘의 비중이 물질적 힘보다 컸기 때문이다. 그리고 사민四民의 신분 관념에서 상商이 맨 아래에 깔린 것도 물질적 힘을 억누르는 노력의 결과였다.

사민 중 지배 계층인 사土를 제외한 농−공−상은 1차, 2차, 3차 산업 종사자를 가리키는 것이다. 농업 문명 초기에는 1차 산업의 비중이 압도적이었다가 사회 발전에 따라 2차, 3차 산업의 비중이 자라나는 것은 일반적인 현상이다. 중국에서 전국 시대에 상공업이 크게 발달해 제후에 버금가는 실력을 갖춘 거부들이 나타난 것은 『사기』 '화식열전'에 나타나 있다. 진 시황 초년의 실력자 여불위도 상업 자본을 기반으로 권력을 획득한 인물이었다.

"사민"이란 말은 『서경』 '주관' 편에 처음 나타나는데, 그 당시의 봉건 체제 아래서는 공인과 상인이 영주에게 철저하게 예속되어 농민보다 열악한 위치에 있었다. 그런데 그 후의 사회경제적 변화로 상인 계층의 힘이 크게 자라났지만, 유교 이념이 이 힘을 종속적 위치에 묶어놓았다. 폭력적인 힘을 억제하는 정치의 역할이 주먹의 힘뿐만 아니라 돈의 힘에 대해서도 작용한 것이다.

물론 전통 시대의 중국에서도 한국에서도 돈의 힘이 질서에 도전하는 일은 부단히 일어났다. 그러나 어두운 곳에서 '검은 돈'이 주변적 문제를 일으키는 정도였지, 그 힘이 사회 전체를 뒤덮고 질서의 근본을 뒤집는 일은 없었다. 왕권이 중간 권력의 힘을 통제함으로써 서민을 보호하는 역할이 동아시아 전통 질서의 핵심으로 지켜진 것이다.

전통 시대 중국에서는 돈의 힘이 체제의 주축을 이루는 자본 체

워털루 전투는 나폴레옹이 개발한 새로운 전쟁 방식을 다른 나라들도 벤치마킹한 상황을 보여준다. 19세기의 전쟁은 18세기 전쟁과도 비교되지 않는 엄청난 규모의 사업이 되었다. 인도주의 사상이 19세기 유럽에서 나타난 것은 하나의 역설이다. 인도적 태도가 너무나 경시되는 참혹한 상황 때문에 '인도주의'라는 간판이 필요하게 된 것이다. 그 전에는 그런 간판 없이 자연스럽게 나타나던 태도인데.

제가 성립되지 않았다. 돈의 힘이 정치권력으로부터 독립하고 오히려 체제의 주축으로 자리 잡는 현상이 분명히 확인되는 것은 근세 유럽이다. 로마제국 시대 이후 16세기 초 『군주론』이 나오기까지 유럽에서 본격적 국가론이 나오지 않고 있었던 사실은 국가 기능이 미개한 상태였음을 보여준다. 주먹의 힘이 별 통제를 받지 않던 상태에서 급격한 경제 발전에 따라 돈의 힘이 마음껏 자라나며 활개를 치는 데도 별 통제가 작용하지 않는 환경이었다.

　　17세기 이후 유럽 정치사상의 발전은 개인의 "생명과 재산"을 중심으로 펼쳐진다. 인간의 여러 가치 가운데 유독 '재산'이 부각되어 '생명'과 나란히 놓이는 사실이 특이하다. '생명'이야 워낙 기본 중의 기본 가치지만, '명예', '인격'이나 '존엄성'을 '재산'보다 앞세운 사회들도 있었다. 자본 체제 형성을 향한 움직임이 이 시대 역사 전개의 배경이었고 재산을 가진 계층이 그 중심에 있었다는 사실을 '재산' 중시에서 알아볼 수 있다.

이 움직임은 소유권의 절대화에서 시작된다. 전통 시대 동아시아 국가가 절대적 소유권을 보장해주지 않은 것은 민간의 무기 보유를 통제한 것과 같은 뜻이다. 둘 다 질서 유지를 저해하는 폭력성을 가진 것이다. 무기 보유에 대한 국가의 통제가 미약하던 근세 유럽에서는 소유권의 절대화에도 별 장애가 없었다.

부국강병의 물결

경제학 언저리에서 더러 인용되는 '깨진 유리창' 이야기가 있다. 프레데리크 바스티아의 1850년 글 "보이는 것과 보이지 않는 것"Ce qu' on voit et ce qu' on ne voit pas에 나온 것이다.

빵집 유리창을 주인 아들이 깨뜨렸을 때, 새 유리를 끼우기 위해 돈을 내는 주인이 마음 아픈 것은 어쩔 수 없는 일이지만, 사회 전체로서는 나쁜 일이 아니라고 하는 이야기다. 유리가게 주인에게 일거리가 생겨 수입을 얻고, 그가 그 돈을 다시 소비하고, 경제의 활성화에 보탬이 되는 행위가 이로부터 연쇄적으로 이어진다는 것이다.

바스티아는 이 관점이 "보이는 것"에 얽매여 "보이지 않는 것"을 놓치는 오류라고 지적했다. 유리가 안 깨졌으면 빵집 주인이 유리 값으로 쓸 돈을 뭐든 다른 곳에 써서 어차피 비슷한 경제 활성화 현상을 일으켰을 것이라는 말이다. 유리가게 주인의 이득은 빵집 주인의 손해보다 작으므로, 그 차이가 사회 전체에게 실제 손해라는 지적이었다. 그가 말한 "보이지 않는 것"이 후에 경제학에서 '기회비용'이란 개념으로 채택되었다.

바스티아의 반박에도 불구하고 경제 활성화를 절대시하는 풍조는 계속되고, 오히려 더 확대되었다. 20세기 후반에는 군비 증강에 경제 활성화의 효과가 있다는 '군사적 케인스주의'Military Keynesianism의 유행에까지 이르렀다. 1930년대 나치 독일과 1980년대 미국의 상황을 예로 든다.

그러나 내게는 '특수 이해관계자' 이야기가 더 그럴싸하게 들린다. 유리가게 주인이 동네 아이들에게 푼돈을 주며 유리창 깨뜨리는 '실수'를 적극 유발할 수도 있다는 것이다. 유리가게 주인에게 군산복합체를, 동네 아이들에게 정부를 대입해보자. 사회 전체에 손해가 되는 전쟁이 군산복합체에게는 개인적 이득이 될 수 있고, 정부와 언론을 자기네 바라는 쪽으로 움직일 로비 능력이 있다. 봉 잡히는 빵집 주인이 세금 내는 시민들 입장이다.

바스티아가 '깨진 유리창' 얘기를 꺼낸 시점이 주의를 끈다. 아직 케인스주의 같은 식으로 이론화되지는 않았지만 "파괴는 건설의 아버지" 식의 '적극적 사고'가 19세기 중엽에 유행하고 있었기에 바스티아가 반박할 필요를 느꼈을 것이다.

클라우제비츠의 『전쟁론』(1832)이 나온 것은 그 조금 전의 일이었다. 오랫동안 고전의 권위를 누린 이 책에 담긴 "전쟁은 정치 행위의 연장"이라는 말은 전쟁 개념의 유력한 정의로 통해 왔다. 그러나 이

정의에는 당시 유럽의 상황에 의해 규정된 면이 있었다. 전쟁에 관해 그런 형태의 담론이 나왔다는 사실부터가 근세 이전과 달리 전쟁이 '수지맞는 사업'으로 떠오르는 상황을 보여준다.

18세기까지 전쟁은 그리 수지맞는 사업이 아니었다. 근세 잉글랜드 경우를 보면 웬만한 전쟁에 경상수지보다 더 큰 비용이 들었고, 전리품을 충분히 얻을 만한 확실한 승리를 거두지 못하면 정권이 위기에 처하곤 했다. 전쟁 비용을 귀족 영주들에게 빌렸다가 왕의 직할지를 떼어서 갚는 일이 다반사였다. 17세기부터 귀족 영주들 대신 상업자본가가 전쟁 비용 담당의 역할을 넘겨받기 시작했다.

1756~1763년의 7년전쟁에 투자한 잉글랜드 자본가들은 엄청난 배당으로 거부가 되기도 했다. 그러나 이겼을 경우의 이득이 졌을 경우의 손해보다 그리 크지 않았다. 당사자 모두를 놓고 보면 제로섬이나 마이너스섬 게임이었던 셈이다. 그런데 19세기 들어와서는 차츰 플러스섬 게임의 양상이 나타났다. 이길 때의 이득이 질 때의 손해보다 훨씬 큰 경우가 많아진 것이다.

군사적 케인스주의가 타당하게 적용된 것으로 볼 수 있는 일이다. 대량생산 기술이 급속도로 발달하고 있는 상황이었는데, 이것은 자원 활용도가 낮은 상태에서 소비 촉진으로 경제 활성화의 길을 여는 케인스주의 정책 노선이 효과를 가지는 것과 같은 상황이었다. 전쟁 수행을 위한 소비와 파괴 복구를 위한 수요가 생산력 증대를 촉구했고, 그에 따른 기술 발전으로 생산비 자체를 대폭 줄일 수 있었기 때문이다.

18세기 말 혁명기 프랑스에서 징집제를 실시한 이후 유럽에서 전쟁의 양상이 크게 바뀌었다. 나폴레옹이 20년 가까이 유럽을 호령할 수 있었던 것도 군대 조직 방법과 전쟁 수행 방법을 앞장서서 바꿨기 때문이었고, 이것은 모든 유럽국의 벤치마킹 대상이 되었다. 종래의 전투는 적군 전투원의 살상을 목적으로 이뤄졌는데, 이제 공간을 파괴 대상으로 하는 포격전이 전투의 주종이 되었다.

　이 전투 방식의 변화에는 화약의 존재가 큰 역할을 했다. 유럽인들보다 훨씬 더 오랫동안 화약을 사용해온 중국인들이 전쟁에서의 화약 사용을 크게 늘리지 않은 것은 왜였을까? 『삼국지연의』에 제갈량이 남만정벌 중 화약을 전투에 사용한 뒤 그 전술의 참혹성을 반성하는 이야기가 있다. 화약 사용 기술이 중국에서 크게 발달하지 않은 데는 이런 도덕적 요인들도 작용했을 것이다.

조선 개항기의 '개화' 관념

19세기 후반의 조선인들은 어떤 시대적 과제를 생각하고 있었을까? 범위를 좁혀서, 대원군 집정기(1864~1873)에 지식층의 인식은 어땠을까? 19세기 전반기 내내 조선 정치를 휩쓴 세도 정치의 폐단이 당시 지식층의 의식을 지배하고 있었을 것이다. 유교 교양을 갖춘 지식층에게는 유교 정치 이념에서의 일탈을 바로잡는 것이 무엇보다 중요한 일이었을 것이다. 지금 우리가 인식하는 중세 사회 해체 같은 문제는 나라꼴만 바로잡히면 저절로 해소될 일상적 문제 정도로 생각되었을 것이다.

대원군의 정책 중 조세 개혁은 부패의 척결에, 경복궁 중건과 공포 정치는 왕권 회복에 목적을 둔 것으로 이해할 수 있다. 유교국가 질서 회복의 의미를 가진 방향들이다. 서원 철폐는 특권구조의 청산으로서 같은 방향으로 더 적극적 의미를 가진 정책이었다. 대원군의 개혁은 기본적으로 유교국가의 중흥에 목적을 둔 것이었다.

이 시기에 대외 관계 문제가 떠오르기 시작했다. 조선 시대 내내 대외 관계의 거의 전부가 중국과의 관계였던 상황이 고종 즉위 직전까지 계속되고 있었다. 그런데 제2차 중영전쟁(1856~1860)으로 북경이 유린당하면서 대외 관계에 대한 불안감이 일어났고, 열강들이 조선을 집적거리기 시작했다. 그러나 아직 조선에 대한 직접 압력은 크지 않은 단계여서 대원군은 쇄국정책으로 차단시켜 놓은 채 국내 개혁을 계속했다.

대원군의 개혁은 상당한 가시적 성과를 거둔 데 비해 지식층의 호응을 통한 개혁 세력의 확장에는 실패했다. 개혁이 강압적 수단에 의존하면 독선적이고 편의적인 경향에 빠져 개혁 이념의 발전을 기할 수 없었기 때문에 개혁 세력의 성장과 확대가 불가능했다. 드러나 있던 개혁의 명분을 권력 투쟁에 이용하는 데 그치고 말았다. 이념의 발전이 없으니 개혁을 위해 끌어 모은 세력 속에서 확보해놓은 권력을 놓고 분쟁이 일어날 수밖에. 민씨 세력은 그래서 대원군 세력으로부터 분화되어 나온 것이었다.

1870년대 들어 일본의 조선 진출 노력 강화에 따라 쇄국정책이 한계를 보이면서 대원군의 실각을 재촉했다. 그러나 조선 지식층의 '개화'에 대한 능동적 인식은 아직 미약했다. 당시 조정의 개화파 지도자이던 박규수만 하더라도 서세동점의 위협을 심각하게 생각하지 않고 있었다. 1876년 강화도조약도 '수시변통'隨時變通 정도의 조치로 생각하고 있었다. 그래서 그해의 1차 수신사 이후 4년 후에야 2차 수신사를 일본에 보내게 된다.

1876년 이후 일본의 바뀐 모습을 보며 개화에 대한 조선인의 인식이 확대, 심화되었다. 청나라의 양무운동에도 진지한 관심이 일어났다. 개혁의 명분이나마 내걸었던 대원군 정권보다도 퇴행적인 민씨 정권 아래 유교국가 중흥을 위해서라도 비상한 수단이 필요하다는 인식이 일어나고 그 위에 일본과 청나라의 문물 발전을 부러워하는 마음이 겹쳐졌다.

1880년 2차 수신사 김홍집이 들여온『조선책략』이 주목받고 이듬해 신사유람단과 영선사를 일본과 중국에 보내면서 조선에 '개화'의 이념이 구체적으로 나타났다. 그러나 개화의 목적에 대해서는 입장에 따라 서로 다른 생각들을 가지고 있었다.

고종을 둘러싼 민씨 세력은 개화에서 이권과 군사력이라는 피상적인 이득만을 취하려 했다. 그 중심인물 민영익은 이런 입장에서 일시 개화파의 영수처럼 떠오르기도 했다.

관료─지식층에서는 그보다 개화의 의미를 넓고 깊게 보는 움직임이 일어났다. 그러나 이 움직임에도 개화를 권력 추구의 수단으로 여기는 경향이 곁들여졌다. 급진 개화파의 갑신정변에서 그런 경향이 강했다. 온건 개화파가 일본 메이지유신보다 청나라 양무운동을 모델로 삼은 것은 권력구조의 변동을 추구하는 급진 노선이 권력쟁탈의 도구로 이용당할 위험을 꺼린 데 큰 이유가 있었다.

한편 대원군 세력은 일반인의 개화에 대한 반감과 변화에 대한 불안감에 편승해 1882년 임오군란을 일으켰다. 임오군란 시점의 대원 군은 1874년 실각 이래 권력 탈환에만 집착하면서 시대 상황에는 큰 주의를 기울이지 않은 것으로 보인다. 그래서 최소한의 상황 관리 능 력도 청나라 측의 인정을 받지 못했기 때문에 '반일'을 표방하면서도 축출되었다. 당시 청나라 외교를 장악하고 있던 양무파에게는 '반일' 여부보다 개혁 거부가 더 심각한 문제였다.

청나라의 임오군란 개입은 조공 관계를 명분으로 한 것이었지만, 원론적 의미에서 천하 체제를 스스로 부정한 행위였다. 조선의 상황을 단기적 이해관계에 활용하려는 양무파 정책은 전통 체제를 포기하고 일본과 같은 차원의 경쟁으로 내려온 것이었다. 이로써 천하 체제를 배경으로 전통 체제의 회복을 지향하던 온건 개화파가 입지를 잃게 되 었다.

갑신정변 이후 급진 개화파와 온건 개화파 양측의 입지와 명분이 모두 훼손된 상황에서 개화 이념 발전의 길이 막힌 채 민씨 세력의 피 상적이고 편의적인 개화만이 진행되다가 청일전쟁을 맞았다. 이로써 촉발된 갑오개혁이 일본의 메이지유신을 모델로 한 것이기는 했지만, 그런대로 조선 지식인—관료층의 주체적 개화 노력이 적극적으로 발 현된 사례였다. 그러나 권력쟁탈전의 양상이 곧 되살아나고 일본의 대 조선 강경파가 책동해서 을미사변과 아관파천이 연이어 일어남에 따 라 조선 지식인—관료층의 정치적 역할이 사라져버렸다.

'개화'의 한계

19세기 동아시아 국가들에게 '근대화'가 지상과제였다고 지금의 우리는 생각한다. 그리고 당시 조선에서는 이 과제에 대한 인식이 '개화'로 표현되었다고 생각한다.

이 생각은 당시 상황을 두루 살펴봄으로써 얻은 것이지만, 이후의 역사 진행에 좌우된 측면도 있다. 1930년대에 군국주의 문제가 불거질 때까지 일본은 근대화에 성공한 유일한 동아시아 국가로 간주되었다. 조선 지식층이 1876년 개항 때부터 일본을 개화의 유력한 모델로 인식하고, 1894년 갑오개혁 때 청일전쟁의 진행을 목격하면서 일본이 권하는 개화를 절대적 기준으로 받아들인 것은 자연스러운 일이었다.

그러나 개화의 필요성은 조선에서 중세 사회의 해체라는 내부적 변화보다 외부 변화에 대한 대응책으로만 인식되었다. 내부적 문제는 개화와 관계없이 왕조 체제의 유교 질서만 회복되면 당연히 해결되리라는 것이 1894년까지의 일반적 인식이었다. 그리고 그 이후로는 개화를 통해 새로운 국가 체제를 만들면 저절로 해결될 부수적 문제로 보았다. 내부적 위기와 외부적 위기를 구조적으로 결합하는 인식은 나타나지 않았다.

개화정책 중에는 물론 내부 변화를 꾀한 것들도 있었다. 그러나 일본의 변화 결과가 좋아 보여서 그대로 모방할 뿐, 조선 자체의 문제에 대한 인식을 심화하려는 노력은 별로 없었다. 그러니 겉보기 변화는 따라 하면서도 '권력의 사유화'라는, 근대적 기준과 전통적 기준

어느 쪽에서 봐도 국가구조를 악화시키는 변화가 대한제국까지 계속된 것이다.

조선 말기의 개화운동은 내부 변화의 필요에 부응한다는 목적의식이 박약하다는 점에서 근대화의 의미에 한계를 가지고 있었다. 정약용에게까지 이어지던 실학의 현실 인식 노력이 개화운동으로 연결되지 못한 것이다. 19세기 세도 정치로 정치의 수준이 너무 떨어져 사회경제 현상을 제대로 다루지 못하고 있던 상황 때문이었다.

일본은 1868년의 대정봉환에서 1889년의 헌법 발포까지 20여 년 동안 외부 상황에 크게 휘둘리는 일 없이 새 국가 체제 건설의 길을 주체적으로 모색해갔다. 그 과정에서 일본 자체의 사회경제 조건이 근대국가 건설의 기반 조건으로 검토되었다. 일본의 개화는 일본에 적합한 근대화의 길로서 시간을 두고 '형성'된 것이었음에 반해, 조선의 개화는 주어진 상황 속에서 소극적인 '선택'의 대상일 뿐이었다.

일본의 '성공'과 조선의 '실패'를 가르는 이유로 나는 두 가지를 중요하게 본다. 첫째는 일본이 먼저 그 길을 갔기 때문에 조선이 그 길을 독자적으로 찾아갈 기회를 잃었다는 사실이다. 판자촌의 한 집에 불이 나면 옆집에서 따로 불이 나기 전에 옮겨 붙기 마련이다.

서양 열강들은 조선에게 관심이 별로 없었다. 가장 이해관계가 컸던 러시아에게도 부수적인 의미에 그쳤다. 오직 일본만이 조선에 거대한 이해관계를 가지고 있어서 조선을 그냥 놔두지를 못했다. 그 때문에 조선은 일본이 가졌던 것과 같은 진로 모색의 여유를 가질 수 없었다.

또 하나 이유는 조선의 유교정치 체제가 안정적 틀을 갖추고 있었다는 사실이다. 푹푹 썩기는 했어도 틀은 멀쩡했다. 일본은 수준 낮은 정치 체제에서 출발했기 때문에 근대유럽이 제시하는 틀에 접근하는 데 어려움이 적었던 반면, 조선에게는 수준 높은 질서 체제로부터 약육강식의 미개한 틀로 내려오는 것이 매우 힘든 일이었다.

조선과 마찬가지로 안정된 유교정치 체제를 가지고 있던 중국은 어떠했는가. 조선과 마찬가지로 어려움을 겪었다. 그러나 조선이 식민지가 되어버린 단계에서는 신문화운동이라는 주체적 반성의 기회를 가졌다. 그 후 중국이 지금까지 걸어온 길을 놓고 좋고 나쁘고를 평할 기준은 여러 가지 있겠지만, 지금의 중국이 한국은 물론 세계 어느 나라보다도 자기 장래를 남의 손에 휘둘리지 않고 자기 역량으로 헤쳐나갈 자세를 갖추고 있다고 생각한다. 이 자세의 근거가 1910년대의 신문화운동으로 마련된 것이었고, 조선은 그런 운동의 기회를 가지기 전에 식민 지배에 떨어졌다.

한국은 아직도 식민지 사회다

100년 전의 '국치'에 대한 우리 사회의 인식에는 허점이 많다. 일본의 야욕에 의한 대형범죄라는 것이 표준적 인식의 골자인데, 그 범죄 행위의 성격에 대한 구체적이고 실질적인 이해가 세워져 있지 않기 때문에 혼란을 일으킨다. 이 사건이 민족사회의 발전을 위해 다행한 것이었다는, 상식에 역행하는 해석까지 나오고 있는 것도 그 때문이다.

강간으로 임신한 여자가 아이를 낳았다고 하자. 여자가 아이를 사랑하고 아이의 존재를 고맙게 여기는 것은 가능한 일이다. 그렇다 해서 강간한 남자에게 꼭 감사할 일은 아니다. 그리고 아이를 아무리 사랑한다 해도 그 출생 배경으로 인해 아이가 잘못된 길로 자라날 위험에 대해서는 각별히 조심할 필요가 있다.

독수毒樹에는 독과毒果만 열린다 하여 강간으로 얻은 원치 않는 아이를 없애버릴 수도 있지만, 일단 생겨난 아이를 하나의 생명으로 존중하고 아끼는 것도 인간적으로 훌륭한 태도다. 아름다운 연꽃이 더러운 진흙탕에서 피어나는 것도 바랄 수 있다. 그러나 폭력에 의해 잉태된 아이가 축복받은 환경에서 잉태된 아이보다 잘못된 길로 자라날 위험이 크다는 사실을 직시하고 더 조심스럽게 키울 필요가 있다.

이 아이의 이름이 '근대화'다. 어둠 속에서 잉태된 불륜의 씨앗이 더 강한 생명력을 가진다는 〈맥베스〉의 대사처럼 폭력 속에 잉태된 한국의 근대화가 강인한 체질을 보이는 측면도 있을 수 있다. 그 강인한 체질을 잘 살리라고 아이를 폭력적 성격으로 키워내는 것이 잘하는 짓일까? 어미가 만족을 얻고 아이가 행복을 얻는 길일까?

아이가 사회 속에서 좋은 역할을 맡으며 행복하게 살고, 그럼으로써 어미가 낳고 키운 보람을 거두기 위해서는 아이의 소질과 능력을 면밀히 살펴야 한다. 그리고 사회가 어떤 사람을 필요로 하는지도 판단해야 한다.

폭력에 유린당한 경험을 가진 인간은 폭력에 대해 두 가지 서로 다른 태도를 흔히 취한다. 세상 모든 일이 폭력으로 결정된다는 관점에 빠져 폭력을 숭상할 수도 있고, 폭력의 해악을 뼈저리게 느껴 평화의 소중함을 더 절실하게 느낄 수도 있다.

어느 사회에나 두 가지 태도가 병존한다. 우리 사회도 마찬가지다. 나는 폭력보다 평화를 좋아하는 것이 인간의 본성에 더 일반적 성향이고, 상황에 의해 휘몰리는 일이 없다면 압도적으로 많은 사람들이 평화적 성향을 보이리라고 믿는다. 그런데 우리 사회의 상황은 많은 사람들을 폭력적 성향으로 휘몰아가고 있다고 생각한다.

"악화가 양화를 구축한다"는 그레셤 법칙과 같은 현상이다. 폭력의 확산 특성 때문에 이런 현상이 일어난다. "미꾸리 한 마리가 온 개울물을 흐려놓는" 것처럼 폭력을 숭상하는 소수가 사회를 폭력으로 흐려놓으면 평화적 성향의 사람들도 자기방위를 위해 폭력을 쓰는 일이 잦아지다가 결국 폭력에 스스로 익숙해지는 것이다.

폭력의 확산 억제는 인류 문명의 원초적 과제다. 종교, 도덕, 법률, 국가 등 문명의 여러 제도들이 폭력 확산의 억제, 즉 질서 기능을 중심으로 발달했다. 여러 문명의 서로 다른 전통들은 서로 다른 질서 구조를 발전시켜왔다. 하나의 사회 안에서도 사회경제적 조건의 변화에 따라 그 질서구조가 진화를 계속 일으켜왔다.

유럽에서 발생한 근대문명은 인류 역사상 특이하게 폭력성이 강한 문명이다. 폭력성이 강한 문명은 쉽게 파멸에 이르는 법인데, 이 근대문명이 상당 기간 지속되면서 세계 전체로 퍼져나갈 수 있었던 것은 산업기술, 즉 자연에 대한 폭력성을 고도로 발전시킨 덕분이었다. 역사상 유례가 없는 현상이므로 인류에게는 이 현상을 억제할 수단이 없었다. 각지의 문명 전통이 근대문명의 폭력성 앞에 퇴화하거나 파괴되었다.

폭력성이 강하다고는 하지만 근대문명이 순전히 폭력성만으로 이뤄진 것은 아니다. 온 세계가 자본주의의 물결 속에 잠긴 것처럼 보여도, 각 지역의 문명 전통은 위축된 형태로라도 근대문명의 하부구조를 이루고 있다. 근대문명의 폭력성을 허용해준 자원 공급의 급격한 증가 상태가 한계에 이르면서 질서 구조의 강화를 필요로 하는 것이 탈근대 상황이다. 전통적 하부구조가 탈근대 시대의 새로운 문명을 빚어나갈 기반이 되고 있다.

우리 사회는 경제의 '고도성장'에 도취되어왔다. 고도성장은 근대문명의 폭력성을 대표하는 명제다. 유럽 선진국들이 자원 공급의 증가가 둔화되는 저성장 시대에 대비하고 있는 지금 우리 사회가 '근대의 꿈'에서 쉽게 벗어나지 못하고 있는 중요한 이유가 전통의 상실에 있다.

전통 질서의 형태는 지역과 문명마다 달랐지만 어디서나 공통되는 것은 엘리트 계층의 도덕성이다. 어느 사회에도 무력과 재력과 정보력을 집중적으로 보유한 엘리트 계층이 존재하고, 엘리트 계층은 다른 계층보다 강한 도덕성을 가지고 소속한 사회를 지키는 역할을 맡는다. 소속 사회의 보전으로 가장 큰 혜택을 얻는 것이 엘리트 계층 자신이기 때문이다.

한국 사회의 엘리트 계층은 한국 사회 고유의 가치에 대한 인식이 박약하다. 보편적 가치인 재물에 관심이 집중되어 있고, 미국 등 다른 사회에 편입하는 데 대한 저항감이 약하다. 한국 사회의 특성에 대한 애착이 적고, 안보에 대한 의식도 피상적이다. 내부적 안보에 대한 경계심이 약하기 때문에 양극화 등 불안 요소를 걱정하지 않고 고도성장에 집착할 수 있는 것이다.

이것은 전형적 식민지인의 의식구조다. 대한민국은 명목상 독립국이지만 엘리트 계층의 의식구조는 독립국가의 정체성에 맞춰져 있지 못한 것이다.

'국치'의 의미에 대한 인식의 허점도 이 의식구조에서 말미암는 것이다. 왕조의 개폐는 이민족 지배 없이도 일어날 수 있는 일이었다. 100년 전에 우리 사회가 입은 피해의 본질은 전통의 단절에 있었고, 전통의 단절로 잃어버린 것이 도덕성이었다. 전통과 도덕성에 집착한 사람들을 대거 도태시키고 도덕성이 박약한 집단에게 사회의 주도권을 맡긴 것이 식민 통치의 가장 큰 죄악이었다.

19세기 후반이 진행되는 동안 한국인들은 시간이 지남에 따라 점점 더 큰 변화의 필요성을 느끼고 있었다. 인식의 속도가 상황 변화의 속도를 충분히 따라가지 못했기 때문에 망국에 이른 것은 사실이다. 이 실패에는 두 가지 요인이 작용했다. 하나는 조선 왕조의 국가 기능이 퇴화해 있어서 적절한 대응을 하지 못한 것이다. 또 하나는 일본의 야욕이 상황을 급박하게 만든 것이었다.

조선 왕조가 망하고 일본이 식민 지배를 펼치게 된 사실은 당시 상황으로 불가피한 것이었다고 볼 측면이 많이 있다. 그러나 이 사실보다 더 중요한 것은 어떤 식으로 망하고 어떤 식의 식민 지배가 펼쳐졌느냐 하는 것이다. 일본은 식민지가 된 조선이 쉽게 독립하지 못하도록 지배를 펼쳤고, 조선의 전통을 말살하는 것이 그 요체였다. 조선의 재물을 빼앗아가는 것보다 조선인들을 식민지인의 의식구조에 빠뜨리는 것이 더 중요한 일이었다.

한국인들, 특히 엘리트 계층 한국인들의 도덕성 수준이 20세기에 들어와 형편없이 떨어진 것은 국가가 망하고 이민족의 악질적 지배를 받은 때문이었다. 그런데 100년이 지난 지금까지도 밑바닥에서 헤매고 있는 것은 무엇 때문일까. 지금 우리는 엽기적 수준으로 부도덕한 정치-경제 시스템에 빠져 있다. 앞장서서 문제를 드러내고 있는 몇몇 사람만 처리한다고 해결될 문제가 아니다. "무능한 진보보다 부패한 보수가 낫다", "도덕성이야 어쨌든 경제를 살릴 능력만 있으면 된다"는 국민의 사고방식을 점검할 필요가 있다.

일본의 야욕은 조선 망국의 원인 중 일부일 뿐이다. 따라서 일본

의 야욕이 패전으로 좌절되었다고 해서 그것만으로 한국이 독립할 수
있는 것이 아니었다. 식민지인의 의식구조를 벗어나야 독립국이 되고
건강한 사회를 이룰 수 있다. 한국은 아직도 식민지 사회다. 정해진 식
민 지배자가 없는데도 미국이든 국제 거대자본이든 상전을 모시고 싶
어 하는 식민지 사회다.

∴ 그림·사진 내용과 출처 ∴

33쪽 〈A meeting of Japan, China, and the West〉 by Shiba Kākan.
54쪽 〈Tribute giraffe from Bengala〉 by Shen Du, 1414: 중국국립박물관 소장.
60쪽 〈送朝天客歸國詩章〉: 국립중앙박물관 소장.
71쪽 〈송시열초상〉: 제천 황강영당 구장 소장.
77쪽 대동법 시행기념비: 문화재청 제공.
87쪽 효종대왕 영릉(寧陵): 문화재청 제공.
96쪽 〈정조 어찰〉: 성균관대학교 동아시아학술원 소장.
102쪽 〈순무영진도〉: 서울대학교 규장각 소장.
113쪽 〈다산 정약용 상〉: 다산초당 소장.
126쪽 〈1894, 평양전투〉 by Kobayashi Kiyochika.
148쪽 제2차 중영전쟁 광저우의 시가전: 사회역사박물관(중국) 소장.
217쪽 나가사키 항구의 데지마: 일본규수박물관 소장.
235쪽 덕수궁 석조전(1910): 서울특별시사편찬위원회 제공.
241쪽 〈日露激戰畵〉 by Kobayashi Kiyochika.
284쪽 〈Wellington at Waterloo〉 by Robert Alexander Hillingford.

* 사진과 그림의 게재를 허락해주신 분들, 자료를 제공해주신 분들께 감사드립니다.
* 이 책에 실린 사진과 그림 중에는 저작권자를 찾기 어려운 경우가 있었습니다. 저작
  권자가 연락을 주시면 다시 게재 허락 절차를 밟고 사용료를 지불하겠습니다.